中国石油大学（华东）人文社会科学振兴计划专项经费资助

公安执法规范化建设及其对侦查取证机制的影响研究

贺小军　著

GONGAN ZHIFA GUIFANHUA JIANSHE
JIQI DUI ZHENCHA QUZHENG JIZHI DE
YINGXIANG YANJIU

法律出版社 LAW PRESS · CHINA ｜ 北京

图书在版编目(CIP)数据

公安执法规范化建设及其对侦查取证机制的影响研究/
贺小军著. -- 北京 : 法律出版社, 2023
ISBN 978 - 7 - 5197 - 8340 - 2

Ⅰ. ①公… Ⅱ. ①贺… Ⅲ. ①公安机关－行政执法－规范化－研究－中国②刑事侦查－证据－收集－研究－中国 Ⅳ. ①D922.144②D918

中国国家版本馆 CIP 数据核字(2023)第 180673 号

公安执法规范化建设及其对侦查取证机制的影响研究
GONGAN ZHIFA GUIFANHUA JIANSHE JIQI DUI ZHENCHA QUZHENG JIZHI DE YINGXIANG YANJIU

贺小军 著

策划编辑 陈 睿
责任编辑 陈 睿
装帧设计 汪奇峰

出版发行 法律出版社
编辑统筹 法律出版社
责任校对 王 丰
责任印制 胡晓雅
经　　销 新华书店

开本 710 毫米×1000 毫米 1/16
印张 14.75 **字数** 215 千
版本 2023 年 12 月第 1 版
印次 2023 年 12 月第 1 次印刷
印刷 北京虎彩文化传播有限公司

地址:北京市丰台区莲花池西里 7 号(100073)
网址:www.lawpress.com.cn
投稿邮箱:info@lawpress.com.cn
举报盗版邮箱:jbwq@lawpress.com.cn
销售电话:010 - 83938349
客服电话:010 - 83938350
咨询电话:010 - 63939796

书号:ISBN 978 - 7 - 5197 - 8340 - 2
定价:66.00 元
凡购买本社图书,如有印装错误,我社负责退换。电话:010 - 83938349

目录

第一章　导　论

一、研究的理论前提:如何认识公安执法规范化建设及其对侦查取证机制的影响

(一)研究的缘起与意义

“党中央高度重视公安执法规范化建设工作。党的十八大以来,习近平总书记就政法机关严格执法、公正司法作出了一系列重要指示,明确要求公安机关坚持严格规范公正文明执法,在全面推进依法治国中发挥生力军作用。”①为贯彻党中央对公安执法规范化建设提出的新要求,公安机关认真梳理执法规范化建设的经验做法、全面检视执法工作的问题,经充分调研形成当下深化公安执法规范化建设的意见。围绕该意见,各地公安机关积极推进执法规范化建设,探索出许多改革新路子。譬如,“陕西省公安机关推出‘一体化执法办案管理中心建设’,全程提速执法办案监督管理新机制;江苏省公安机关探索全方位管理体系,从执法标准、执法运行、执法管理与执法队伍等方面推动执法规范化高质量发展;山西省公安机关打造信息化全程监督新模式,实现执法活

① 《坚持以人民为中心的执法理念　不断提升公安机关依法履职能力和执法公信力——公安部负责人就深化公安执法规范化建设答记者问》,载《人民日报》2016 年 9 月 28 日,第 10 版。

动数据的集聚与共享,等等。”[①]上述公安执法规范化建设经历了从过去局部性、碎片化的建设到当前自上而下的系统性改革,从整体上提出的涉及面广、内容众多的改革措施正在持续不断地推动公安机关执法制度、执法办案与执法管理等方面改革创新,对推进全面依法治国具有重要意义。作为公安执法规范化建设之重要内容——侦查执法规范化建设,其建设的过程与结果必然对侦查制度、侦查运行机制与侦查管理等方面产生重要影响。侦查取证工作作为公安机关执法中的核心环节,必定影响公安机关执法的水平,然而长期以来,我国的司法实践实行以侦查为中心的侦查取证模式与机制,侦查结论在很大程度上决定着案件的最终定罪与量刑,但对于侦查的错误结果,却很难通过后续程序进行纠正。因此,我国刑事诉讼程序必须改革原有的侦查取证模式,提升侦查执法规范化水平。[②] 对此,党的十八届四中全会明确提出“推动以审判为中心的诉讼制度改革”,随后,最高人民法院、最高人民检察院、公安部、国家安全部、司法部发布并实施《关于推进以审判为中心的刑事诉讼制度改革的意见》,对侦查机关收集、固定、审查、运用证据以及讯问制度改革等方面提出具体要求。以审判为中心的诉讼制度改革对侦查取证工作提出的新要求,不仅让公安机关意识到侦查取证工作改革的重要性与紧迫性,更需要公安机关通过自身执法规范化建设积极采取各种举措,“从侦查环节入手促进侦查取证制度改革,强化侦查人员全面取证的意识和行为规范,提升侦查取证的法治化、规范化水平,确保案件裁判的公平正义”[③]。由此可见,公安执法规范化建设是推进以审判为中心的刑事诉讼制度改革的具体要求,必然对侦查取证规范化产生深远影响。

在全国公安机关开展公安执法规范化建设的同时,国内理论界对此进行了

---

① 付静:《各地公安机关执法规范化建设亮点纷呈》,载法律资讯网,http://www.dyzxw.org/html/article/201905/31/221388.shtml,2021年2月16日访问。

② 参见王峣:《“以审判为中心”诉讼制度改革中的侦查工作》,载《法学杂志》2017年第2期。

③ 蔡长春:《侦查环节须按照裁判标准取证》,载《法制日报》2016年10月11日,第3版。

大量研究,取得了较为丰硕的成果。[①] 综观国内已有研究,具有以下特点:(1)从历史、理论与现实的角度界定公安执法规范化建设的内涵与外延,证成其合理性与正当性,揭示其存在的问题与提供应对策略等,内容上较为全面,但很少分析公安执法规范化建设的实际样态及其对侦查取证规范化的影响;(2)对象上主要从公安执法规范化建设的必要性与正当性的角度展开,欠缺从侦查取证机制视角谈及公安执法规范化建设的合理性,由此导致学界对公安执法规范化建设的合理性认识不充分,以及公安执法规范化建设与侦查取证规范化的互动关系缺乏深入思考;(3)视角上多用警察学、诉讼理论分析,取政治学、社会学、管理学角度者少;(4)方法上多为规范研究、比较研究,或者虽有实证研究,但对我国公安执法规范化建设实践及其成效缺乏总结与提炼,也未由此深入探讨公安执法规范化建设对侦查取证规范化的影响,更未反思与前瞻未来公安执法规范化建设的发展态势。

国外警察机构较少提及大范围开展执法规范化建设,这主要是因为它们执法体制分散,执法主体和运作模式多元,且没有统一的执法规范。不过,随着警察执法行为的合法性和正当性受到关注,警察机构及相关部门开始重视警察执法行为的控制和规范,相关研究因应出现。概括而言,国外目前的有关研究主要从三个方面展开:一是从警务发展的视角研究警察管理,即把现代组织管理学的权变理论(Contingency Theory)引入警察管理,分析如何改进管理与提高绩效以契合所处环境。[②] 二是从执法效果的角度研究警察组织变革,即结合警察组织功能与执法实践,研究如何建立有效的警察组织。[③] 三是从程序运作的角度研究警察权的规范,即针对警察执法程序运作中存在的问题,探讨如何强

① 参见林水湖、林光辉、洪超明:《关于公安执法规范化建设的认识与思考》,载《公安研究》2009 年第 2 期;施峥:《公安执法规范化建设之法制史考》,载《公安学刊(浙江警察学院学报)》2011 年第 6 期;张伟珂、李春华:《法治公安视域下公安执法规范化实证研究》,载《中国人民公安大学学报(社会科学版)》2015 年第 4 期;杨蓉:《公安执法规范化的理论基础——从警察职能的历史与比较研究切入》,载《中国人民公安大学学报(社会科学版)》2014 年第 6 期;等等。

② 参见[英]罗伯特·雷纳:《警察与政治》,易继苍等译,知识产权出版社 2008 年版。

③ See Coretta Phillips and David Brown, *Entry into the Criminal Justice System: A Survey of Police Arrests and their Outcomes*, Home Office Research and Statistics Directorate, 1998.

化对警察执法行为的控制与规范。[①] 国外警察执法规范化建设研究具有以下特点:(1)内容上主要关注执法管理、执法主体与执法程序控制等方面;(2)视角上主要取自犯罪学、侦查学、管理学等理论;(3)方法上大多使用实证研究,关注制度运行的效果及成因。

国外相关讨论对本书研究具有一定的参考意义,尤其是在研究视角与方法上的借鉴价值,但由于我国有其独特的法治公安建设情境,参考国外的相关研究对解决我国公安执法规范建设实践问题存在限度。国内研究欠缺对公安执法规范化建设情况的有效回应,更缺乏公安执法规范化建设与侦查取证机制互动关系的探索。总体上看,目前学界关于这一主题的研究仍然薄弱,与此主题相关的很多问题并未得到充分讨论,本研究存在较大的挖掘空间。

本书以公安执法规范化建设对侦查取证机制的影响为研究对象,通过剖析公安执法规范化建设对侦查取证机制的影响形态来探索完善公安执法规范化建设的制度机制,并由此思考如何提供公安执法规范化建设与侦查取证机制相适应的改革方案。我国正在探索以审判为中心的诉讼制度改革,已对侦查取证机制提出新要求,这必然要求公安机关通过自身执法规范化建设提出与侦查取证机制相适应的改革方案。在此背景下,本书具有如下学术价值和应用价值:

一是有助于全面把握公安执法规范化建设实践效果及其对侦查取证机制的实际影响,促使公安执法规范化建设与侦查取证机制相适应,弥补学界对该问题研究的缺憾。公安执法规范化建设的内容广泛,而侦查执法规范化建设是其重要内容。本研究通过对包含侦查取证机制在内的侦查执法规范化进行检视与评价,可从一个侧面反映公安执法规范化建设的主要成效,揭示其存在的突出问题,剖析问题形成之原因,为公安执法规范化建设的全面、深入研究提供有益的启发。

二是有助于进一步优化公安内部权力结构,重塑侦查(取证)权、行政权和公安内部监督权之间的关系,从而增强我国侦查取证机制的合理性。公安执法

---

① See William Geller, Police *Videotaping of Suspect Interrogations and Confessions: A Preliminary Examination of Issues and Practices*, Bureau of Justice (1992), http://www.ncjrs.gov/App/publications/abstract.aspx? ID=139584.

规范化建设是公安机关内部自上而下的系统性改革，关涉内部权力运行机制调整，既包括业务上的办案权，也有行政上的管理权和监督权。如何协调公安内部权力运行，既保证办案效率的提升，又能改善管理与监督效能，使之保持动态的平衡，是值得思考的重要议题。

三是有助于从理论上重新诠释公安执法规范化建设合理性与正当性的基础，深刻理解法治公安逻辑下公安执法规范化建设的特殊性，拓展公安执法规范化建设的理论，从而为侦查取证机制的深化改革提供扎实可靠的学理依据。公安执法规范化建设是新时代公安机关提升执法公信力，建设法治公安的重要举措。然而，科层制组织结构与刑事执法的司法属性之磨合需要在遵循办案规律的基础上，探索公安执法规范化建设的原则与完善路径，使之为侦查取证机制的正当性与有效性提供科学的外部环境。

（二）研究的相关理论问题

在展开实证研究之前，有必要厘清公安执法规范化的基本问题，由此构建实证研究的理论前提。实践中公安执法规范化建设是一个动态发展过程，随着执法环境与实践的变化而变化，力促解决普遍性执法难题。由于本书主要考察公安执法规范化建设对侦查取证机制影响的实践状况，公安执法规范化建设情况及其对侦查取证机制影响就应成为重点内容受到关注。因此，单纯的概念界定往往都不足以反映公安执法规范化建设对侦查取证机制的影响状况，有必要从实践与理论两个角度进行分析与讨论。从实践角度来看，全国公安机关执法规范化建设已将刑事执法规范作为改革的重点内容，据此推行改革举措，其主要内容包括执法规范体系、执法监督管理、执法方式改革、执法主体能力等方面。从理论角度分析，当下关于公安执法规范化建设与侦查取证机制的关系的一些观点值得反思。为了真正有效推进公安执法规范化建设，合理把握公安执法规范化建设对侦查取证机制的影响，必须澄清理论与实践中的问题。

1. 公安执法规范化建设与侦查取证机制的关系如何？

如前文所述，当下的许多论者或者探讨公安执法规范化建设，或者分析侦查取证机制问题，却未能聚焦公安执法规范化建设与侦查取证机制之间关系展开讨论。[①] 究其原因,可能与学者研究领域及其研究的对象有关。从学者研究领域看,探讨公安执法规范化建设的学者多为警察学、宪法学、法理学、行政法学等领域的专家,而分析侦查取证机制的学者多从事刑事诉讼法领域的研究。从研究对象来看,公安执法规范化建设较为宏观,范围广泛,内容丰富,学者多以系统性视角展开研究,体现对观察对象分析的全面性。与之相反,侦查取证机制相对而言较微观,学者多以具体化视角铺陈,展示对研究对象分析的深入性。

这些研究有一定的合理性,但如果将公安执法规范化建设与侦查取证机制割裂开来,以此作为互不联系的两端,则值得进一步讨论。主要理由在于,公安执法规范化建设是我国政法领域全面深化改革的重要环节,强调的是执法工作的全局性,其主要着眼于构建执法体系、规范执法行为、强化能力建设、营造法治环境等内容,即它涉及更宏观的执法硬件与执法软件甚至是体制问题。而公安机关侦查取证机制改革是直接面向侦查行为规范性与证据问题,其核心在于侦查取证行为必须以合法的程序进行且取得的证据符合全面性、及时性的特点,更多涉及的是微观层面程序运行与技术设置。因此,公安执法规范化建设必定会对包括侦查取证在内的所有侦查工作产生重大影响,并深入介入侦查取证机制中,起到规范甚至约束不同类型侦查行为及其取得的证据的作用。反过来,侦查取证机制改革作为公安刑事执法规范化建设的一部分,前者必然要求后者提供科学、合理的执法硬件与执法软件,以满足侦查取证机制改革的需要。

总体来看,二者实际上是相互影响的关系。那么,基于二者的关系,公安执法规范化建设应在建设目标、建设内容和建设技术等方面与侦查取证机制动态的实践要求相适应。一旦二者产生龃龉,就需要对公安执法规范化建设的举措进行调整,以适应侦查取证机制变化的需要。

2. 公安执法规范化建设中哪些举措对侦查取证机制有影响?

根据《关于深化公安执法规范化建设的意见》的规定,公安机关深化执法规范化建设的主要任务是完善立法和执法制度、健全依法决策机制、规范执法办

---

① 笔者通过查找文献发现,关于公安执法规范化建设与侦查取证机制关系的论著罕见。尽管卞建林教授关注了公安刑事执法规范化的内涵、发展与建设的重点内容,但对于二者的关系并没有深入探讨。参见卞建林:《论公安刑事执法规范化》,载《东方法学》2019 年第 4 期。

案活动、改进行政管理工作、健全错案预防纠正机制、完善执法监督管理体系、深化执法信息化建设、提升执法主体依法履职能力、加强法治综合保障等九个方面。尽管《关于深化公安执法规范化建设的意见》明确了上述九大任务,而且这些任务对深化公安执法规范化建设都很重要,但是公安执法规范化建设中哪些内容对侦查取证机制产生实质影响,还需结合具体问题进行具体分析。与其泛泛而谈公安改革中重点不突出、特色不鲜明及与主题关联度不高的所有任务,不如通过深度剖析公安改革中的重点事项来更好地反映地方公安执法规范化建设对侦查取证机制的影响状况。通过梳理,除了行政执法规范化建设的内容,与侦查执法规范化相关的改革就是案管中心的建立、侦查措施的运行、基层所队执法办案场所规范化改造、涉案财物规范化管理、执法办案全过程法制监督、执法质量考评机制等方面。下面分别介绍这些改革举措对侦查取证机制的可能影响。

(1)案管中心规范化建设对侦查取证机制的影响

为推进受立案制度改革,全面规范受立案流程,各地公安机关增设案管中心。所谓案管中心,顾名思义就是方便群众报案、案件接受移送、执法监督巡查、执法管理服务等方面的机构。换言之,案管中心可强化对案件线索来源的管理,建立一整套保障后续执法流程的顺利展开的监督管理新模式。由此可见,案件管理中心的最大功用是防止案情流失与保全证据材料,保障刑事案件办理程序的顺利进行。

从理论上来讲,案管中心建设对侦查取证机制的影响主要在于:一是最大限度地保障案件来源,为后续是否开启侦查程序提供条件。二是提供有效的证据材料,为立案与启动侦查打下基础。三是通过立案为采取强制侦查措施提供法律依据。“一旦立案,强制侦查即为合法,侦查机关有权直接实施搜查、查封、扣押、冻结等措施,而如果没有立案,就不能采取强制性取证和人身控制措施。”[①]为此,案管中心可保障不同类别侦查措施的合理采用以及取得的证据材料的完整性。

---

① 龙宗智:《念斌被再度确定为犯罪嫌疑人问题法理研判》,载《法制与社会发展》2015年第1期。

（2）侦查措施的运行机制改革对侦查取证机制的影响

公安执法规范化建设的一个重要部分是改革执法权力运行机制，对于侦查措施权力运行而言，在这次改革中，首先是现场勘查新机制改革，把“一长四必”的现场勘查工作要求作为改革的重要内容。所谓“一长四必”的现场勘查工作机制主要是由县市公安局局长作为现场勘查的总指挥，要求现场勘查工作做到现场必勘、信息必采、信息必录与信息必比的要求，以此进一步提升现场勘查工作能力和水平，彰显打击犯罪的新成效。[①] 该机制的实施直接造成侦查取证机制的变化：一是明确现场勘查主体的责任。“一长四必”要求县市公安局局长树立现场必勘的理念，亲自指挥现场勘查，重视犯罪现场对侦查犯罪的重要作用。可以说，“一长”是“四必”的前提，没有“一长”的指挥与调配，“一长四必”就是难以实现的目标。主要理由在于，县市公安局局长掌握着充分的侦查资源，其亲临性必将影响侦查人员与技术人员打击犯罪的工作热情，同时，聚集与调度优势资源有助于解决现场难题，为后续侦查工作打下坚实基础。二是提高现场取证的质量。在县市公安局局长的带领下，侦查人员或技术人员各司其职，针对不同现场情况采取不同的方式勘查，有助于快速获得有价值的信息，保障现场取证的质量。同时，相较于以往，“现场必勘、信息必采”要求办案人员不仅需要对所有刑事案件进行现场勘查，还应对现场的所有信息（传统痕迹物证与新型证据材料）进行采集与提取，这必然会增大现场勘查获得的证据数量，有助于从源头上把关办案质量，使现场勘查的数量与质量均得到提升。

（3）执法办案场所规范化建设对侦查取证机制的影响

执法办案场所一直是公安机关从事侦查取证与保障执法安全的重要阵地，其规范化建设对于整体提升公安执法能力意义重大。公安执法办案场所规范化建设有两个方面的意义：一方面，规范执法办案程序。依据执法办案场所使用管理规定，办案人员按照“四个一律”的标准，对进入执法办案场所违法犯罪嫌疑人进行人身安全检查，对讯问、询问、辨认过程录音录像，以及记录整个办

---

① 参见庞浩、刘赟：《“一长四必”现场勘查机制探究——以广西公安机关现场勘查为例》，载《广西警官高等专科学校学报》2015 年第 3 期。

案流程,让办案人员执法行为都在管理者的监督之下,有助于规范办案程序。另一方面,保障执法安全。既往执法办案场所在设置与使用过程中,有时会出现办案人员违法刑讯以及违法犯罪嫌疑人自伤自残甚至死亡的事故。通过对执法办案场所的改造,设置规范标准消除安全隐患,有助于杜绝执法安全事故的发生。

上述改革举措必将对侦查取证机制产生具体影响:一是规范侦查行为。侦查阶段饱受诟病的问题就是侦查人员在办案场所采用刑讯逼供等非法手段获取口供,使用暴力、威胁、欺骗等非法方法收集被害人陈述、证人证言。当下的执法办案场所规范化建设,将办案民警的讯问、询问、辨认等侦查行为置于管理者的监督之下,在镜头下按照办案场所的流程执法,在一定程度上避免了非法侦查行为的发生。二是保障证据的合法性与数量。在侦查取证实践中,证据的合法性、证据的数量、证据之间缺乏印证,关键性证据缺少等问题较为突出。执法办案场所的功能就是对办案场所侦查取证过程的全方位监控,以此保障取证的合法性。此外,根据最高人民法院《关于适用〈中华人民共和国刑事诉讼法〉的解释》第 54 条的规定,"对作为证据材料向人民法院移送的讯问录音录像,辩护律师申请查阅的,人民法院应当准许"。那么,办案场所的侦查取证行为形成的录音录像材料,无论是直接用于证明案件事实还是用于证明取证合法性,均应当属于证据材料的范围。[①] 这在一定程度上扩大了证据材料的范围,有助于增强对实体性事实的证明。

(4)涉案财物管理规范化建设对侦查取证机制的影响

在以往实践中,公安机关办理涉案财物案件容易将被查封、扣押、冻结等的财物与案件无关的单位和个人物品混同,甚至在判决生效前先期处置涉案财物。这不仅对单位和个人的财产权造成极大损害,也反映出公安机关涉案财物管理面临巨大压力与存在较大的问题。[②] 究其原因,可能与以下因素有关:一是办案与管理没有分离。办案人员既是调查涉案财物的人员,也是管理涉案财物

① 参见谢小剑:《讯问录音录像的功能发展:从过程证据到结果证据》,载《政治与法律》2021 年第 8 期。

② 参见李玉华:《论独立统一涉案财物管理中心的建立》,载《法制与社会发展》2016 年第 3 期。

的人员,二者身份的同一违背中立性原则,不利于妥善保管涉案财物。二是来源去向不清晰。办案人员对涉案财物的处理往往缺乏全流程监管,没有对涉案财物的类型、特征、查扣时间、移交人员等程序进行登记,导致涉案财物去向不明,无迹可查。三是未能及时处置。这包括两种情况:①在判决生效前的过早处置,即办案人员在侦查阶段就已处置涉案财物,将有关财产返还被害人或者将部分涉案财物作为办案经费予以留存。②判决生效后的不处置,即尽管判决生效,但涉案物品由于办案人员保管不当,出现破旧、贬值、损坏甚至无用的情况,以致无法处置。

这些问题的存在亟须对涉案财物进行规范管理。针对这些情况,中共中央办公厅、国务院办公厅印发《关于进一步规范刑事诉讼涉案财物处置工作的意见》。为落实中央对涉案财物处置的改革要求,公安机关将此作为执法规范化的重点内容并修订完善有关涉案财物的管理规定,对涉案财物的管理体制、管理方式、处理程序等方面进行完善,以进一步提升涉案财物管理工作水平。这些改革举措主要包括办案与管理相分离、信息化全程管理以及根据涉案财物分类管理等方面。

上述举措会对侦查取证机制产生以下影响:一是规范对涉案财物采取的侦查措施。查封、扣押、冻结等强制性侦查措施会对涉案人财产权造成重要影响,在启动时应限制一定的程序和条件。通过办案与管理相分离的模式,可以在公安机关内部建立与侦查人员办案相独立的管理单元,可对侦查行为的启动与终止进行记录与监督,及时发现与纠正不规范的侦查活动。与此同时,管理者借助信息化的载体,对涉案财物采取的侦查措施、文书制作、办案期限实行全程跟踪,确保涉案财物侦查行为的规范化运行。二是保障涉案财物的完整性。这可通过两个方面的举措实现:一方面,对于适合移送的涉案财物,公安机关明确涉案财物的出入登记,制作财物标签与明细台账,确保每一个随案移送的财物与案件的对应性;另一方面,对于不适合随案移送的涉案财物,公安机关安排恰当的保管场所,方便不同诉讼阶段办案人员的查找与审核。这些举措在一定程度上保障了涉案财物的完整性。

(5)法制部门全程监督对侦查取证机制的影响

近年来,随着公安执法规范化建设的深入,法制部门成为执法办案监督的重要推手,并在实践中胜任越来越重要的角色。① 其中,对案件的统一入口、强制措施的适用以及移送起诉材料的统一出口的审查等成为法制部门监督的重要内容,这赋予了法制部门对业务部门办案的全程监督地位。在此过程中,法制部门对办案单位的侦查取证必然形成一定的影响,具体表现在以下两点:

一是强化侦查监督。这包括两个方面:一方面,对侦查行为的监督与制约。由于侦查办案与法制监督相分离,法制部门可对办理的刑事案件进行全方位监督,尤其是对侦查行为的适用提出审核意见,明确侦查程序与条件,发现与纠正违法侦查行为。另一方面,对刑事强制措施的适用提出意见。长期以来,刑事强制措施由公安机关办案部门审批,易产生不当限制或剥夺犯罪嫌疑人人身自由权的弊害。为保障强制措施的正确适用和顺利执行,法制部门按照《刑事诉讼法》的规定,对强制措施适用的合法性和执行的正当性进行审批,这在一定程度上避免办案部门自行决定强制措施的适用而忽视犯罪嫌疑人权利保障的问题,对办案部门权力运行起到一定的监督作用。同时,对审批中发现的强制措施适用与执行的问题,及时提出意见给予纠正。

二是保障证据的质量。由于公安机关办案部门办理的所有刑事案件统一由法制部门审核把关并移送检察院起诉,那么法制部门就必须对案件的全部事实与证据材料进行审核,确认案件证据的合法性、证据之间的关联性、主要证据、存疑证据等内容。这对于整体上把握证据标准,提升移送起诉质量具有重要价值。

(6)执法质量考评制度对侦查取证机制的影响

执法质量考评是以结果为导向,按照考评指标体系,对办案部门执法质量

① 参见石杨:《深化改革,交出一份"阳光执法"答卷——公安机关着力构建系统完备的执法管理监督制约体系》,载《人民公安报》2020年8月25日,第1版。

进行评价的一种重要标尺。[①] 考评结果作为过错责任追究与争优评先的重要依据。由于考评主体、考评方式、考评方法、考评指标等方面的问题,需要对执法质量考评制度进行改革。因为执法质量考评制度是针对办案部门办理的所有案件,自然包括侦查取证规范化问题的评价。

具体而言,执法质量考评制度会对侦查取证机制产生如下影响:一是发现与纠正侦查程序不规范问题。通过执法质量考评,上级公安机关对下级公安机关考评中发现的问题会及时通报并要求改进。基于实践观察,从考评主体看,包括法制部门、办案部门等多个专业部门的人员,有能力查找到办案中的问题;从考评结果看,侦查程序不规范问题比较突出。这对于办案部门未来规范侦查程序提供了重要参考。二是提供取证指引。执法质量考评可从执法办案系统或者接处警记录等执法台账中随机抽取刑事案件,对照执法办案智能化管理平台记录、案卷材料、视频监控资料、讯问录音录像等进行检查。这在一定程度上可发现证据取向单一、证据不充分、关联性证据不够等问题,对此,公安机关可将出现的突出证据问题案件类型进行梳理,邀请专家剖析问题成因,并发布典型案例取证指南,以引导办案人员正确、合法取证。

二、研究的实践背景

本书是一项实证研究,关注的对象是公安执法规范化建设及其对侦查取证机制的影响,那么,首先就是要了解全国公安执法规范化建设的发展历程,分析不同阶段的建设内容,以此全面把握公安执法规范化建设的成效。其次,作为微观层面探讨公安执法规范化建设的实证研究,需要聚焦地方公安执法规范化建设情况进行深入探讨,总结建设成效。此种由面到点的研究,有助于全面、深入地评判与思考公安执法规范化建设的总体成效。下面将对我国公安执法规范化建设的历程以及调研地区公安执法规范化建设情况进行说明。

---

① 参见王锡章:《公安机关执法质量考评新体系之构建》,载《中国人民公安大学学报(社会科学版)》2016年第6期。

(一)公安执法规范化建设的历史演进

尽管公安执法规范化建设在公安机关内部自始就存在,但其也是受到我国政治、经济与社会环境的影响,是我国政法系统改革的产物。从公安执法规范化建设发展的进程来看,1949 年中华人民共和国公安部的组建、1995 年《人民警察法》的出台、2008 年公安部明确提出公安执法规范化建设以及 2016 年《关于深化公安执法规范化建设的意见》的颁行,无疑均是具有标志性意义的事件,它们构成了公安执法规范化建设发展历程的分界点。为此,我们可以将公安执法规范化建设概括成缓慢起步(1949 ~ 1994 年)、分散发展(1995 ~ 2007 年)、全面推进(2008 ~ 2015 年)与深入发展(2016 年至今)四个阶段。

在 1949 ~ 1994 年,公安执法规范化建设制度初步成形,主要围绕公安队伍建设展开。尽管中华人民共和国成立之后公安机关持续开展公安队伍正规化建设,但是由于国内政治、经济与社会治安状况等方面发生变动,尤其是十年"文化大革命"时期,公安工作面临许多新情况与新问题,从哪些方面入手开展公安队伍正规化建设并无制度规范,直至党的十一届三中全会召开,公安队伍正规化建设的思路与目标才逐渐清晰。1983 年 5 月,党中央正式提出加强人民警察队伍正规化建设。[①] 自此以后,我国公安系统自上而下开展从严治警活动,采取有效措施紧抓公安队伍正规化建设。其间,公安机关陆续出台《公安机关人民警察内务条令》《人民警察警衔条例》《人民警察职业道德规范》,以此强化执法队伍专业化与军事化。纵观 1949 ~ 1994 年这一时期公安队伍正规化建设实践,有以下两个方面的特点值得关注:一是明确了公安队伍正规化建设的思路与目标。通过此时期缓慢的、基本上依赖各种内部文件形式展开的公安队伍建设,公安执法主体的思想政治与业务培训受到高度重视与评价,使公安队伍正规化与公安业务工作紧密结合到一起。尽管这一时期的改革并未上升到法律层面,对改革成果的稳定性和规范性有所影响,但是为今后的执法主体的业务培训与能力评价等方面的改革奠定了基础。二是公安队伍正规化建设的制

---

① 参见娜日斯:《公安队伍正规化建设的逻辑演进与发展路径》,载《学术论坛》2016 年第 9 期。

度与实践并不完全吻合。尽管新中国第一部《刑法》《刑事诉讼法》于1979年分别出台，但是实践中由于刑事案件的高发促使迅速打击犯罪和维护社会治安成为刚需，在这种情况下，各地公安机关集中开展严打整治行动——从重从快打击严重犯罪活动，以此遏制犯罪的快速增长势头。[①] 然而，此种运动式治理模式是以牺牲部分案件公正为代价的，在一定程度上损害了程序公正，也难以实现实体公正。[②] 这既与公安执法的相关制度不完善有关，还与当时社会治安状况严峻形势不无关系。

基于上述情况，公安机关深刻认识到规范警察职权行为与加强警察队伍建设，必须建立符合我国实际的先进执法制度。在此种背景下，《人民警察法》于1995年正式出台。此后，与公安执法规范化相关的各类法律法规与规章制度相继实施。1995～2006年，根据公安部的要求，各地公安机关顺势而动，实践中公安业务与队伍建设呈明显加强之势，这主要表现在以下几个方面：一是进一步完善执法制度，全面推进公安执法工作的法制化进程。1997年，公安部印发《关于建立和完善公安法规体系的意见》，提出建立以《人民警察法》为首的科学、合理的公安法规体系。经过多年的探索，公安机关各项工作基本实现有法可依。[③] 二是建立和完善执法程序，进一步规范公安机关执法行为。为了保证公安机关执法有章可循，统一办案程序，在1996年《刑事诉讼法》与1997年《刑法》出台后，公安机关陆续制定了办理行政案件与刑事案件程序的配套制度，对执法程序违法及其责任追究进行明确规范。三是强化执法监督，完善公安民警考核激励机制。在这方面，首先是建立执法监督队伍。为保障公安民警依法执法和健全内部监督制约机制，《公安机关督察条例》《公安机关人民警察执法过错责任追究规定》对监督体制机制进行了明确规范，形成各级公安督察、法制、纪检、政工等部门参与的执法监督队伍。随后，针对公安执法与民众反映强烈的突出问题，上级公安机关每年对基层公安机关执法状况开展执法质量考评，逐步建立

① 参见陈旭玲：《关于严打斗争的几点思考》，载《公安研究》2003年第7期。

② 参见陈如超：《刑讯逼供的中国治理——审讯结构·治理措施·效果评估》，载《甘肃政法学院学报》2015年第1期。

③ 参见贾春旺：《深入贯彻人民警察法　全面推进公安工作法制化》，载《求是》2000年第6期。

健全考核激励机制。通过这些改革与发展,公安执法规范化建设已不再是纯粹的队伍正规化建设,而是赋予队伍建设更多的内涵,以通过执法制度、执法程序、执法监督等方面的建设,推动公安队伍建设取得成效。可以说,公安队伍建设的内容愈加丰富,建设手段与方式愈加细密,一种立足于规范与控制公安执法权运行的从严治警模式已初步形成。

分析 1995 ~ 2006 年公安执法规范化建设的实践,有以下两点值得注意:一是建设制度的碎片化。为了规范执法行为与强化队伍建设,国家立法机关与公安机关制定与完善了大量的法律法规与规章,这些法规为公安机关开展执法规范化建设提供了重要依据。但是,无论是从时间上还是内容上来看,这些制度建设都具有专门性的特点,往往是为解决某段时期具体问题的产物,而非系统性地服务于执法规范化建设。① 二是建设内容的扩大化。在 2006 年之前,实践中的公安队伍建设主要体现为利用会议、文件等形式规范和建设公安业务工作,建设的着眼点在于从严治警的目标。在此之后,随着执法质量评估的常态化与执法过错责任制度的颁布,执法规范化建设的内容明显扩大,已不再仅仅局限于执法制度、过程与程序,而是延伸到了对执法质量与执法效果的管理之上,开始逐步转向执法过程与结果的双重控制。这意味着公安执法规范化建设进入了一个新的发展时期,不再是单纯聚焦队伍正规化,而是有侧重地瞄准影响执法质量的核心要素展开。

2007 年,公安执法环境出现新变化,新形势下民众对执法提出新要求。为积极回应民众新期待,全国公安机关在开展社会主义法治理念教育活动中提出,结合执法专项整改活动,着力解决民众反映的执法中的突出问题。2008 年 9 月,公安部在全国公安厅局长座谈会上指出,推进公安信息化建设、执法规范化建设和加强公安队伍思想政治建设。根据公安部的要求,各地公安机关积极响应,力促公安执法规范化建设围绕执法理念、制度、方式与监督等四方面重点寻求突破。这集中体现在以下几个方面:一是强化执法主体建设。执法主体的能力与水平决定着执法的水平与力度。因此,全国各地公安机关深切认识到必

① 参见周桂琴:《谈基层公安队伍的正规化建设》,载《公安教育》2007 年第 11 期。

须先从执法主体入手,要求树立正确的执法理念,系统开展全员执法培训,全面实行执法资格等级考试制度,有力地加强了执法主体建设,进一步提高了执法公信力。二是基本形成严密的执法制度体系。为保障基层民警执法标准适当与程序规范,公安机关陆续出台了一些关于执法细则、人民警察盘查规范、涉案财物管理、受案立案制度改革等的规定,对受立案、现场处置、盘查、涉案财物管理等作出细致的规范,增强了执法的可操作性,有效规范了执法活动。三是创新执法管理方式。为规范民警执法随意与解决执法安全隐患,公安机关自上而下推行执法办案场所改造,要求执法主体办案一律在办案区进行,且办案场所对执法活动全程录音录像。这一做法在2010年公安部下发《公安机关执法办案场所设置规范》后在全国迅速推行。此外,公安机关还在原有办案流程管理的基础上,统一网上执法办案与监督,并设置了执法办案效率考核指标与实时监控系统。公安执法规范化建设的上述内容,既回应了执法环境困难性与复杂性引发的民众对执法问题的关切,也回应了党的十八届四中全会提出的全面依法治国方略。

综观上述改革变化,有几个突出特点值得关注。一是执法规范化建设与队伍建设相分离。在此之前,公安队伍建设的内涵较为宽泛,诸多公安业务改革似乎都是为了推进公安队伍建设的目标。2008年公安部提出的公安执法规范化建设,迅速在全国推开,成为当时公安改革的全局性、基础性工作。① 公安执法规范化建设的实践探索意味着自身发展的独立化,已不同于单一的、传统的队伍建设,随着“执法规范化建设”的深入推进,必然对公安队伍执法素质的提升产生较大的影响。二是执法过程与结果的双重控制模式形成。在2008年之前,公安执法的监督主要基于过程控制,集中表现为案件审核、涉案财物管理、办案场所改造等执法硬件与执法软件建设。此后,为进一步强化执法监督,公安系统以案件出口统一管理、执法质量考评、执法过错责任等主流管理方式对执法结果进行评价。由此可见,我国公安执法规范化建设已初步形成执法过程

---

① 参见《公安部:执法规范化建设既是基础又事关全局》,载中央政府网,http://www.gov.cn/gzdt/2010-11/09/content_1741243.htm,2022年5月4日访问。

与结果的双重控制模式。三是执法质量的技术性考评盛行。为了提高公安执法质量,并实现执法管理的精细化,全国各地公安机关非常倚重执法质量考评与案件评查对基层公安机关执法质量进行的评价,并将其作为先进执法单位和优秀执法人员评选的依据。这种方式确实起到了发现与纠正部分执法问题的作用,但也产生了功利性考评的弊端。①

尽管2008年以后全国公安执法规范化水平快速提升,但是与此同时,公安执法工作与党的十八届四中全会提出的全面推进依法治国战略布局的新形势新任务,以及与民众的新期待相比,还存在一定的不适应、不符合的问题,而这些问题的叠加更需要公安系统提出与之相适应的改革意见与具体措施。在这种情况下,2016年中共中央办公厅、国务院办公厅印发《关于深化公安执法规范化建设的意见》,对执法制度、执法办案、执法管理、执法保障等方面提出系统性要求,以进一步完善公安执法权力运行机制。自此以后,公安执法规范化建设进入深入发展阶段。面对公安执法中存在的突出问题,地方公安机关有针对性地探索改革之道。概括而言,这些改革举措集中体现在以下几个方面:一是进一步表明深入推进公安执法规范化建设的决心。习近平总书记在为人民警察队伍亲自授旗仪式上指出,“公安机关处于执法工作的第一线,能不能做到严格规范公正文明执法,不仅关系社会大局稳定,而且关系社会公平正义。”②时任公安部部长赵克志对公安机关深化执法规范化提出要求,全国公安机关要深入学习贯彻习近平法治思想与习近平总书记重要指示精神,“聚焦建设法治公安目标,着眼解决执法突出问题,以落实全国人大常委会审议公安执法规范化建设意见为契机,以推进执法监督管理机制改革为动力,持之以恒深化执法规范化建设,切实把严格规范公正文明执法落到实处,不断提升公安工作法治化和执法公信力”。③ 由此可见,党的十九大以来,中央对公安执法工作提出了新的更

① 参见贺小军:《效果与反思:公安机关刑事执法质量考评机制实证研究》,载《法学家》2017年第3期。

② 王小洪:《忠实践行习近平总书记重要训词精神　更好完成新时代公安机关使命任务》,载《人民公安报》2020年8月28日,第1版。

③ 赵克志:《持之以恒深化执法规范化建设　不断提升公安工作法治化和执法公信力》,载《人民公安报》2020年9月22日,第1版。

高要求,全国公安机关在学习习近平法治思想与推进全面依法治国展现新担当新作为,进一步明确公安执法规范化建设的顶层设计,为法治公安建设指明了方向。二是廓清公安执法规范化建设的重点内容。以往公安执法规范化建设的内容不甚清楚,重点不突出,难以形成统一的建设目标。《关于深化公安执法规范化建设的意见》的出台,从整体上重点细化了九个方面的主要任务和具体措施,令地方公安机关建设更具有实践可操作性。更重要的是,这种客观化的改革举措避免了基层公安机关建设的盲目性与随机性,让基层公安机关积极地、准确地投入建设当中,着力于提升执法办案质量。由于公安执法规范化建设的思路与目标的清晰化,各地公安机关结合本地实际情况以构建法治公安为目标的改革探索已全面展开。三是推行可视化全程信息化监督。《关于深化公安执法规范化建设的意见》将深化执法信息化建设作为重点任务之一,要求"全面建成运行各省级公安机关统一应用的执法办案信息系统……实现案件全流程同步记录和信息化管理。全面实现网上办案……强化执法办案信息系统的过程控制功能……"在这一改革目标之下,以全程信息化开展深化执法规范化建设成为当前公安改革的重要手段。按照中共中央办公厅、国务院办公厅要求,各地公安机关纷纷探索网上执法办案、网上执法监督与案件网上跨部门流转和办理机制与方式,如利用警综平台、案管中心平台、涉案财物管理系统等信息化载体推行"可视化"的管理、实行执法流程网上管理与法律文书网上开具等。这些从书面监督到网上审查的改革探索,一方面有利于解决长期存在的书面审查不及时、不到位的问题,进一步促进执法监督实效;另一方面也有助于破除各执法部门办案信息壁垒,实现跨部门信息共享,达到以强化科技支撑提升执法效能的目的。四是探索一体化执法办案管理中心。按照公安部《关于加强公安机关执法办案管理中心建设的指导意见》的要求,"全力打造集办案区、案件管理区、涉案财物管理区及合成作战、智能辅助等功能于一体的'一站式'办案场所"。据此,各地公安机关陆续下大力气推进执法办案管理中心的改造升级,整合执法办案场所、涉案财物管理、合成作战指挥中心等公安大数据资源,促使"执法办案、监督管理和服务保障'一体化'运行,执法办案质效大幅度提升"。

综观上述改革举措,有以下两个突出特点:一是公安执法权力运行一体化。为节约公安执法资源,提升各警种执法效能,公安系统要求将执法办案、监督管理与智能辅助工具等整合成多功能的办案管理中心。从推行全程信息化到探索一体化执法办案管理中心,这些改革直指公安执法权力运行的独立化、封闭化倾向,希望去除执法部门中的信息孤岛、配合不畅、反应不及时等不符合执法规律的因素,从而达到不断提高执法质量、效率与公信力的目的。二是公安执法规范化建设的技术化。这主要是指执法场所、执法设备及执法监督信息平台等硬件与软件的建设。在1996年公安部提出"科技强警"战略之后,各地公安机关陆续采取了一系列以信息化推动警务机制创新的举措。时任公安部部长孟建柱也多次强调,"推进公安信息化建设,坚定不移地走科技强警之路"①。按此要求,一系列专门用于公安执法规范化建设的硬件被改造、软件被开发,用以精准、全面地掌握执法权运行的基本状态。无论是执法办案场所改造还是执法监督信息平台的使用,信息技术的运用令公安执法权力运行均受到全方位、全流程、封闭式、精细化的监管,有效地解决了人工监督不到位与效率不高的问题。

(二)A省公安执法规范化建设的整体情况

本书主要以A省公安执法规范化建设情况为研究样本。A省地处我国西北地区,截至2020年年末,A省下辖14个地级市(州)、86个县(区),常住人口2501万余人。党的十九大以来,A省公安机关不断深化执法规范化建设,受到有关知名媒体的关注与报道,②其执法监督机制受到公安部的认可,③执法办案场所建设在全国走到前列。这作为西部欠发达地区的客观条件在公安执法规范化建设的某些方面起到了示范效果,在很大程度上确保了本书样本的代表性。在展开研究之前,有必要观察A省公安执法规范化建设的发展历程,接着

---

① 孟建柱:《着力强化五个能力建设 全面提升维护稳定水平》,载《求是》2009年第23期。

② 参见袁猛:《甘肃:多措并举落实到位 执法质效稳步提升》,载《人民公安报》2020年8月17日,第1版。

③ 参见袁猛:《执法公正 矢志不渝建设法治公安——党的十九大以来公安机关不断深化执法规范化建设》,载《人民公安报》2020年12月6日,第1版。

梳理A省公安执法规范化建设的整体情况,由此深入探讨公安执法规范化建设的成效。

1. A省公安执法规范化建设的历程回顾

在2008年公安部部署执法规范化建设后,2009年A省公安机关就将执法规范化建设作为公安的重点工作进行探索。根据建设的范围和层次,我们可将A省公安执法规范化建设分成两个阶段:一是2009年至2015年的全面推进阶段;二是2016年至今的深入推进阶段。

在全面推进阶段,A省公安机关对执法规范化建设作出了整体部署,根据公安部的要求,法制部门充分发挥牵头组织推动作用,各警种各部门和广大民警积极参与,不仅在全省公安系统中推行,也在不断完善相关制度和规范,特别是在执法办案场所改造方面发生了根本性变化,受到了公安部领导同志的高度认可。在公安部印发《公安机关深化执法规范化建设工作任务和阶段目标》后,A省公安厅制定了《关于大力推进执法规范化建设的实施意见》,明确了阶段目标与工作任务。同时,根据这些新的工作任务,A省相继出台了《A省公安机关执法办案场所使用管理规定》《A省公安机关实行法制部门对案件办理全过程监督工作规定(试行)》《A省公安机关涉案财物管理规定》《A省关于建立完善公安机关法制员制度的指导意见》等一系列规范性文件,以此大力推动全省公安执法规范化建设的进程,全面贯彻落实中央和公安部提出的建设要求。全省各地公安机关根据办案实际,纷纷制定与省公安厅相适应的建设方案,将公安执法规范化建设引向深入推进阶段。

2016年以后进入全省深入推进阶段。为认真贯彻中共中央办公厅、国务院办公厅印发的《关于深化公安执法规范化建设的意见》,A省省委出台了《关于加强新时代全省公安工作的若干措施》,印发了《关于深化公安执法规范化建设的实施意见》,随后,各地出台具体实施意见,制定工作方案,细化工作任务,将公安执法规范化建设纳入本地国民经济规划当中。2019年省公安厅组织召开全省法治公安建设工作会议,树立严格规范公正文明执法贯穿全部公安工作的"大法治"理念,有力地推动了执法规范化建设各项工作任务的部署落实,且于同年组织对全省公安机关执法规范化建设工作情况进行专题督察,实地检查了

11 个市 21 个县级公安机关执法规范化建设工作，听取了法院、检察院、人大代表、政协委员以及社会各界的意见建议，有针对性地督导各地查漏补缺，深入推进执法规范化建设工作，并把督导情况及成效向省委作专题报告。2020 年召开全省公安机关执法规范化建设暨专项整治现场推进会，对提升全省公安机关执法规范化建设水平发挥了重要推动作用。从实践来看，A 省公安执法规范化建设发展不均衡，这种不平衡不仅存在于不同市/州之间，不同分县局、城市与农村派出所之间，而且不同警种部门之间、同一分县局不同单位之间也普遍存在，甚至个别地方、个别方面差距还很大。

2. A 省公安执法规范化建设的实践图景

由于公安执法规范化建设实际上是以若干重要环节为主导推进的，故可以执法制度、执法监督管理体系、执法办案场所、执法信息化等方面管窥 A 省公安执法规范化建设的动态发展情况。就总体建设成效看，从全面推进到深入推进阶段，整个 A 省公安执法规范化建设提升了执法办案质量与水平。“2019 年，全省查处治安案件数比 2015 年下降 44. 1%，八类重大刑事案件立案数比 2015 年下降 39. 1%，‘两抢一盗’多发性侵财案件立案数比 2015 年下降 69. 3%，全省社会治安形势呈现良好局面。”[①] 具体而言，上述几类执法规范化建设情况具有以下特点：

第一，执法制度体系进一步健全。在第一阶段，A 省各级公安机关建立了比较系统、完善的执法标准体系，明确了各执法岗位的职责任务，细化了治安与刑事案件裁量标准，制定了主要警种的执法执勤基本动作、语言规范、流程和标准，建立和完善了受立案管理制度、涉案财物管理制度、法制员制度、执法质量考评制度等规范性文件。在第二阶段，执法制度体系完善进一步加快，制定了《A 省公安机关办理重大疑难刑事案件听取检察机关意见建议实施办法》《A 省公安机关办理重大疑难案件集体研究审议规定》，先后与省法院、省检察院联合印发《关于办理重大刑事案件收集、审查、判断证据若干问题的规定》《关于强化

---

① 《深化执法规范化建设　全面建设法治公安》，载百家号，https://baijiahao.baidu.com/s?id=1685201297435782230&wfr=spider&for=pc，2022 年 4 月 4 日访问。

审查讯问犯罪嫌疑人录音录像资料的通知》等,明确各类刑事案件证据规格,规范刑事证据的移送和审查。相较于全面推进阶段,在案件办理、涉案财物管理、网上执法办案、执法办案场所使用管理、执法过错责任追究等方面执法制度得到进一步充实与完善。

第二,执法监督管理机制进一步精细化。在第一阶段,为加强执法监督管理,A 省公安厅制定了执法“五统一”制度(由法制部门统一审核案件、统一管理法律文书、统一案件出口、统一建立执法基础台账、统一建立执法档案),各地基层公安机关还普遍建立了法制员审核把关制度,对已办结的案件建立了“一案一表一评”和执法质量考评月通报制度,并将年度考评与日常考评相结合,有力地促进了执法质量的提高。在第二阶段,全省公安机关不断完善执法监督管理体系,将执法监督从接处警开始延伸到每一个执法环节,在深化受立案制度改革、刑事案件统一审核出口机制改革、执法办案全过程监督机制改革、公安行政审批事项改革、执法质量考评机制改革、执法过错责任追究机制改革等方面采取精细化管理措施,显著扩大执法监督管理的覆盖面,达到科学评价执法质量的目的。

第三,执法办案场所与涉案财物管理进一步规范化。在执法办案场所改造初期,A 省公安机关普遍面临的问题就是经费短缺,致使执法办案场所改造进展缓慢。2011 年年底,全省执法办案场所改造仅完成 16.4%。通过三年的建设,全省执法办案场所完成率达到 99.5%。在深入推进阶段,在执法办案场所改造、执法办案管理中心建设以及涉案财物管理方面有了较大提升。为推进执法办案场所升级改造,A 省公安厅制定《关于进一步加强执法办案场所建设和使用管理工作的指导意见》《公安机关执法办案场所升级改造基本标准》,引导执法办案场所向精细化、标准化、智能化方向发展。同时,根据公安部的有关要求,A 省公安厅结合实际出台《关于推进全省公安机关执法办案管理中心建设的实施意见》,明确建设的标准和要求,督察指导各地因地制宜,全面推进本地区执法办案管理中心建设。为了在执法办案管理中心将涉案财物纳入管理范围,一方面,在办案区设置涉案财物保管室,制作涉案财物登记台账;另一方面,依托警综平台,对涉案财物流转全过程进行实时动态管理,从根本上规范涉案财物管理问题。

第四,执法办案形式进一步科技化。在第一阶段,A 省注意到执法信息化建设问题,积极投入经费建立统一的执法办案信息系统,令案件基本实现了网上流转。由于初建的执法办案系统操作复杂且不直观,民警操作不熟练,甚至未能将个别案件及时录入网上办案系统或信息录入不全面,不仅影响网上案件流转,还降低了执法办案效率。在第二阶段,A 省公安厅提出强化科技支撑执法办案的号召,以技术化推动执法规范化,实现了网上执法办案、网上执法监督以及案件网上跨部门流转和办理。除涉密案件外,网上执法办案覆盖所有行政与刑事案件,通过警综平台实现案件信息、主要证据材料均在网上登记、管理与审批。在警综平台的支撑下,省市县定期开展网上执法质量考评与执法巡查,有力地保障了执法效率与执法质量。目前,A 省公安厅正在打造"公安法治综合监督管理信息平台",对推动全省执法办案、执法办案管理中心、涉案财物管理、执法音视频管理等信息系统对接与融合起到十分重要的作用。同时,A 省公安厅积极配合省委政法委试点建设"公检法办案数据共享平台",着力解决公、检、法、司部门办案的网上共享信息不畅与监督不力的问题。

观察两个阶段的发展情况,A 省公安执法规范化建设呈现几个方面的显著特征:一是具有一定的示范性。A 省公安机关积极采取有效措施强力推进公安执法规范化建设受到公安部的肯定,其取得的成果在全国也具有一定的先进性,如三个全省执法示范单位获得"全国公安机关执法示范单位"荣誉,两个执法制度被评为"全国优秀执法制度",执法办案场所从全国倒数跃居全国前列,执法办案质量受到全国人大常委会调研组的充分肯定。由此可见,A 省整体情况,能够在相当程度上反映全国范围内公安执法规范化建设的进程。二是建设内容覆盖较全面。A 省公安机关的建设内容不仅注重执法制度、执法监督管理体系、执法办案场所、执法信息化等公安部规定的常规性举措,还关照提升执法主体能力、落实便民服务等"人"的因素,基本覆盖了全国执法办案全部环节。三是采取"先试点、后推广"的推进策略。由于 A 省各地经济发展不均衡,针对公安机关的改革举措,往往在一些地级市进行前期试点,再到全省公安机关推广,这在一定程度上确保了建设的有效性。

三、研究方法与样本

(一)研究方法

本书的基本思路可以概括为:对现状进行实证调查,提出公安执法规范化建设与侦查取证机制相适应的完善方案,为我国公安刑事司法改革与刑事诉讼制度改革提供理论指导与对策建议。具体言之:本书试图通过全面、深入的实证调查,根据各种实证性材料,梳理、分析全国与调研地区公安执法规范化建设的实践样态及其对侦查取证机制的影响,在侦查取证机制法治化视野下提出并论证有效推进公安执法规范化建设的路径。

本书以实证方法为主线,综合运用法学、警察学、政治学、社会学等理论进行跨学科研究。笔者在A省获得全省公安执法规范化建设情况数据的基础上,以两个有代表性的城市进行了重点调研,分别选择一个县级城市与一个区为调研区域,在县(区)级公安机关、检察院和法院展开调研,尤其是利用公安机关和检察院的案件档案、数据进行比较与分析,运用深度访谈、问卷调查等方法辅以调查验证。在对两个地区正式调研后,笔者对一个区公安机关进行补充调研。具体方法如下:

2019年5月至11月在A省B市J县、Z市G区进行正式调研,调研主要分为两个阶段。第一阶段于2019年5月进行,主要从公安机关角度考察公安执法规范化建设对侦查取证机制的影响。笔者重点选取J县公安局与G区公安分局进行调研,举行六次由法制部门、侦查部门(刑事、网安、技术)、督察部门、纪检部门参与的座谈会,单独访谈近25名警察;实地考察两地分局、派出所执法办案场所建设情况;收集调研地区省公安厅法制部门与督察部门对受立案突出问题、执法办案场所以及各市公安执法规范化建设的整体情况的检查和监督报告等材料。此外,笔者还对各警种发放问卷调查公安执法规范化建设情况,以作为客观调查后的补充性材料。通过考察2016年至2019年调研地区数据,可较为全面、客观地展现公安执法规范化建设实践情况及其侦查取证机制的影响,分析其成效,揭示其问题,并反思已有改革效果。

第二阶段于2019年7月进行，目的是明确检察院与法院对公安执法规范化建设后侦查取证机制是否有变化，有哪些变化，存在哪些问题以及具体原因进行调查。笔者在县级与区级检察院、法院进行了阅卷、访谈与发放调查问卷，分别举行两次由14名检察官、6名法官参加的座谈会，根据近年来（有些数据、资料可能扩展到2012年，但主要集中在2016年至2019年）检察院、法院办理与审理案件情况，对公安执法规范化建设所带来的侦查取证机制影响状况进行描述与评价，同时还参照了全省检察院对公安机关侦查取证质量的监督情况。这些材料以及所涉及的样本案件构成本项研究分析的另一重要数据来源。以检察院与法院的档案、数据分析作为参照，可在一定程度上检测与印证公安执法规范化建设以来侦查取证机制运行状况及其效果，进而较为准确地反映公安执法规范化建设与侦查取证机制之间存在不适应的状况，以及前者对后者影响的强弱程度，在此基础上有助于对深入开展公安执法规范化建设提出有针对性的改革方案。

考虑到A省各地区的经济发展水平、地理区域特点以及执法规范化建设状况，为强化调研数据的代表性与权威性，2022年4～5月笔者对A省L市Q区公安机关进行了补充调研，主要通过召开小组座谈会与个别深度访谈等形式，收集与分析公安执法规范化建设及其对侦查取证机制的影响的相关材料。总体来看，这三个地区由于经济发展水平、地理区域以及各自的执法规范化水平的代表性而进入我们的视野，这有利于我们对其进行横向比较。

（二）研究样本

数据的实证研究成功的重要前提在于如何科学选择研究样本，而为增强研究结果的可信度与有效性，研究样本的选择必须具有代表性，才能如实反映我国公安执法规范化建设对侦查取证机制影响的实际情况。就本研究所使用的资料而言，主要有以下三种类型。

1.调研地区实际调查所获得的一手资料。一是在公检法调研获得的资料，主要包括在公安机关查阅与收集的办案数据、登记台账，在检察机关获得的纠正违法通知书、继续侦查建议、补充侦查等文书记载所涉案件情况资料，在法院查看案卷与收集的数据资料。二是访谈与问卷调查。由于研究的需要，主要涉及警察、检察官与法官的访谈及问卷调查。首先，针对J县和G区公安局案管中心主任、法制大队主任和副主任、刑侦大队侦查员、纪委督察民警、警务保障室民警、技术大队民警、网安大队民警、派出所所长等25名警察进行一对一访谈，访谈问题涉及公安执法规范化建设情况及其对侦查取证机制的影响，最后形成访谈资料。其次，对包括两地检察院的检察长和副检察长、公诉科科长和副科长、侦查监督科科长、办公室主任等15名相关人员进行访谈与座谈，了解其对公安机关侦查取证规范化情况的评价，形成访谈材料。最后，笔者还分别在两地法院与6名刑庭法官各进行了一次座谈，就公安机关侦查取证及非法证据排除规则适用情况进行分析与讨论。此外，笔者向两个地区的警察、检察官进行了一定规模的问卷调查，共计收回有效警察问卷319份和有效检察官问卷10份，前者主要用于公安执法规范化建设情况及其对侦查取证机制影响的统计分析，后者涉及检察官对公安执法规范化建设情况与其履行侦查监督过程中发现侦查取证规范问题进行归类分析。访谈资料与问卷统计分析构成本项研究定性分析的主要材料。值得注意的是，根据研究主题的需要，在选择两个主要地区调研之后，结合了A省L市基层公安机关的个别深度访谈资料作为补充与参照，以加强对某个主题的论证。三是调研地区的文件、工作报告与规章制度。调研过程中获取了全省、两地及所管辖地级市公安执法规范化建设的有关文件、工作报告与规章制度。

2. 官方的案件数据统计与文字材料，如政策法规、统计报告、领导讲话等。这主要包括中共中央办公厅、国务院办公厅印发的《关于深化公安执法规范化建设的意见》《国务院关于公安机关执法规范化建设工作情况的报告》等文件、报告。

3. 收集、整理的各种二手资料、文献等，如统计年鉴、新闻报道、文件、期刊。由于其并非笔者亲身观察与参与实地调研所得数据，资料的相关性和准确性可能有缺陷。为保障研究方法的科学性与结论的可靠性，笔者并未将二手资料作为分析与论证的直接依据，而是主要作为比较与验证实地调研收集的一手资料的证据，试图减少二手资料带来的不可靠与不准确之风险。

(三)相关说明

根据实证研究的要求,在研究样本的选择上,笔者简要交代一下与实证调查有关的几个问题。

1.关于研究样本的代表性问题

一是样本来源的可信性与时效性标准。研究样本主要是笔者在调研过程中收集与分析的一手资料,内容涉及调研地区公安执法规范化建设的实时信息,案件信息较为全面、客观地反映了当地公安执法规范化建设的实践状况。而且,调研地区J县属于A省B市试点区域,G区属于A省Z市试点单位,Q区位于A省L市,属于全国公安机关执法示范单位。相较于二手资料、文献等信息,样本来源权威性与实时性较强。二是样本涉猎全国与调研地区范围内反映公安执法规范化的情况。从地域分布的随机性看,研究主题主要是基于一定时期全国各地公开报道的公安执法规范化建设情况,地域分布具有随机性而不是确定性,排除了依赖主观价值判断筛选样本的可能,同时,从城乡结构来看,既有城市的公安执法,也有农村的公安执法。这都在一定程度上保障了样本的代表性,符合了抽取样本的随机原则。三是样本所属的时间能够反映近年来全国与地方公安执法规范化建设的情况。自2008年公安部开展执法规范化建设以来,距今已有十余年,选择2008年以后公安执法规范化建设情况的资料,能够比较客观地反映公安执法规范化建设的成效。此外,中共中央办公厅、国务院办公厅对全面建设法治公安提出要求之后,必定会而且也应当会给公安执法规范化建设带来重大影响。基于上述考虑,笔者挑选的样本是2012年至2019年间的数据材料,但重点集中于2016~2019年的资料收集与分析。

2.关于研究样本公检法所在区域的具体情况

本项研究主要以两个地区为主进行调研,两地分别是经济欠发达地区与经济发达地区。其中,J县位于A省中北部,总面积5483平方千米,常住人口约为19.89万,下辖3个乡8个镇。2020年,全县生产总值为61.98亿元,城镇居民人均可支配收入约2.94万元,农民人均可支配收入约1.27万元。G区位于A

省西部,总面积3661平方千米,常住人口约为51.85万,下辖5个乡13个镇。2020年,全区生产总值为202.2亿元,城镇居民人均可支配收入约2.97万元,农村居民人均可支配收入约1.68万元。除了省会城市之外,G区基本上是GDP排名靠前地级市总量的1/3,超过A省生产总值排名倒数第一的地级市。此外,笔者选择L市Q区公安机关进行了补充调研,该地为经济发达地区。Q区位于A省中南部,总面积为397.25平方千米,常住人口约为57.1万,下辖1个乡5个镇。2020年,全区GDP为492.06亿元。以上数据表明,J县、G区与Q区属于笔者所定位的经济欠发达地区、经济较发达地区与经济发达地区。

3. 关于研究样本公安机关的背景情况

J县公安局正式民警有236人,其中刑警大队18人、技术大队7人、制大队6人(其中,扫黑除恶专项行动办公室抽调3人,调研时实际在岗执法仅3人)、网安大队4人(其中,1个专职,1个文职,2个挂职)与纪委督察2人。J县公安局有派出所11个,其中城市派出所1个,乡村派出所10个。城关区派出所一共64人,其中办案民警14人。J县公安局每年约700起刑事案件,占所在地级市刑事案件的比例约20%,破案500余起,每年起诉的刑事案件约300起。

G区公安分局正式民警386人(包括40余名正式民警全部被抽调到市扫黑除恶专项行动办公室),其中刑警大队36人,包括6个技术人员(法医2人与技术人员4人)、法制大队12人。G区每年约1700起刑事案件,占所在地级市刑事案件的比例约60%,破案1000余起,每年起诉的刑事案件约700起。

笔者在两个地区公安机关共收集有效问卷319份,其中J县发放问卷233份,收回232份,问卷回收率99.57%;G区发放问卷90份,收回87份,问卷回收率为96.67%。两地的问卷回收率都很高。

在319名被调查的公安人员中,男性270人,占总人数的84.6%;女性49人,占总人数的15.4%。这一调查结果符合目前公安队伍的性别结构,相对于女性来说,男性在招警岗位的优势较为突出,且J县与G区性别构成大体相同

(见表1－1)。

表1－1 性别分布情况

性别	J县		G区		总计	
	人数/人	比例/%	人数/人	比例/%	人数/人	比例/%
男性	199	85.8	71	81.6	270	84.6
女性	33	14.2	16	18.4	49	15.4
总计	232	100	87	100	319	100

从年龄构成来看,被调查者中集中于年龄在30～49岁的中青年人群占比78.1%,J县与G区30～49岁的公安执法人员比例分别是76.8%和81.6%。相比J县,G区警力相对年轻化(见表1－2)。

表1－2 年龄分布情况

年龄段	J县		G区		总计	
	人数/人	比例/%	人数/人	比例/%	人数/人	比例/%
18～29岁	34	14.6	12	13.8	46	14.4
30～39岁	131	56.5	52	59.8	183	57.4
40～49岁	47	20.3	19	21.8	66	20.7
50岁以上	20	8.6	4	4.6	24	7.5
总计	232	100	87	100	319	100

在文化程度方面,被调查者中大专、本科及以上文化程度303人,占总人数的95.0%,且J县与G区拥有大专、本科及以上文化程度的被调查者的比例均达到90%以上。从整体来看,近年来调研地区基层警察的文化程度提升较快,这与全省招警限制大专以上文化程度条件不无关系(见表1－3)。

表 1－3　文化程度分布情况

文化程度	J 县		G 区		总计	
	人数/人	比例/%	人数/人	比例/%	人数/人	比例/%
高中以下	5	2.2	1	1.1	6	1.9
高中或中专	4	1.7	6	6.9	10	3.1
大专	91	39.2	23	26.4	114	35.7
本科	129	55.6	53	60.9	182	57.1
研究生及以上	3	1.3	4	4.6	7	2.2
总计	232	100	87	100	319	100

受访警察的职务等级主要为科员及以下人群，占比 77.7%；而副县处级以上的受访警察仅占样本总数的 1.9%。这符合县级公安机关职务等级的实际情况，毕竟县级公安机关局长、政委才是副县处级。与 J 县相比，G 区科员及以下的受访警察低约 5 个百分点（见表 1－4）。

表 1－4　职务等级分布情况

职务等级	J 县		G 区		总计	
	人数/人	比例/%	人数/人	比例/%	人数/人	比例/%
科员及以下	177	76.3	71	81.7	248	77.7
副科	32	13.8	9	10.3	41	12.9
正科	19	8.2	5	5.7	24	7.5
副县处级	2	0.8	2	2.3	4	1.3
县处级	2	0.8	0	0	2	0.6
总计	232	100	87	100	319	100

被调查者的警种中，刑警最多，共 110 人，占总人数的 34.5%，且 J 县与 G 区刑警比例大体相同。此外，分别是交巡警 66 人、治安警 40 人、派出所民警 20 人，占总人数的比重分别为 20.7%、12.5%、6.3%。受访警种的比例基本符合

实践中警种结构安排,此外,较高的刑警比例有助于深入研究侦查取证状况(见表1-5)。

表1-5 警种分布情况

警种类别	J县		G区		总计	
	人数/人	比例/%	人数/人	比例/%	人数/人	比例/%
刑警	82	35.3	28	32.2	110	34.5
治安警	31	13.4	9	10.3	40	12.5
交巡警	53	22.8	13	14.9	66	20.7
法制部门	6	2.6	1	1.1	7	2.2
经侦警	10	4.3	2	2.3	12	3.8
禁毒警	6	2.6	1	1.1	7	2.2
网络监察	4	1.7	0	0	4	1.3
技侦警	2	0.9	2	2.3	2	0.6
派出所民警	8	3.4	12	13.8	20	6.3
其他	30	12.9	19	21.8	51	16
总计	232	100	87	100	319	100

被调查者入警大多是大学生毕业分配至公安机关工作,占比为50.8%,且公安专业学生入警比例高出非公安专业12个百分点。此外是社会报考入警,占比为24.7%。由此可见,大学生毕业分配与社会招考仍然是入警的主要方式(见表1-6)。

表1-6 入警方式分布情况

入警方式		J县		G区		总计	
		人数/人	比例/%	人数/人	比例/%	人数/人	比例/%
毕业分配	公安专业	70	30.2	31	35.6	101	31.7
	非公安专业	47	20.3	14	16.1	61	19.1

续表

入警方式	J县		G区		总计	
	人数/人	比例/%	人数/人	比例/%	人数/人	比例/%
部队转业	15	6.5	14	16.1	20	6.3
其他机关调入	42	18.1	5	5.7	58	18.2
社会人员报考	58	25	23	26.4	79	24.8
总计	232	100	87	100	319	100

Q区公安分局正式民警317人，其中法制大队26人、刑警大队112人（包括21名技术人员）。Q区公安分局辖区派出所18个，共计366人，其中办案民警76人。Q区每年有1400多起刑事案件，约占所在地级市刑事案件的30%，破案1200余起，每年起诉案件约1000起。对于Q区公安分局，笔者采用座谈会和个别深度访谈的调查方式获取资料，共开座谈会3次，每次8人，参与座谈会的人按警种分有分局领导2人、法制大队2人、侦查人员2人、派出所2人。之后，对刑警大队队长、法制大队长、派出所所长进行了个别深度访谈。之所以对受访警种结构作出安排，在于他们对实践中侦查取证情况有较为透彻的了解，能够提供成熟的经验做法，有助于深入研究本主题。

四、本书结构

本书围绕公安执法规范化建设对侦查取证机制影响这一主题，主要运用实证研究方法，借助警察学、政治学、社会学等基本理论，对公安执法规范化建设情况及其对侦查取证机制影响实践进行描述，评析其效果，揭示其问题，剖析其成因，最终提出完善公安执法规范化建设与侦查取证机制相适应的改革方案。据此，本书分为以下八个部分：

第一章导论部分主要阐述本研究的缘起与意义。首先，本章以近年来中央提出推进全面依法治国与公安高层法治公安建设为研究背景，指出当下公安执法规范化建设的价值与意义，进而引出研究公安执法规范化建设对侦查取证机制影响的理论与实践意义。其次，该章还对关于主题的国内外研究现状进行描述与评价,指出现有研究存在的主要不足,并提出下一步研究的方向。最后,对本书的研究方法与结构作一简要说明。

由于本书是一项实证研究,且欲从微观视角探讨 A 省公安执法规范化建设对侦查取证机制影响的状况,因此,本书核心内容集中于对公安执法规范化建设的主要环节与重要方面对侦查取证机制的影响展开实证研究。根据前述实践特点与理论分析,笔者确定了六个主题作为正文内容,主要包括公安机关案管中心规范化建设对侦查取证机制的影响、刑事案件现场勘查新机制建设对侦查取证机制的影响、公安执法办案场所建设对侦查取证机制的影响、公安机关刑事涉案财物管理规范化建设对侦查取证机制的影响、公安法制部门全程监督改革对侦查取证机制的影响以及公安机关刑事执法质量考评工作对侦查取证机制的影响等六个方面。

第二章主要考察了公安机关案管中心规范化建设对侦查取证机制的影响。在明确案管中心主要是强调从内部对办案质量的审核把关,即在对案件入口、审核与出口进行归口管理的基础上,分别考察了案件如何进行管理及其对侦查取证机制的影响。通过对案管中心管理案件的描述,指出当下各地区案管中心的设置与职能不尽一致,对侦查取证机制影响也各不相同。有些地区案管中心职能不再是单一的受立案监督,而是扩展到案件审核、办案场所管理、涉案财物管理、移送审查起诉等内容。但是调研地区主要在接报案与受立案监督方面作用突出,而对侦查取证机制的影响并不显著。尽管案管中心在规范案件接处警与推进管理信息化上有所成效,但案管中心的职能不明确、不统一以及案管中心未能有效地防止案件流失等问题也较为突出。这主要是受到基层警力不足、民警办案经验缺乏以及责任心不强等主观因素与报案人报案方式的随意性不容控制的客观因素的共同影响。由于案管中心与其他办案部门的职能混沌、网上审查的形式化与办案质量提升需求之紧张和案件分配的可调节性与中立性之偏差,未来案管中心建设应当聚焦于侦查取证机制的优化与办案质量的提升,即实现案件管理的依附性到案件管理的独立性,实现从传统经验式管理向精细化数据管理的转变,以及实现一元管理到多元共享监督。

第三章围绕刑事案件现场勘查新机制建设的意义及其对侦查取证机制的

影响来展开论述。本章在全面展示“一长四必”现场勘查新机制改革现状的基础上,总结出刑事案件现场勘查新机制呈现侦技一体化的勘查主体、分级分类勘查模式以及以盗抢骗案件为重点的勘查类型的特点。相较于传统现场勘查,“一长四必”现场勘查新机制在提升侦查人员的现场勘验能力、侦查破案与获取诉讼证据方面取得一定的成效,但是仍存在现场取证不及时、现场勘验方式缺乏差异性与类型化以及现场证据提取率不高的问题。之所以如此,主要与案件结构变化的冲击、办案部门分工协作之瑕疵与考核评比的压力密切相关。基于此种事实,本书指出现场勘查新机制的运行呈现运动式治理的特点,其在提升现场勘查质量与侦查破案方面具有重要的基础信息支撑作用,但其实质上借助专项行动、网络动态巡查与指标考评等形式进行监督与管理的运动式治理缺陷较为明显,即根据专项行动、打击犯罪的需要完善现场勘查新机制建设,而非从系统化视角改进,更没有直接从执法规范化的角度推动现场勘查新机制建设。因此,现场勘查新机制的建设需要改变单纯打击犯罪的功利性视角,满足以审判为中心的诉讼制度改革要求,以构建统一的、规范化的侦查取证机制。

第四章论述的是公安执法办案场所建设对侦查取证机制的影响。首先从基层公安执法办案场所建设的基本情况入手,描绘出办案场所设置模块化、办案场所使用全程化监控与办案场所管理的独立化三大特征。尽管办案场所建设已发挥一定的成效,最大限度地保障执法安全与促进执法监督,但在执法过程中仍存在监控设备的运行监管处于空白与执法办案场所建设的不平衡的问题。由于侦查取证过程与结果因为硬件设施的改造而引起空间的设计、社会关系(尤其是侦查权与犯罪嫌疑人权利之关系)及相互之间的作用而产生积极和消极的影响,基层公安执法办案场所建设在一定程度上强化了侦查取证监督,在侦查取证主体的相对独立性、侦查取证环节的全方位与实时监督以及保障证据的合法性三个方面产生了正面效果,但是以执法效能的标准检视,实践中办案场所对提升侦查取证效能有限。考察发现,形成此种实践状况的原因,主要跟公安办案场所本身的封闭性、公安办案场所建设目标的监督性与建设制度的管理功能有关。在实证调查与理论反思的基础上,研究指出应围绕公安机关侦查取证机制改革设计整体方案,并概念化为“侦查取证机制法治化”办案场所建设,即建设对象实现从硬件建设(物)到软件建设(人)的转变,建设方式实现从内部单建到内外共建的转变以及建设范围实现从室内执法到室内与室外执法的转变。

第五章从阐释公安机关开展涉案财物管理规范化建设的意义入手,详细地考察了实践中涉案财物管理规范化建设对侦查取证机制的影响。基于调研地区涉案财物管理制度,结合调研地区工作实际,基层公安机关涉案财物管理对侦查取证机制影响具有确立涉案财物独立管理与多部门联合监督机制,实行涉案财物分部门分类保管机制,实施以信息化为载体的实时、动态管理机制以及提供城乡涉案财物入库时间的差别化机制等特征。考察发现,涉案财物管理已基本形成以管理促办案的监督模式,对提升办案质量有一定的成效。然而,此种动态、信息化管理并未改变公安机关科层化管理方式,而是通过精准配置管理资源、智能化管理流程与优化考核指标体系强化了公安机关内部的科层化管理,甚至未能直接触及包含侦查取证程序与证据类型在内的侦查取证机制的核心问题。究其原因,既有涉案财物管理人员专业性不强的原因,也与涉案财物的多头管理密切相关。更为重要的是,无论是法律规定还是地方公安机关出台的涉案财物管理制度都没有体系化规定涉案财物处理程序。由此,涉案财物管理法治化程度不够,对保障犯罪嫌疑人的财产权无力。据此认识,本研究主张应实现从涉案财物管理到涉案财物处理的转变,需要树立刑事诉讼涉案财物处理的理念,从证据收集、规范管理与合法处置三个方面实现法治化,提升涉案财物的处置规范化水平。

第六章的任务是探讨当下公安机关法制部门全程监督改革的运行状况及其对侦查取证机制的影响。考察发现,各地公安机关积极推进刑事案件“两统一”制度改革,主要通过全程信息化监督与执法办案各环节全过程把关两个方面开展全程监督,对侦查取证机制具有重要影响,显著提升了刑事执法规范化水平。但是,法制部门全程监督主要是公安机关为提高办案质量设计的考核机制,监督的功利性意图显著,而非坚持问题导向,尽管具有发现与纠正部分侦查取证的常见问题的作用,但主要是监督机制附带的意外结果,没有从根本上关照侦查取证中的具体症结及其破解,难以提高侦查取证法治化水平。这主要与法制部门组织机构设置不科学、法制部门全程信息化监督系统不完善以及网上监督的条件保障发展不均衡等因素密切相关。在此情境下,本章主张公安法制部门的全程监督有必要向监督有效性转变，提出监督主体从程序、证据、法律等方面展开监督，促进监督的科学化与合理化，保障侦查取证的法治化。基于此种思路，鉴于法治化监督的比较优势，公安法制部门全程监督应向法治化监督转型，具体可从监督主体、监督机制与监督方式等三方面突破。

第七章对公安机关刑事执法质量考评工作对侦查取证机制的影响进行了考察与分析。基层公安机关刑事执法质量考评呈现一定的规律性，即考评主体的层级性与广泛性、考评内容（指标）的统一性与动态性、考评方式的多样性、考评程序的行政化、考评结果运用的严格性。进一步考察发现，考评基本覆盖到各个县级公安机关办理的常见刑事案件与能够发现侦查取证中的普遍问题。然而，我国公安机关执法质量考评工作对考评对象没有类型化，呈现功利性特征。这与行政指令型组织机构、结果导向的管理、书面化的审查、指标化的控制等因素有关。不可否认，整体功利性考评确实发挥了重要作用，但是对执法问题与执法质量本身关照不够。基于以上思考，本章提出专项问题型考评，寄希望于考评主体、考评方式与考评对象等三方面的塑造来解决整体功利性考评的弊端。

在前述分析与讨论的基础上，本书在第八章结语部分总结与分析了公安执法规范化建设的整体情况，展望其未来前景。首先，指出了公安执法规范化建设的实践样态及其存在的问题。总体上，公安执法规范化建设实践呈现理念的控制性、主体的多元化、对象的双重性与方式的复合性特征。但是，公安执法规范化建设的工作方法和技术欠成熟、关注结果导向考核，忽视过程评估以及重负面评价，轻正向激励。在对侦查取证机制的影响上，尽管公安机关主要通过法律文书签批制度、案件讨论制度、程序进程控制制度与案件质量考核制度等方面进行控制。但是，形式化审查突出，而实质性审查不够；侦查权责不明，办案责任制虚化；全方位控制，导致办案效率不高；执法质量考核不科学，难以查找执法真问题等也制约着公安执法规范化建设的成效。其次，总结公安执法规范化建设对侦查取证机制的影响。公安执法规范化建设在相当程度上改变了侦查取证机制运行的制度条件与组织环境，针对侦查活动与证据问题采取的管理制度与行为已经重塑了侦查取证活动实施的硬件与软件环境。从实践来看，公安执法规范化建设对侦查取证机制的正向影响主要体现在侦查程序控制、侦查实体控制、侦查质量考评、侦查制度完善等四个方面。然而,公安执法规范化建设对侦查取证机制产生正向影响的同时,也在很多方面表现出与侦查取证机制不协调的地方。这主要体现在公安执法规范化建设重于控制侦查程序,疏于规范侦查实体;全方位介入侦查核心领域,挤压侦查权行使空间;凸显侦查场域权益之争,影响侦查权力制衡之有效性等方面,即强调侦查取证活动的技术化监督,难以对侦查取证问题进行实质审查,并严重影响侦查取证成效。再次,为进一步摸清公安机关侦查取证机制存在的主要问题,仅从公安执法规范化建设的角度难以形成全景式观察,从检察机关角度探讨公安机关侦查取证机制存在的主要问题,可作为检测公安执法规范化建设效果之重要补充,以为进一步推进公安执法规范化建设提供可参考的方案。实践中,检察机关主要通过审查逮捕与审查起诉活动开展侦查取证监督。那么,公安机关侦查取证情况可通过检察机关办理案件的存疑不捕、存疑不诉等主要数据指标进行测算。比较同时期全国与调研地区检察机关存疑不捕、存疑不诉的办案数据,可反映调研地区公安机关侦查取证情况。考察中显示,公安机关侦查取证机制主要存在办案程序违法与侦查取证不全面、不细致等问题。归根结底,主要源于办案人员严格依法取证的理念不强。结合前述公安执法规范化建设情况及其效果分析,以及以检察机关视角考察公安机关侦查取证不规范存在的问题,公安机关侦查取证不规范顽疾存在的原因,应围绕影响公安机关侦查取证规范化的内部因素与外部环境进行全面分析。总体来看,内因是公安执法规范化建设存在不足,外因与我国检察机关工作机制改革和案件结构的变化密切相关。最后,本书根据实证调查结果,尝试性地提出侦查取证机制法治化视野下有效推进公安执法规范化建设的路径。任何改革都应坚持问题导向,公安机关应当理性地认识到执法问题(侦查取证问题),并大力推进提出公安执法规范化建设。然而,改革措施中硬件与软件并非完全有助于执法规范,而是异化为强化管理和监督的手段。因此,未来公安机关应确定进一步推进公安执法规范化建设的基本原则,在坚持问题导向原则、突出重点原则、科学建设原则与均衡发展原则的前提下,在具体路径上主张实现从全方位控制走向重点控制、从质效评比等级化走向问题指向评估以及从同体监督走向同异一体监督的转变。

第二章　公安机关案管中心规范化建设对侦查取证机制的影响研究

一、问题的提出

案件管理中心规范化建设是公安执法规范化建设的重要内容，其职能主要是从受立案开始就对执法过程、执法关键点进行全程控制，打造执法所需的监督管理新模式。此种监督管理的对象是受立案后的所有执法环节，必然会对侦查程序与证据产生重要影响。基于案件管理中心建设对侦查取证机制的作用，中央相继出台各类文件以有效规范案件管理中心的实践，提出探索实行受案立案分离和立案归口管理制度。随后，公安部从规范工作流程、强化监督管理、提高信息化水平及完善刑事案件立案标准等四个方面提出受案立案制度改革的具体要求。随着中央与公安部关于受立案制度改革方案的颁布，全国公安机关为强化受立案改革，推进执法规范化建设，提高民警执法规范化水平，陆续针对受立案制度进行探索与实践，纷纷设立案件管理中心。比如，浙江省乐清市公安局在全国先行试点，在乐清市公安局与其辖区 5 个派出所建立了“两级案管中心”模式，完成了统一归口“派单”、及时反馈案情与办案全程留痕的受立案制度改革;[①]四川省成都市率先建成了规范、集约的案件管理中心,加强了对受立案的全程监督,切实提高了办案质量,有效推进了执法规范化建设;[②]黑龙江省齐齐哈尔市通过案管中心建设,对刑事案件从受案、立案到结案,实行"闭合式"全流程监督管理;[③]山东省公安厅要求全省公安机关建成案管中心,"通过优化执法监督力量配置,改革创新运行机制,强化对执法源头、执法过程、执法关键点的全方位监督、全流程控制,着力构建适应新时代执法需要的监督管理新模式"[④];河南省济源市建立受案立案归口管理工作机制,助推执法规范化建设;[⑤]等等。截至2020年8月,"为进一步规范受案立案工作流程,强化监督管理,全国省级公安机关均制定了配套实施意见,18个省级公安机关增设了案件管理机构"[⑥]。

案件管理属于公安机关内部的日常工作,是公安机关内部的案件管理问题。理论而言,它对侦查取证机制的影响体现在以下几个方面:一是案管中心关系到案件源头管理,设立之目的主要是防止刑事案件流失,为后续侦查提供案件基础。案管中心的工作原理主要是在接到报案后,案管中心民警首先将案情录入"警务综合应用平台"(以下简称警综平台),再根据管辖分工与案件的具体情况,将案件直接分配到各个办案部门,以确保案件在系统内流转与监督。在案管中心的组织与协调下,各类案情及案件数量录入警综平台,能够直观反映报案数量,形成从受案到立案再到结案的闭环系统,实现刑事案件全流程统一归口管理与监督,在源头上起到防范案情与案件流失的作用。二是为启动侦查提供有效的证据材料。我们知道,案管中心可接受群众亲临报警,这些报警

---

① 参见吴勇:《乐清公安率先改革受案立案制度——报案不再难　执法更规范》,载《浙江日报》2016年10月21日,第6版。

② 参见袁勇:《严把案件质量关　金牛公安四川率先试点刑事案件"两统一"》,载《成都商报》2015年12月2日,第8版。

③ 参见张冰:《打造主体监督地位强化案管服务水平》,载《齐齐哈尔日报》2017年4月17日,第2版。

④ 潘林青:《山东要求县级公安机关全部建设案管中心》,载中央人民政府网,http://www.gov.cn/xinwen/2018-11/20/content_5342108.htm,2022年3月21日访问。

⑤ 参见孙雅琼:《济源创新驱动加强执法规范化建设》,载《人民公安报》2019年11月15日,第3版。

⑥ 何春中:《解决有案不受不立等突出问题　18个省级公安机关增设案件管理机构》,载百家号,https://baijiahao.baidu.com/s?id=1710878666043353927&wfr=spider&for=pc,2022年3月21日访问。

材料涉及与犯罪有关的物证、书证等证据材料，成为受立案的基础材料，并作为公安机关认为有犯罪事实，需要追究刑事责任的重要依据。这些证据材料会记录在案管系统中，一旦立案，可随着案件处理的进展进入侦查环节，并为侦查破案提供材料支撑。因此，案管中心为案件证据材料的登记、保管与后续的侦查开展提供有力的保障。三是规范侦查行为。按照公安执法规范化建设与受立案制度改革的要求，案管中心必须受理与即时、合理地分派案件。案管中心的规范化运作有助于解决只受理不办理，立案不实以及调查取证不及时、不规范等严重突出问题。在这个意义上，案管中心关系到受立案到侦查终结的整个办案过程的规范化与处理结果的公正性。那么，案管中心对侦查行为的权力运行影响首当其冲，即从入口到审核再到出口，都在规范着侦查行为的运行及效果，记录与规范各类侦查措施的实施以及取得的证据材料数量与质量。

尽管各地公安机关如火如荼地探索受立案制度改革，倡导与推进案管中心建设，但是与此形成鲜明对比的是，学术界关于案管中心的探讨却不多见，主要围绕受立案制度改革进行研究，代表性的成果有徐猛的《论公安机关受案立案制度的改革》，[①]王成林的《刑事案件受立案分离和立案归口管理制度改革探析》，[②]董邦俊、马君子的《公安机关刑事立案问题及对策研究》，[③]王伟的《公安机关受立案制度改革研究——基于S省受立案制度改革的实证分析》，[④]马婷婷的《公诉案件立案功能论——以公安机关为视角》，[⑤]孙谦的《刑事立案与法律监督》，[⑥]兰跃军的《审判中心视角下的刑事立案制度改革》，[⑦]等等。上述研究

① 参见徐猛：《论公安机关受案立案制度的改革》，载《中国人民公安大学学报(社会科学版)》2015年第3期。

② 参见王成林：《刑事案件受立案分离和立案归口管理制度改革探析》，载《广西警官高等专科学校学报》2015年第6期。

③ 参见董邦俊、马君子：《公安机关刑事立案问题及对策研究》，载《中南民族大学学报(人文社会科学版)》2016年第5期。

④ 参见王伟：《公安机关受立案制度改革研究——基于S省受立案制度改革的实证分析》，载《山东警察学院学报》2017年第6期。

⑤ 参见马婷婷：《公诉案件立案功能论——以公安机关为视角》，载《法学评论》2018年第2期。

⑥ 参见孙谦：《刑事立案与法律监督》，载《中国刑事法杂志》2019年第3期。

⑦ 参见兰跃军：《审判中心视角下的刑事立案制度改革》，载《学术界》2019年第9期。

具有以下特点：一是在研究内容上，既有宏观的受立案制度改革，又有微观的立案功能、立案条件、立案管理与立案监督等问题，涉猎受立案的问题全面且深入，但对于当下案管中心建设以来，受立案制度的运行现状如何并没有花费较多笔墨进行研究，尤其是缺乏关于案管中心建设对侦查取证机制影响的研究。二是在研究方法上，多为规范研究、比较研究，缺乏实证研究，更缺乏对案管中心建设以来的现状进行描述与分析。鉴于此，关于案管中心的运行状况及其对受立案制度改革和刑事执法规范化影响的研究有进一步探讨的空间。

实践中案管中心规范化建设状况如何？是否达到案件管理的成效？对侦查取证机制影响情况怎样？对这些问题的回答，促成了本书写作的思路。围绕这些问题，笔者于2019年5月至11月在A省B市J县、Z市G区分别进行调研，并对L市Q区公安分局补充调研。本书重点选取B市J县公安局案管中心和指挥中心进行调研，以查看档案、发放问卷、单独访谈等形式形成相关数据性资料。同时，结合Z市G区与L市Q区公安分局的数据样本，构成本书研究的基础材料。鉴于此，本章的行文脉络主要是以公安机关案管中心规范化建设对侦查取证机制的影响为研究对象，首先描述与分析案管中心规范化建设对侦查取证机制的影响情况，接着分析成效与揭示存在的问题，最后提出下一步建设的建议。

二、案管中心规范化建设对侦查取证机制影响的状况考察

公安部建立案管中心的初衷是强调从内部对办案质量的审核把关，即对案件入口、审核与出口进行归口管理。那么，这必然关涉案管中心对侦查取证机制进行监督与控制，即对侦查过程中的取证指引与移送起诉时的证据审查。如果案管中心的职责落实不到位，案管中心就会形同虚设，不能对刑事案件进行监督和审查，也就谈不上取证指引与证据审查。案管中心设立之前，关于案件的管理在实践中不是无章可循，调研地区J县公安局在《刑事诉讼法》与《公安机关办理刑事案件程序规定》的基础上制定了案管中心的职能与操作规则。

在调研地区公安机关，案管中心的制度性规定主要由三个方面的规范构成：一是《刑事诉讼法》与《公安机关办理刑事案件程序规定》关于受立案制度

的规定。二是《关于全面深化公安改革若干重大问题的框架意见》与《关于改革完善受案立案制度的意见》关于探索立案归口管理的规定。三是A省各级公安机关制定的一些制度性规范。无论是《刑事诉讼法》还是《公安机关办理刑事案件程序规定》都没有明确提到案管中心的规定,但是,由于两部法律均涉及受立案制度的规定,因此,可以据此提炼案件管理的相关规则。一是明确立案材料的接收、审查和处理。《刑事诉讼法》第110条第3款规定:“公安机关、人民检察院或者人民法院对于报案、控告、举报,都应当接受。对于不属于自己管辖的,应当移送主管机关处理,并且通知报案人、控告人、举报人;对于不属于自己管辖而又必须采取紧急措施的,应当先采取紧急措施,然后移送主管机关。”《公安机关办理刑事案件程序规定》第170条规定:“公安机关对扭送人、报案人、控告人、举报人、投案人提供的有关证据材料等应当登记,制作接受证据材料清单,由扭送人、报案人、控告人、举报人、投案人签名。必要时,应当拍照或者录音录像。”《公安机关办理刑事案件程序规定》第171条规定:“公安机关接受案件时,应当制作受案登记表和受案回执……”《公安机关办理刑事案件程序规定》还细化了对公安机关接受的案件材料进行审查的规定。二是明确立案的条件及不予立案的处理办法。《刑事诉讼法》第112条规定:“……公安机关对于报案、控告、举报和自首的材料,应当按照管辖范围,迅速进行审查,认为有犯罪事实需要追究刑事责任的时候,应当立案;认为没有犯罪事实,或者犯罪事实显著轻微,不需要追究刑事责任的时候,不予立案,并且将不立案的原因通知控告人。控告人如果不服,可以申请复议。”《公安机关办理刑事案件程序规定》第178条、第179条对立案的条件与不予立案的处理也有类似的规定,只不过更加细化不予立案的告知程序与期限。

《关于全面深化公安改革若干重大问题的框架意见》仅是在完善执法权力运行机制方面原则性地提出探索受案立案分离和立案归口管理,而《关于改革完善受案立案制度的意见》则是明确健全报案登记、及时审查办理与紧急情况处置等主要操作规则。在提高信息化水平方面,《关于改革完善受案立案制度的意见》明确“省级公安机关要抓紧建立完善接报案、受案立案功能模块,实现接报案、受案立案工作信息全要素网上记载、全流程网上运转,并与接处警、办案、结案等上下游流程信息整合贯通,满足办案部门网上接报案登记、受案立案审查和法制部门实行受案立案网上监督管理的工作需求。要逐步实现将110接报警电话、现场处置执法记录仪、接受群众上门报案监控等视听资料、电子数据自动导入警务信息综合应用平台,并与警情登记、接报案登记、受案立案审查、案件办理等信息智能关联,实现接报案和受案立案办案结案全过程可溯式管理”。此外,与以往受案立案后处理缺乏监督不同的是,该意见还专门规定受案立案监督和追责条款,以强化执法监督力度。

自《关于改革完善受案立案制度的意见》出台后,A省公安厅高度重视,结合实际情况,积极开展与促进受立案制度改革,并形成《A省公安机关案件受理统一归口管理规定(试行)》。之后,根据该规定的精神,A省于2014年12月制定了《A省公安机关案件受理统一归口管理实施办法(试行)》,主要是关于案管中心的职能、人员配备、报案的处理程序、对报案不符合受理条件的处理办法以及对办案单位进行监督等内容的规定。基于调研地区公安机关案管中心规范化建设制度,结合调研地区工作实际,下文总结了公安机关案管中心规范化建设对侦查取证机制的多方面影响。

(一)建立案管中心与110指挥中心受立案分工协作机制

自2015年1月1日起,A省各级公安指挥中心承担案管中心职能,在省厅成立案管处,各市、县公安局指挥中心加挂案管中心牌子,在局机关设置专门场地作为案件受理室,设置统一外观标识,并作为窗口单位在工作时间受理群众报案,其他时间由指挥中心110报警服务台受理群众报案。案管中心通过警综平台对本级公安机关办理的案件进行受理登记、案件分送、流程监控、执法监督、统计分析、建立台账等案件管理活动。市、县公安机关根据本辖区治安状况,科学配备案管中心工作人员,抽调本单位思想作风过硬、责任心强、服务意识好、执法办案工作经验丰富、熟悉案件管理及法律法规的民警到案管中心岗位工作。

尽管案管中心与我国传统接报案的另一种形式——110指挥中心,均承担接报案角色,具有强化案件源头管理,防止案件体外循环的作用,但二者之间存在一定的差异。110指挥中心接报案主要是面向群众电话报警,群众可在任何时间拨打 110 报警,[①]实行警综平台与网上循环,基本做到从接报案开始的规范运行。与 110 指挥中心接报案形式不同,案管中心由县局公安机关内设专门的案件受理室,在工作时间受理群众报案。在调研地区,J 县公安局案管中心与 110 指挥中心合署办公,是“一套人马,两块牌子”。而 G 区与 Q 区公安分局单独设立案管中心,负责所有案件统一归口受理、分配管辖和监督管理工作,做到有案必受、受案必核、立案必查。同时,实现与 110 接处警系统的无缝对接。由此可见,虽然 J 县与 G 区、Q 区案管中心与 110 指挥中心在设置方面存在一定的差异,但是分工明确,二者都成为接报案的两种重要形式。

理论而言,案管中心应该接收各类案件,但现在部分案管中心基本只接收刑事案件。而且,随着案管中心工作的逐步展开,接报的刑事案件数量正处于不断下降的趋势。如表 2 – 1 所示,2015 年案管中心受理 272 起案件,占全部刑事案件的 30.09%;2018 年仅受理 87 起,占全部刑事案件的 11.92%,比 2015 年降低了 18 个百分点。2019 年案管中心接警功能基本上被扫黑除恶专项斗争替代,成为服务涉黑涉恶线索举报的平台,刑侦部门可直接对举报线索进行核查。据统计,案管中心 2019 年 3 月 7 日之前只有 4 起接警案件。从接警案件类型看,J 县公安局案管中心接报警案件中 80% 都是电信诈骗和盗窃案件,侵财类案件越来越多,而严重暴力型案件越来越少。2015 ~ 2018 年,J 县没有发生过抢劫案件,2019 年 2 月仅发生 2 起抢劫案件,而且与同年发生的 2 起电信诈骗案件相比,侦查破案耗时不长,侦破难度不大。

表 2 – 1　2015 ~ 2018 年 J 县公安局案管中心受理案件情况

年份	受理案件数		刑事案件总数/件
	案件数/件	接案率/%	
2015	272	30.09	904
2016	205	25.12	816

① 参见吕树桐:《浅论警务指挥中心的性质、作用与职能》,载《北京警院学报》1998 年第 4 期。

续表

年份	受理案件数		刑事案件总数/件
	案件数/件	接案率/%	
2017	115	15.78	729
2018	87	11.92	730

J县公安局案管中心接警的数量在下降,主要有以下两方面原因。一是大巡防机制的全方位、立体化与常态化。J县公安局按照“强巡防、控发案、打现行、破现案”的工作思路,聚焦社会治安突出问题,完善机制、创新战法,持续深化立体化、网格化、信息化“大巡防”体系建设,通过有效整合巡防队伍、社区民警、视频巡逻和群防群治等队伍,采取徒步巡逻和机动车巡逻相结合、公开巡逻和便衣巡逻相结合、流动与设点盘查相结合、专业力量与社会力量相结合的巡逻方式,并积极推行24小时“无缝巡逻”,对重点单位、主要街道与治安复杂区域全面、深入地开展社会面巡逻防控,严密控制与打击街面犯罪尤其是“两入、两车、两抢”、诈骗等侵财类案件,提高社会整体防范效能。2016年,J县取得了城区两年、全县一年半未发生命案,城区盗窃案同比减少199起,下降了49个百分点。由于此类突发案件的减少,且有的案件直接由刑侦部门直接办理与决定案件是否处理,因此,案管中心接警数量大幅减少。二是扫黑除恶的现实背景。自2018年开展扫黑除恶专项斗争以来,各地公安机关抽调办案力量加入扫黑除恶队伍中,影响了办理一般刑事案件的警力与资源,进而在一定程度上影响了一般刑事案件的办案过程与结果。不过,从另一方面讲,全国扫黑除恶专项行动对群众反映的涉黑涉恶线索进行梳理与核查,打掉了涉黑组织与恶势力犯罪集团,破获了大量刑事案件,在每年基层刑事案件数量相对稳定的情况下,显著减少了刑事案件的数量。[①] 这些因素使案管中心原本管理与审核的很大一部分案件被分流到涉黑涉恶类型,接警数量大大减少。

① 2019年,全国公安机关共打掉涉黑组织1292个、恶势力犯罪集团5593个,破获各类刑事案件79,270起,全国刑事案件同比下降7.7%,八类严重暴力案件同比下降13.8%。参见何强:《全国扫黑除恶一年刑事案件下降7.7%》,载《新京报》2019年1月29日,第1版。

(二)规范案管中心案件分派与审查机制

案管中心根据公安机关案件管理职责范围,结合各地案件管理实际,通过警综平台即时向办案单位合理分派案件承办任务。对群众拨打110电话报警的案件,按110接处警规则,由指挥中心110报警服务台工作人员受理,录入警综平台,并进行派警处置。对于群众前来局机关报案的,由案管中心受案室工作人员负责接待受理,并将相关情况录入警综平台,在依法初步判明案件性质、管辖范围后,通过警综平台指派和分派相关单位进行处理,并向当事人出具《受案回执》。对不属于受理单位管辖的案件,要及时反馈给案管中心,由案管中心通过网上再次分配、指派相关单位受理初查。案管中心受理群众报案时,对不符合受理条件或不属于公安机关管辖的,应明确告知当事人,并说明理由;对于管辖范围不明确的,由上一级案管中心指定管辖;其他情形根据相关法律规定进行处理。对案管中心分派的案件,受案单位应立即开展案件办理相关工作,并通过警综平台向案管中心反馈确认。案管中心应对当事人提供的材料、物品进行登记,出具接受物品清单,并及时移交受案单位。

J县、G区与Q区均在省公安厅要求下设立案管中心,而且建立了清晰的工作流程。如图2-1所示,案管中心的主要职能是负责接待前来局机关报案和举报的群众,在受理警情、举报后登记当事人基本情况及其出示的材料证据等,在确定性质后确认是否属于公安机关管辖。这可分为三种情形:一是对于管辖权不明确的情形,案管中心报告市局案管中心,由市局决定指定管辖。对上级指定管辖的案件,案管中心进行受理、录入、分配或指派本级或下级公安机关查处。二是对于其他机关管辖的情形,案管中心告知报案人并说明理由。三是对于属于公安机关管辖的又可分为两种情况,对于本单位管辖的情形,案管中心及时录入警综平台,分配或指派相关单位查处工作;而对不属于本单位管辖的案件,案管中心通过网上分配、指派相关单位受理初查。此外,案管中心还负责对警综平台自动推送的办案单位未出警、处警、处警未审批及受理案件超过初查时间未作出立案及立案不查办等信息逐一进行核查、纠正,并及时督导、督办;负责建立统一的全局案件统计台账,及时逐件核对警情处置情况,并进行及时通报分析。

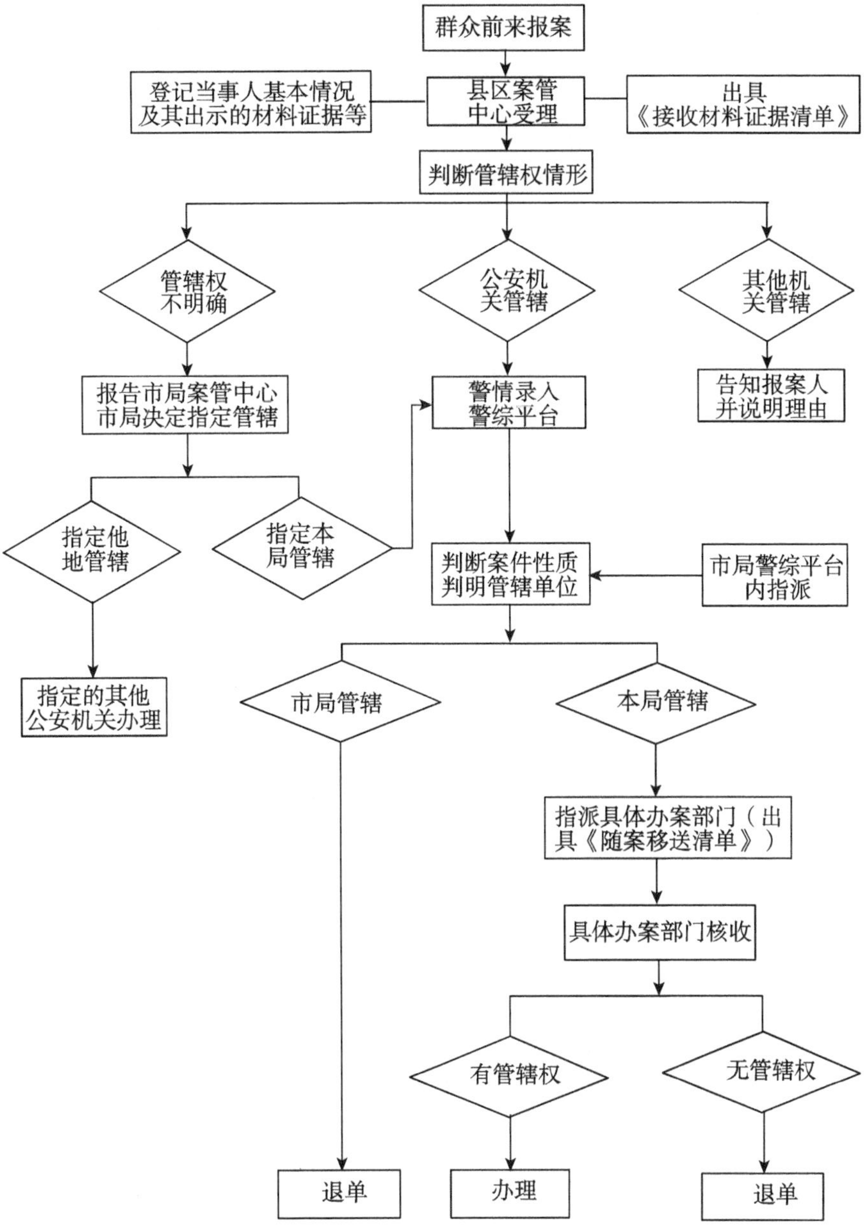

图 2－1　案管中心案件办理流程

（三）明确案管中心的信息化监督机制

案管中心将受立案与办案流程以信息化手段展现出来，积极推进网上办案，成为推进执法规范化建设的有力措施。这集中体现在以下几个方面：一是强化执法全过程管理。各地公安机关在信息化平台上对立案到监督检查的所有执法活动进行全过程管理，具有发现、预警和纠正执法办案环节问题的功能，有效防止了立案到监督环节执法问题的发生。在案件监督过程中，对办案单位不按本办法办理案件的，应当及时督导、督办，要求办案单位及时纠正；发现违规违法办案的，要积极协调纪检、督察、法制等部门共同监督管理；对严重违反案件管理规定的，依法依纪追究责任，涉嫌犯罪的，依法追究刑事责任。二是完善案件网上流转功能。自立案开始，案件信息、证据材料、卷宗等内容均在网上产生、移送与保管，已实现案件的闭环管理。与此同时，案管中心立足于实现全员、全程、实时监督，将 110 接警、案件办理与看守所、办案场所等各类信息系统、音频视频资料整合成为统一的监督系统，实现系统之间的互联互通、数据共享，有力地提升了办案效率。三是实现案件质量网上考核。由于案件的网上流转的特点，案管中心借助信息化平台，每年可直接对基层执法办案情况进行网上随机巡查与定期考核，减少实地调查与执法监督的不便，提高了考核的广泛性与经济性。四是自动监测与统计办案数据。由于执法办案在信息化管理系统中操作，各类案件的信息填报、文书制作、办案期限等均受到全方位实时监督，而案管中心自动监测形成的关于案件的网上信息又与统计工作紧密结合，有力地提升了办案数据统计的准确性。由此看来，案管中心的接报案是推进网上执法办案的首要环节，唯有网上不丢案、如实记录警情和案件，才能有力地保障案件后续办理流程的持续性与完整性。

概括而言，案管中心通过警情、案件、卷宗等核心要素进行监控，可对侦查取证过程与结果形成一定的影响。一是设立规范化的刑事案件警情处置程序。案管中心归口统一管理 110 接警和群众报警案件，履行统一受理登记程序，同时对报立、疑似警情不定期回访当事人，以核查警情处置的规范性，防止警情流失。二是健全刑事案件分送流程监控程序。案管中心依靠信息化平台对报立案件进行跟踪，在案件分配、立案后的处理、处理结果的反馈等环节强行加锁与管控，对未依法受立案的单位与人员要求整改，并在考核中予以扣分，有效解决了有警不接、接警不处、压案不查等问题。在调研地区，自2015年案管中心运行以来，全省公安机关每年接报各种警情80余万起，依法及时处警达到99.91%，接警未出警或处警后未审批问题大幅减少。三是强化卷宗保存的质量。案管中心定期对刑事案件卷宗、证据是否完整、有序上传至警综平台进行检查，以确定纸质卷宗与电子卷宗的一致性。同时，案管中心针对发现的卷宗材料问题，及时通知侦查机关及其人员即知即改，以确保卷宗质量。

三、案管中心规范化建设对侦查取证机制影响的效果评价

（一）成效：有助于规范侦查取证权力运行

案管中心的设立是公安执法规范化建设之重要内容，实行案件归口管理对规范侦查程序和保障证据材料的移送具有较大成效。

1. 有助于规范侦查程序

案管中心建立的初衷是把案件运行管理起来，不仅是解决接报案入口规范关，更重要的是对办案过程进行管理，甚至对办案出口进行审查与控制。可以说，案管中心已实现从源头上防止案情与案件流失，从过程上形成跟踪管理，以及对侦查结果的审查起诉的目标。这些改革举措借助信息化手段强化了办案的全程监督，必定有助于促进侦查权力运行的合理化与有效化，[①]主要表现在以下几个方面：一是及时监督接报案的初查措施。在立案之前，侦查人员应对受理案件的线索与证据进行初步调查，以确定是否立案，并为后续强制侦查启动提供基础性条件。侦查人员在把受案的线索与证据审查后采取的初查措施登入案管中心平台后，案管中心人员即可对初查措施的适用类型、适用程序以及相关文书等内容进行审查，对发现的初查不规范问题，及时要求侦查人员纠正。这可有效解决实践中有警不查、初查不规范等问题，保障被调查人的人身、财产

---

① 在一些省份，案管中心工作不仅包括案件审核，还负责办案区管理、法制培训、专项检查等工作。参见范维：《公安机关刑事案件审核机制研究》，西南财经大学2020年硕士学位论文。

权益。二是严格审核侦查措施的适用程序。尽管相关法律规定侦查措施的适用是由侦查部门审批,但是实践中往往出现为方便办案需要,而对侦查措施的适用程序审查不严格,造成侦查证据不合法的情形。案管中心独立于侦查部门,具有较为中立的审核地位。相较于侦查部门,由于审核主体的独立性,案管中心的审核要求又较为严格,对侦查措施适用程序的审查就会显得全面、客观,从而能够促进侦查行为规范化,保障侦查证据质量。三是保障依法适用强制措施。强制措施是公安机关为了保障刑事诉讼顺利进行而依法采取对犯罪嫌疑人的人身自由进行限制或剥夺的强制性方法。而案管中心在犯罪嫌疑人被采取强制措施之日起,就会在系统平台登记强制措施适用类型与程序,启动对强制措施适用的跟踪管理,有力地保障了强制措施审批、变更、解除与撤销情形符合法律规定的程序和条件。

2. 有助于保全与移送证据材料

案管中心民警的主要工作是接报案、受立案监督与案件流程管理。除规范侦查行为外,案管中心对证据材料的保全与移送起诉发挥着重要作用。一是保全与固定刑事证据。当群众到案管中心报案,往往会提交与案件相关的证据材料,由民警对当事人提供的证据材料进行登记与保管,出具《接收材料证据清单》。对于一些案情简单的情形,民警会对证据材料进行初步审查,以确定是否为刑事案件,为后续侦查与证据审查创造条件。接报案中的证据保全与固定以及对证据的初步调查核实,为未来的侦查破案与诉讼证据奠定了重要基础。同时,民警对当事人提供的证据材料在案管中心系统进行登记、保管与移交。二是保障证据材料的移送起诉。当案件信息与证据材料录入案件管理系统后,案管中心就会对办案全过程进行监督与管理。就移送审查起诉的刑事案件而言,案管中心可对证据的合法性、关联性与真实性进行逐一审查,对不符合法定要求与标准的证据依法排除,保证关键证据的可靠性、证据链条的完整性、证据之间排除矛盾等,确保全案证据指向同一,得出唯一确定的结论。同时,案管中心督促办案民警上传证据材料,保障移送审查起诉刑事案件卷宗的完整性。

结合调研地区的观察,我们发现在刑事案件统一入口、统一出口审核的公安改革的背景下生成的案管流程对侦查取证机制的影响是有效的,它既能制约侦查取证流程与提高侦查效率,也能规范与固定证据,还能在一定程度上促进程序公正。然而,通过梳理全国各地案管中心建设经验材料,我们亦发现,各地做法存在较大差异。比如,广东、山东、河北、四川等地,案管中心已与法制部门合署办公,其职能不再是单一的接报案、受立案监督与案件管理,而是扩展到案件审核、办案场所管理、涉案财物管理、移送审查起诉等内容。① 以四川省为例,实行案管中心对刑事案件入口与出口的两统一审查制度,"在犯罪嫌疑人采取强制措施之次日,案管中心即将案件信息录入案件管理信息系统,同时启动案件跟踪管理机制,对案件流程进行网上督促、催办。案卷报送到案管中心后,由案管中心工作人员对案卷进行全卷扫描并制作电子档案,已实现案卷数字化管理,重点环节全管控模式"②。

综观这一时期案管中心规范化建设实践,有以下两方面的特点值得注意:一是全国各地案管中心规范化建设对侦查取证机制的影响存在差异。在2014年1月公安部积极推行刑事案件法制部门统一审核、统一出口的工作机制改革后,各地公安机关纷纷将案管中心作为落实公安部决定的重要改革举措。案管中心不仅进行接报案管理与受立案监督,还会对包含侦查程序与证据审查等办案情况进行全程监管。但是,囿于各地警力与案管中心设置及其与刑侦部门、法制部门的关系衔接问题,实践中案管中心虽对侦查取证过程产生一定的影响,但影响程度存在较大差异。二是案管中心的外溢效应——案件审查监督。从基层民警的工作内容来看,受立案监督更加日常。案管中心民警每天都会关注警情监督,主要通过网上警综平台浏览办案单位接处警是否规范、受立案情况是否及时,并在网页上进行通报。每个民警一天浏览与监督20~30起案件,包含各类求助信息、治安案件和刑事案件。而且,案管中心每月会形成《案管工作月通报》,由分管领导审批形成监督报告,内容包括110接警数量、出警数量、

---

① 参见张建林、谌璐、李硕晖:《石家庄:案管中心实现执法全程规范化》,载《人民公安报》2015年12月30日,第3版;柴黎、王静静、陈永刚:《潍坊:做强案管中心 促规范执法提档升级》,载《人民公安报》2018年11月6日,第7版;马钊楷:《打造法治公安 建设法治广东》,载搜狐网,https://www.sohu.com/a/56724129_117916,2021年7月20日访问。

② 《统一标准全程监督案管中心让案件办理更"阳光"》,载和讯新闻,http://news.hexun.com/2016-01-22/181951634.html,2021年7月20日访问。

不同性质案件的数量等。一旦案管中心在监督中发现问题,会立即通过打电话指导办案部门进行核查与改进,同时与法制部门监督相结合。由此看来,A省公安机关案管中心主要是为了解决入口难的问题,侧重于受立案监督。[①] 这在一定程度上反映出由案管中心替代了公安法制部门对受案立案工作的监督与管理的趋势,甚至有些地区的公安机关已将案管中心与法制部门合署办公。这与公安部《关于改革完善受案立案制度的意见》规定的法制部门是监督与管理的主管部门不相一致。总体而言,案管中心的接报案功能在弱化,但是案件管理与监督功能得到增强。

前述实践表明,案管中心在对案件精细化管理与案件办理全程监控的过程中,不仅对侦查取证机制的影响产生了预期的效果,而且强化了案件监督管理。面对案管中心职能从初期接报案(办案)到案件审查(监督)的双重角色,这似乎非常契合我们将案管中心引入公安改革领域的初衷。然而,在一些地区,案管中心接报案(办案)功能都已经开始萎缩,案管中心接报案的好处未得,更不要谈案件审查(监督)了。对此,我们不可不警惕的危险是:在一些保障公安改革的基本条件(警力、场所与机构等)尚不成熟、不充分的情况下,我们既可能高估了案管中心双重职能带来的统一标准与全程监督效果,同时也忽视了将刑事案件两统一审查权力交由案管中心可能意味着办案与监督效果的双重消减。

(二)问题:对侦查取证监督不均衡

尽管案管中心规范化建设在规范侦查行为与审查证据方面取得了一定成效,但存在的问题也较为突出,主要表现为案管中心的信息化监督形式化以及案管中心的定位不明确,二者对侦查取证机制影响均有较大局限。

1. 案管中心的信息化登记弱化

从理论上讲,群众到案管中心报案,民警将案件相关情况录入警综平台,并

---

① 值得注意的是,A省Y县公安局开始积极探索案管中心改革,已高规格建成了集执法办案、案件监督、案件受理、物品保管、共享办公、共享休息为一体的“四中心两区域”执法办案管理中心。闫振宙:《永登:做强案管中心促规范执法提档升级》,载《人民公安报》2021年3月4日,第8版。相较于A省其他县公安局,拓展了案管中心职能,强化了监督管理质效。然而,这仅仅是A省一个县公安局建设情况,未来A省案管中心如何发展,仍有待观察。

根据案件性质、管辖范围将案件直接分派到各个部门进行处理。那么，警综平台记录的案件应当能够直接反映群众报案数量，防止出现案件流失与立案不实的情形。在此基础上，案管中心才能对侦查取证规范化进行监督。然而，实践显示，通过查阅台账，结合访谈资料，案管中心并未做到绝对地防止案件流失。相反，案管中心在接报案过程中存在诸多亟待解决的信息化登记弱化甚至缺失问题：一是不按规定处警导致警情流失，对群众口头报案不按规定录入警综平台。[①] 二是案件公开告知制度未能有效落实。办案单位不认真履行公开告知制度，对受案信息未能在警综平台录入，难以实现案件的公开告知程序，具体包括警综平台不生成受案回执，受案回执信息填写不完整，受案回执不能当场交付报案人等。三是网上网下信息不一致。比如办案平台与警综平台不对接，案件信息不同步；个别案件及法律文书网外流转，造成不依法受立案、受立案前违法采取措施的问题；纸质卷宗与警综平台信息不一致等。

由于实践中案管中心信息化登记的问题，就会造成部分刑事案件流失或证据材料的缺失。一旦没有刑事案件及其相关的证据材料在案管中心系统流转，也就谈不上规范侦查程序与证据审查了。为此，案管中心信息化登记是侦查取证监督的前置环节。为保障信息化监督的实质化，需要分析影响案管中心信息化登记的因素。笔者认为，除了相关规定不足，还存在两个方面的原因。从主观方面观察，主要是基层警力不足、民警办案经验缺乏以及责任心不强。一是基层案管中心警力十分稀缺，无法充分保障接报案工作的随时顺畅运转。如前所述，案管中心正式民警不多，往往跟指挥中心合署办公，既要接报案，还要对全县接警登记、违法办案等问题进行监督，能够完成基本工作已然不易，再要求监督工作质量难免力有不逮。二是民警由于自身专业性与办案经验不足，或者由于案件本身复杂可能无法在群众报案时判别案件性质，进而没有在警综平台记录案情或案件，造成案件流失。三是民警自身责任心不强，对群众报案不能及时在警综平台记录。依据案管中心的相关制度，案管中心民警的选配必须是

---

① 基层所队的接处警台账混乱无序，有的将群众口头报案记录在所内值班登记本上，要素不全、处置情况不明；有的为了工作方便将处警情况记录在个人笔记本上；有的为了应付检查，将警综平台接处警记录打印装订成册；等等。

本单位思想作风过硬、责任心强、服务意识好、执法办案工作经验丰富、熟悉案件管理及法律法规的民警。但实践中尴尬的情况是案管中心人员流动快,工作不熟悉,往往习惯于书面登记受立案情形,而忽视网上登记工作,导致案件不能顺畅流转。从客观方面审视,报案人的报案方式的随意性不可控制。如果报案人直接到某个办案部门报案,不属于该部门的案件就不能进入警综平台,可能造成案件流失。

2. 案管中心功能定位与实践作用之背离

案管中心从制度层面分析,具有"入口、审核与出口"的把关作用。案管中心不仅对接报案进行管理,更重要的是对案件审核与移送起诉进行监督。然而,调研地区实践表明,案管中心没有充分落实对案件"入口、审核与出口"的把关作用,仅侧重于接报案的管理与监督,而案管中心接报案功能正在弱化。申言之,接报刑事案件已成为刑侦机构、派出所等办案部门的主要工作,而受立案监督日渐成为案管中心的主要职能——案管中心主要审查 110 指挥中心与各办案单位接警登记情况,以及对案件过程进行监督与控制。由于案管中心的功能定位与实践作用之差异,不可避免地与相关部门职权和职责出现相互交叉、重复甚至互相矛盾的问题。比如,全国有些地区公安案管中心与法制部门均具有案件审核权,案管中心与预审部门均具有移送起诉职能等。由此看来,案管中心运行实践的不统一,不仅造成与其他办案部门的职责与权限混淆不清,导致建设措施叠床架屋,而且没有从根本上对于影响办案质量的侦查取证机制或其他办案机制起到促进作用,其结果是公安机关虽然下大力气推进执法规范化建设,但是由于开出药方不对症,最终对于治疗侦查取证不规范等办案质量不佳的顽症效果就会大打折扣。

四、案管中心规范化建设反思与展望

(一)若干反思:如何认识案管中心规范化建设效果

作为公安执法规范化建设之重要环节——案管中心对于从源头上规范执法权力运行机制与提升执法信息化管理水平,意义重大。然而,实践表明,案管中心规范化建设已滑向行政管理与形式化监督的陷阱,不再是从规范侦查取证机制与提高办案质量角度思考问题,其根本上并未触动执法规范化的难题。未来,案管中心作为公安执法规范化建设的初始阶段,需要处理以下几个问题。

1. 案管中心与其他办案部门的权力边界不清晰

无论是全国各地公安机关的做法,还是调研地区的实践,均表明案管中心的定位不太清晰,不能充分完成其设立之初的使命。由于案管中心与其他办案部门之间职能存在相互交叉、重复的问题,不利于办案职权与职责之界分,导致实践中办案部门之间的推诿扯皮。从案管中心的语词理解,本是对案件的管理,必然涉及受理、登记、审查、移送起诉等各个环节的处理。按照这一逻辑,案管中心的职能应是包含入口、审核、出口等一系列有关案件处理的过程与结果。那么,便民报案与规范执法权力运行机制就应当是案管中心的主要职能。然而,据调查,一方面,案管中心由于人力所限,难以发挥便民报案的归口管理的作用,导致报案又回归到群众自行前往办案部门(派出所、刑警队等所队)报案的传统情境;另一方面,案管中心从源头上规范执法权力运行既侵犯了多个办案部门的管理权限,同时也加大了自身案件管理负担,而且案管中心作为公安机关的内部管理机构,很难在实践中发挥中立的监督作用。甚至,在扫黑除恶专项行动的影响下,许多案件线索、证据直接流向"扫黑办",案管中心成了既不接报案,也不分配案件而仅仅在警综平台进行形式上的督导与督办的角色,这与案管中心的制度设计完全相悖。因此,如何定位案管中心的职能及厘清权力边界应成为当下亟待解决之课题。

2. 案件分配方式的不尽合理

依据案管中心的相关制度,在接报案后,原则上应按照案件性质与管辖范围分配案件,管辖不明确的,由上级案管中心指定管辖。同时,需要结合各地案件管理实际合理分配任务。前者是法律规定的受立案条件的案件分配法定机制,后者是案件分配调节性机制。因此,案管中心采取规范性与调节性机制相结合的措施进行案件分配。这两种机制的存在使实践中的案件分配在原则性分配的同时,也具有一定的灵活性。不过,根据调研情况,以下几种情况会改变已有案件分配机制。一是涉黑涉恶案件。实践中这部分案件受到当地党委和政府的高度关注,而且涉案人往往又属于政法系统,为保证涉黑涉恶案件处理的法律效果与社会效果,案管中心往往直接将黑恶势力犯罪的线索、证据材料,一律移交专门机关与专人办理。此类案件不会按照上述两种案件分配机制进行常态化调整,而是直接由扫黑办直接督办。这在一定程度上打破了传统接报案的程序与模式,使上述两种案件分配机制失灵甚至无效。二是重大社会影响的案件。除了涉黑涉恶案件,还有一部分案件因会产生重大社会影响,且受到上级公安机关或当地党委和政府密切关注的案件,也会改变已有的案件分配机制。三是所队案件负担情况。在上述两种案件分配机制下,可能会使有管辖权的办案单位出现案件负担不平衡的现象。由于办案单位接收案件主要来源于群众报案与案件分配,加上治安不好的区域所队负责的案件本身又多,在已有的案件分配机制下,所队的案件负担会更加繁重。为此,这需要进一步调节案件分配机制,以保持所队处理案件的效率与案件负担的相对平衡。然而,案件分配尽管可以进一步调节,但谁可以进行案件分配,分配的标准如何以及如何避免办案的利害关系人承办案件而影响到案件结果的公正性,一系列问题仍待明确。因此,在灵活性分配案件时,需重点考虑上述问题,探索既能保障办案的必要效率,又能兼顾案件数量、特点以及处理效果的较为科学、合理的案件分配方式。

3. 网上审查趋于形式化

在调研地区,公安机关强力推行网上办案,借助信息化技术促进办案流程无纸化,而且民警已把警综平台作为一道必经的工作程序。从受立案到案件审查,再到移送起诉,都纳入网络监督之下。这对于规范民警侦查权力运行机制与推行侦查执法信息化意义重大。不仅如此,警综平台的警情信息、基础数据还可成为民警案件研判、分析与抓捕犯罪嫌疑人的重要平台。警综平台不仅是大型存储介质,更是民警日常工作中的研判利器。由于网上办案的时间节点的固定性与审核环节的相继性,信息化技术对于节约监督时间与提升监督的精准性方面发挥了重要作用。然而,从 2009 年各地公安机关要求使用警综平台开始直至 2011 年,全部案件及基础信息被录入警综平台,这无疑增加了民警案件办理及基础信息登记的工作量和复杂程度。更为重要的是,实践中也反映出网上审查基本成为一种形式化监督,审核人员发现的办案问题只是标注反馈给办案部门核查与纠正,至于如何修正没有给出具体意见,无法形成对影响办案质量成为其重要组成部分的笔录文书、侦查程序、侦查证据等问题的书面审核意见,①从根本上难以保障对办案质量的客观评价与细致监督。审核人员与办案人员如同机器上的操作员,从一个环节进入另一个环节,前后环节的沟通与协商大大减少,往往造成核查与纠错机制难以真正发挥作用,“起点错、跟着错、错到底”的现象就会发生。由此看来,在网上办案发挥规范侦查权力运行机制与提升执法信息化作用的同时,如何避免网上审查的形式化弊端就成为未来案管中心建设之重点工作。

基于上述若干思考并结合调研地区以及全国其他省份的初步考察,笔者认为,未来案管中心建设应当聚焦于侦查取证机制的优化与办案质量的提升,我们可从明确与处理好以下几个要点着手。

一是明确案管中心的职能定位。根据公安部关于案管中心的规定,案管中心的设立本质上是改革受立案制度,从办案初始环节规范执法权力运行。为此,调研地区与其他省份纷纷制定了相应的规章与制度。然而,公安部的原则性规定不仅造成各地公安机关的内部案件管理相关规定之间相互冲突,而且促使案管中心与办案部门之间各行其是,提出一些不符合办案规律与违背法治公安改革目的的举措。不过,无论是案管中心的规范化还是侦查取证机制的法治化,办案质量始终是公安执法规范化建设的终极目标。公安机关应当以法治化为标准,推进案管中心起到规范执法权力运行的作用,从而提升办案质量。笔者认为,案管中心的职能应在保障办案质量的目的下展开,不能仅为受立案监督而监督。案件管理作为规范执法权力运行机制之起始环节,其最终目标就是保障办案质量。对于刑事案件而言,就是促进侦查取证机制的科学、有效运行。按照这一目标的导引,结合全国与调研地区的做法,以及出于厘清法制部门与

① 实践中,案件审核人员由于工作量大,无法提供书面审核意见。而且,他们也担心一旦形成书面意见,可能会成为今后错案追责的依据。

预审部门的相应职能边界的目的,案管中心应单独设立,同时明确各办案部门的职能权限,即案管中心由熟悉侦查与法制工作的人员负责接报案登记与案件分配,法制部门主导案件审核与监督。此外,移送起诉可由独立于法制部门的预审部门把关,在公安机关内部就形成入口与案件审核、出口之间的相互监督与制约的格局,以此提高办案质量。

二是科学化案件分配方式。公安机关设立案管中心自然是希望基层民警规范接报案程序,体现便民报案的目的,但这并不意味着案管中心有能力解决群众的一切报案。一般而言,基层民警通常依据法律规则解决明显的违法犯罪问题,但社会中常常有些纠纷或报案介于违法与犯罪的模糊地带,无法直接判断与筛选群众报案属于什么性质的违法犯罪问题,甚至有时需要借助调查才能确定到底是否符合立案条件。[①] 此外,案管中心警力不够,加上执法能力与经验不足,无法应对众多群众报案。由于主观与客观原因,案管中心民警没有发挥应有的“管理案件入口”的作用,相反,受立案监督成为案管中心的主要职责。这显然违背案管中心设立初衷。案管中心规范化建设是公安执法规范化建设的重要组成部分,也是受立案制度改革成效的试金石,在遵循法律规定和国家政策的背景下,非但不应调整管理案件的职能,阻遏案管中心的正常开展工作,反而更要发挥案管中心在管理案件中的核心作用。对于面临法律规定与国家政策调整的情况时,案件办理应在遵循效率与公正价值的前提下,由办案部门与案管中心沟通采取协商管辖的原则,必要时可由上级办案部门指定管辖。当下,案管中心的设立基本属于接报案的备选项,案件分配随机性较强。它在公安部门的此种补充性而非中心地位,往往限制其独立发挥案件归口管理的作用。未来公安机关应赋予案管中心独立接报案的权力,所有案件必须归口管理,不能存在由于办案需要而跳过案管中心监督的情形。除非案管中心的工作对处理案件存在有失中立与公正的情况,允许上级部门根据案件具体情况调整案件分配。

---

① 比如对于群众报案涉及伤人的案件,案管中心民警对于伤人行为是否构成故意伤害可能无法直接判断,还需要通过调查访问、鉴定等措施确定。

三是理性看待案件管理中信息化技术的应用。如前所述,案件管理中信息化技术的应用确实可以改变原有监督方式,促成新的监督载体,成为深入执法规范化建设新的突破口,尤其是其对受立案改革领域的影响是不可估量的。然而,我们也必须清醒地认识到,案件管理中的信息化仅仅是受立案改革的载体,其本质是通过信息化的监督方式规范受立案与案件分配权力的运行,其结果是在办理案件的过程中做到程序效率与实体公正。调研实践表明,案件管理中信息化技术的应用已成为办案中的必备程序,但形式化监督有余而实质性监督不足。无论是信息化地接报案还是信息化监督,提高办案质量才是公安机关首要所在,不能将信息化手段当作办案与执法规范化建设的最终目的。为有效推进信息化接报案与提升办案质量,笔者认为,应当以理性的态度看待案管中心的信息化建设,必须高度重视"人"的因素,发挥人的主观能动性,不能以物替代人的思维与行动逻辑,更不能以物控制人。在具体操作方面,还是需要将提高案管中心办案民警的自身法律素质和接报案能力作为案管中心建设的第一要务,唯有如此,才能使案管中心民警科学、合理评判接报的案件具体情况与所队的案件负担情况,以确定案件分配的灵活性与有效性。

当前,包括公安执法规范化建设在内的公安改革正在拥抱信息科技、大数据与人工智能等高新科技,力促我国"智慧公安"的产生与发展,并有可能实现中国公安改革的"换道超车"。然而,高新科技对公安改革影响所呈现的技术性思维致使中国当前的公安执法业务与信息化建设在一些领域出现了"两张皮"现象,非但没有补强,反而在一定程度上浪费了公安的稀缺资源。我国的公安执法规范化的信息化建设应当在现有实践的基础上,扩大并优化公安管理,建构一种"大公安管理格局",使之能够更有效地把"技术红利"应用于服务民警,把后者从非业务性的事务中解放出来,更加专注于执法规则适用、案件审核等核心业务工作,并与传统的"以人为中心"的公安改革和当下的智慧公安一起,[①]成为我国公安执法规范化建设的"一体两翼",以实现公安执法的人力物力资源

① 参见石杨:《科技兴警:打造智慧公安 推动创新发展——全国公安机关贯彻落实全国公安工作会议精神巡礼之三》,载《人民公安报》2020年5月8日,第1版。

的最优配置，最大限度地同时实现执法效率与执法公正。

（二）前景展望：实现案管中心的法治化建设

侦查取证机制的法治化不仅需要强化监督，还带有相当程度的体制性与制度性色彩，即在完善体制与制度规范的同时，提出符合实际需要且具可操作性的方案。于是，强化案管中心的规范运行与侦查取证机制的法治化，并使之相互协调，便成为不能回避的课题。基于案管中心规范化建设的实证研究，展望公安法治改革愿景，笔者认为，案管中心规范化建设应实现从合规化到法治化的转变。具体而言，可从以下几个方面提出未来设想。

1. 实现执法办案中心的一体化到案件管理的实体化

正如前文所言，实践中公安案管中心与其他办案部门职能界限不清晰。而且，当下，公安机关正在探索整合法制部门、案管中心和办案中心部门功能和资源，初步建立集受立案、执法办案、审核审批、监督管理"一体化"的执法办案管理中心，形成案件统一进口、统一审核、统一出口的"三统一"工作机制。笔者认为，这些改革举措更加混淆了公安机关各部门的职能界限，不利于各部门各司其职，难以保障案管中心的独立性。未来，公安机关应倡导案管中心的独立性以及实体化运行，同时还必须提供配套的人员与资源支持，比如稳定的办案人员与办案环境。尤其是需要熟悉执法办案程序、法律法规，以及具有法制工作部门经历的人员，他们能够明确案件性质、管辖范围，结合各地案件负担情况，科学、合理地分派案件。在案管中心的设立上，理顺案管中心与法制部门的关系，市、县公安机关案管工作统一归口法制部门负责，设立案管大队、中队，城市派出所设案管室，农村派出所设案管员，切实加强受立案的监督管理，严格落实群众上门报案当场进行接报案网上登记、当场接受证据材料、当场出具接报案回执并告知查询案件进展情况的方式和途径的"三个当场"规定。公安机关不可临时成立案管中心，也不可随意抽调各部门办案人员，影响案管中心工作的稳定性与持续性。

2. 实现传统经验式案件分配到精细化指标分配

基层一线民警面对的警情千变万化，背后应该有一个强大的支撑系统，比如接警部门是否考虑得再细致些，接警时遇到什么类型警情，就应该有针对性地通知具备专业技能的民警赶赴现场处置。因此，基层民警处警配置应体现与警情相适应的更强专业性的特点以及对相关警情处理的技能培训等联动机制。这是一个系统工程，需要案管中心接警与分流时强调专业性与灵活性。然而，目前，传统经验式管理主要表现为民警对案件性质与管辖范围的主观分析，缺乏客观化、规范化的科学方法，导致案件分配科学性、有效性不足。精细化数据管理是针对传统经验式管理存在的不足，通过将案件性质与管辖范围的模糊性的话语具体化为客观化的指标数据，使案管中心民警根据具体案件的特点与标准进行案件分配，以提高可操作性水平。实现案管中心精细化数据管理可通过两种途径：一是对案管中心民警受立案进行培训。案管中心是一个反应迅速，应对处置的全局性、综合性业务牵头单位，尤其是在重大敏感警情事件处置上，案管中心必须与 110 指挥中心有机结合，将高科技手段与实战应用有机结合，打通警务信息传递与共享的快速通道，以此发挥扁平化、可视化、智能化、动态化、信息化驾驭管理案件的能力与服务群众报案的作用。这不仅要求案管中心民警必须熟悉受立案相应的法律法规以及相关的业务，还需要发挥工作经验丰富的办案民警“传帮带”作用，帮助新人尽快适应工作。二是科学设置警综平台中受立案管理的指标。指标化尽管褒贬不一，但从实践来看，包括对许多办案民警的访谈来看，仍然受到欢迎并成为提高办案质量的重要手段。因此，为方便案管中心民警有效接报案与公平地分配案件，还是需要在警综平台上对案件性质与管辖范围设计对应的指标，以明确何种情况下智能化检索与比对。当然，这是一个渐进的过程，需要案管中心民警（主观判断）与警综平台系统指标（客观数据）相结合，共同提升管理的精准度。唯有如此，基层公安机关才能不断提高规范化水平，社会各界和群众对公安执法的信任度也会不断上升。

3. 实现一元信息化管理到多元信息化共享监督

所谓一元信息化管理是指公安机关自上而下针对案管中心的建设，仅是内部改革，而与检察院、法院无关。这虽有利于内部管理，强化刑事案件的入口管理，但是不利于案件信息的共享与外部监督，尤其是在内部监督一直饱受中立性与公正性的指摘与质疑下更是如此。《宪法》和《刑事诉讼法》均明确规定，公、检、法在办理刑事案件的过程中,应遵循分工负责、互相配合与互相制约的原则。这就要求公检法加强沟通与交流,同时实现案件、证据的信息共享,尤其是在以审判为中心的背景下更是如此。随着最高人民法院等部门《关于适用认罪认罚从宽制度的指导意见》,最高人民检察院、公安部《关于加强和规范补充侦查工作的指导意见》等文件的陆续出台与实施,公、检的协商日益密切,检、法的沟通逐渐日常,对案管中心进行有效对接变得十分必要。全国政法系统通过智能化建设推动政法工作现代化,优化智慧警务、智慧检务与智慧法院等大数据共享应用服务平台,已是大势所趋。当下,公检法都有自己的案管中心,通过系统的设计与优化,完全可以实现三机关案件、证据等信息的共享。在奋力开创新时代政法工作新局面的背景下,政法系统通过实施大数据战略,铸就打破部门壁垒的全社会信息共享机制,对于打造相互配合与相互制约的办案机制十分重要。

五、小结

案管中心规范化建设是公安机关自上而下的内部改革,其初衷本是接处警,成为受理报案与化解矛盾的第一线,最终将案件分流至有管辖权的部门处理。案管中心规范化建设通过建立案管中心与110指挥中心受立案分工协作机制,规范案管中心案件分派与审查机制以及明确案管中心的信息化监督机制,已对侦查程序与证据审查移送产生重要影响。尽管案管中心规范化建设在规范侦查行为与审查证据方面取得一定成效,但存在的问题也较为突出,主要表现为案管中心的信息化监督形式化以及案管中心的定位不明确,二者对侦查取证机制影响均有较大局限。针对案管中心规范化建设存在的问题,应明确案管中心的职能定位,科学化案件分配方式以及理性看待案件管理中信息化技术的应用。展望案管中心规范化建设前景,可实现从执法办案中心的一体化到案件管理的实体化,从传统经验式案件分配到精细化指标分配,以及从一元信息化管理到多元信息化共享监督。

第三章　刑事案件现场勘查新机制建设对侦查取证机制的影响研究

一、问题的提出

现场勘查作为侦查工作的起点，决定着获取案件线索与证据的数量与质量，关系到侦查取证机制运行的科学性与有效性，在打击犯罪中起着举足轻重的作用。由于侦查与技术的长期分野，导致刑事案件现场勘查工作机制运行弊端重重，直接影响侦查与后续诉讼环节的办案质量。为提高现场勘查的质量，2013 年 12 月 24 日公安部部署全国现场勘查工作会议，会上正式提出“一长四必”现场勘查工作新机制，并确定全国 8 省 14 个县级公安机关作为试点单位。经过一年的试点，2014 年 12 月 23 日全国刑侦会议正式确立现场勘查“一长四必”工作新机制的内容，并将此作为各地公安机关 2015 年刑侦重点工作之一。“一长四必”的现场勘查新机制是由公安局局长负责的分级分类现场勘查工作，其基本要求是“必勘、必采、必录、必比”，实现刑事案件现场勘查全覆盖，提高现场信息发现、采集、应用的深度和广度，全面提高现场勘查工作质量，切实提升效能，为打击刑事犯罪尤其是多发性侵财类犯罪提供最基本、最全面、最直接的技术支撑。所谓“一长”是市、县（区）公安局局长对刑事案件现场工作总负责，要按照适应实际工作需要的标准,统筹保障解决现场勘查人员、经费、装备等问题,确保现场勘查工作效率与工作质量。它是“四必”的前提和保障。“必勘”是市、县(区)公安机关必须对辖区内所有刑事案件现场全部勘查,凡是能确定犯罪时空条件的现发案件,能反映犯罪过程、可能遗留犯罪痕迹、物证、具有涉案视频信息、基站信息的犯罪现场,以及多发性侵财案件(无论是否立案),都必须全部勘查。它是该机制最基础、最核心的内容。“必采”是指按照公安部制定下发的相关技术标准和规范,现场勘查发现的犯罪信息应尽可能做到全时空采集,即必须发现、固定、提取指纹、掌纹、足迹、生物、微量等全部痕迹物证,采集作案手段、特点,以及互联网、视频、基站通讯等全部信息。“必录”是按照“谁勘查、谁录入、谁负责”的原则,对现场提取的指纹、足迹、视频图像、DNA 数据、电子物证信息要及时规范录入“全国公安机关现场勘验信息系统”及各专业信息系统。一般案件,应在 3 个工作日内将现场勘查信息和分析意见录入数据库,复杂、疑难案件应在 5 个工作日内录入数据库,电子数据、视频资料、基站信息、调查材料等相关资料应在 5 个工作日内由采集单位交给市(州)、县(市、区)刑事科学技术部门录入数据库。市(州)刑事科学技术部门负责对本地区现场勘验信息系统的录入质量进行监督与把关。“必比”是依托刑事技术各专业系统将现场勘查获取的所有痕迹物证、有关信息必须及时进行检验、比对、串并,通过信息研判、对作案手段特点的分析比对信息与多起案件现场进行串并。对比中的结果和串并案件信息要及时推送刑侦情报研判部门或通知办案单位。

近年来,按照公安部统一部署,全国各地公安机关积极进行探索,推进现场勘查新机制建设,已初见成效。据报道,“2017 年全国共勘查各类现场 489 万余起,现场勘查率达到 98. 9% ,基本实现现场必勘”①。山东省济宁市公安机关积极推行现场勘查新机制,“物证提取率 93. 4% ,发挥作用率 14. 2% ,同比分别提升了 63. 2 和 6. 4 个百分点,通过现场物证比中破案 4175 起”②。河北玉田县公

① 刘静:《坚持改革创新　担当打击犯罪主责——改革开放以来刑事侦查工作巡礼》,载中国警察网,http://special. cpd. com. cn/n40115672/n42209135/zj/201812/t20181212_827048. html,2020 年 8 月 5 日访问。

② 尹彤:《必勘　必采　必录　必比——济宁推行“一长四必”现场勘查新机制》,载《大众日报》2016 年 4 月 12 日,第 15 版。

安局在 2015 年前五个月,勘查率与录入率均为 100%。[①] 安徽省公安机关全部刑事案件现场勘验率从 60.29% 提升到 97%,2016 年"盗抢骗"类刑事案件现场勘验综合考评稳居全国第一。[②] 从 2015 年开始,公安部刑侦局主办了 34 期现场勘查新机制培训班,有近 2000 名一线刑事技术负责人参加。[③] 由此可见,在公安执法规范化建设的背景下,公安机关不仅意识到现场勘查工作新机制建设的重要性,而且在具体实践中也非常重视现场勘查工作机制的创新。推进以审判为中心的诉讼制度改革在对侦查取证环节提出严格要求之后,作为公安执法规范化建设的重要内容,现场勘查工作新机制从规范现场取证开始,提高侦查人员的取证水平,推动侦查执法规范化建设,对完善侦查取证机制,最终保障侦查证据质量符合审判要求具有十分重要的意义。

刑事证据是查明案件事实的重要依据,如何取证直接关系到刑事案件办理的质量,而现场勘查是侦查取证的基础和前提,直接关系到后续侦查工作的开展,甚至决定着侦查破案的成败。根据 2015 年《公安机关刑事案件现场勘验检查规则》第 3 条之规定,"刑事案件现场勘验、检查的任务,是发现、固定、提取与犯罪有关的痕迹、物证及其他信息,存储现场信息资料,判断案件性质,分析犯罪过程,确定侦查方向和范围,为侦查破案、刑事诉讼提供线索和证据"。据此,现场勘查的主要作用包括:一是查明事件性质。这是现场勘查的首要功能,即确认已发生的事件是刑事案件还是非刑事案件。二是查明案件有关情况。通过现场勘查,全面调查刑事案件的核心要素,确定案件的基本情况。三是收集各类人证与物证。证据是发现与证明犯罪事实是否存在的重要依据。办案人员借助现场勘查手段,收集与案件有关的人证、物证,从而达到证明犯罪事实发生与侦查破案的目的。四是记录现场情况。在现场勘查之后,以现场勘查笔录、现场照相、现场图等客观反映现场情况,达到准确记录现场勘查结果的目

---

① 参见张立军、王艺凡:《玉田公安建立分级分类勘查机制》,载《河北法制报》2015 年 6 月 23 日,第 1 版。

② 参见《刑案现场"分级分类"勘查破解人员不足难题》,载搜狐网,https://www.sohu.com/a/112254265_196473,2020 年 8 月 7 日访问。

③ 参见《全国公安机关"一长四必"现勘新机制培训班圆满闭幕》,载搜狐网,https://www.sohu.com/a/55260620_196473,2020 年 8 月 7 日访问。

的。五是为分析案情、确定侦查范围和方向提供依据。推行现场勘查新机制具有两个方面的意义:第一个意义体现在现场勘查新机制是提升打击犯罪效能的新方式。现场勘查工作是侦查之开端,通过发现、固定与提取痕迹物证,对侦查破案起到基础信息支撑作用。但是,随着我国经济与社会的发展,犯罪总量不断扩大,非接触类侵财类犯罪高发。面对犯罪新形势与新问题,公安部部署与推行"一长四必"的现场勘查新机制,以通过提升现场勘查率,将指纹、足迹、DNA和图像采集情况作为比对破案数的重要手段,这不仅对快速破获杀人、伤害等重大案件具有重要影响,也为盗窃、抢夺、诈骗等严重影响群众日常生活且占比较大的案件侦破带来契机,将成为解决小案难破问题的重要举措。此外,现场勘查新机制获得的案件基础信息,也为多警种合成作战提供了重要的信息来源。总体上,现场勘查新机制必将为打击犯罪提供有力保障。第二个意义体现在现场勘查新机制是发挥诉讼证据功能的新手段。在推进全面依法治国与法治公安建设的时代背景下,尤其是以审判为中心的诉讼制度改革,对证据制度、强制措施、侦查措施等方面都提出新的更高的要求。一直以来实践中饱受诟病的侦查中心的办案模式亟须转变,需要在侦查取证与保障人权的双重价值方面保持平衡。一方面,侦查取证数量上应有一定规模,注重现场证据的发现、固定和提取,最大限度地采集证据;另一方面,侦查取证质量上有所提升。"以审判为中心"要求公安机关彻底摒弃重言词、轻物证的观念,注重从"口供本位"向"物证本位"转变的证明方式。① 而这两个方面的实现就要求公安机关更加重视现场勘查工作,通过现场勘查新机制创新打法战法,以提高民警依法取证能力。

在理论层面上,对现场勘查新机制的研究大多集中于机制内涵与价值的分析,即如何有效地发挥现场勘查新机制的作用。这些研究普遍认为"一长四必"现场勘查机制的内涵深刻,对侦查破案与全国刑事技术工作的长远发展具有重要的促进作用。② 在此基础上,有学者采取了个别调查的方法,分析了特定地区

---

① 参见樊崇义、陈永生:《从口供本位到物证本位》,载《检察实践》2000年第3期。

② 参见邵义初:《关于打击犯罪新机制下"一长四必"现场勘查工作的思考》,载《武汉公安干部学院学报》2015年第3期。

现场勘查新机制的现状与问题。如庞浩、刘赟在考察了广西壮族自治区公安机关的现场勘查机制现状后，认为以公安部要求实行的“一长四必”勘查新机制的标准进行评价，尚存在大量案件现场未勘、现场信息采集程度不高、勘验信息未全部录入勘验系统及信息比对利用程度不高等问题，这跟勘查主体错位、工作机制缺乏、队伍建设滞后等因素相关。[①] 王柱等论者考察了昆明市公安局西山分局的现场勘查新机制的现状，总结出实践中存在技术人员少、勘验设备缺乏、勘验技术不高及现场物证提取率低等问题。[②] 值得关注的是，已有论者考察现场勘验新机制的实施效果并进而对我国侦查模式改革的路径选择进行了探索。比如莫然、黄勇以广州市两基层公安机关在2012～2015年现场勘查情况为研究材料，从现场勘验率与补充勘验率、平均物证提取数与案平均物证鉴定数进行切入与分析，归纳出“一长四必”现场勘验新机制具有运动式改革的特点，否定了侦查取证活动的专业性，并认为，在侦查模式改革中，应提高刑事科学技术侦查活动中的使用率，完善规范侦查活动的一系列配套制度。[③]

总体来看，既有研究主要涉及现场勘查新机制的应然性研究，尽管部分研究采用了实证调查，但仅仅是现场勘查新机制实施期间甚至主要是实施之前短时段的考察，没有对现场勘查新机制实施后的较长时段进行总结与分析，更未结合当下以审判为中心的诉讼制度改革与公安执法规范化建设的大背景进行考量，由此得出的结论可能缺乏说服力与可信度。为此，关于现场勘查新机制实施效果以及社会研究方法的运用有继续探讨的空间。

基于已有的研究基础，本章将“刑事案件现场勘查新机制建设对侦查取证机制的影响”作为研究主题。为区别于既有研究，本章将研究内容确定为近年来现场勘查新机制实施状况，尤其是在侦查组织、现场勘查率、现场取证、对侦查破案的影响等方面进行考察与分析。在明确研究对象后，本章在两个调研地

---

① 参见庞浩、刘赟：《“一长四必”现场勘查机制探究——以广西公安机关现场勘查为例》，载《广西警官高等专科学校学报》2015年第3期。

② 参见王柱、杨赵君、赵秀春：《“一长四必”现场勘验新机制研究——以昆明市公安局西山分局为例》，载《云南警官学院学报》2015年第6期。

③ 参见莫然、黄勇：《我国侦查模式改革的路径选择——以“一长四必”新机制之实施为视角》，载《政法学刊》2016年第4期。

区J县和G区进行了调研，之后对Q区公安分局补充调研：首先，在公安机关，我们通过查阅办案数据、登记台账，对J县、G区与Q区警察进行座谈与个别深度访谈，形成民警对公安执法规范化建设情况及其对侦查取证机制影响的访谈资料。其次，我们收集背景资料，主要是全省、L市、两地及所管辖地级市的刑事案件官方统计、公安执法规范化建设的各种制度、公安执法规范化建设情况督察报告、刑事案件办理质量监测通报等。最后，我们对两个地区警察所作的"关于公安执法规范化建设情况及其效果"的问卷中，有诸多内容涉及现场勘查新机制建设的情况调查，问卷对象远远多过上述访谈的人数，增强了调研人数的代表性，有助于对公安执法规范化建设整体情况的理解。

二、现场勘查新机制运行现状

通过实证调查，现场勘查新机制运行体现出以下几个特点。

（一）现场勘查主体：侦技一体化

在J县公安局，为适应《刑事诉讼法》对侦查工作的规范化、注重实体证据的要求，切实做好刑事犯罪现场勘验工作，确保"一长四必"现场勘查新机制的有效运行，制定了《J县公安局"一长四必"现场勘查新机制建设工作实施方案》。按照现场勘查新机制，现场勘查主体应是局长、侦查员、技术员。在J县公安局，局长基本不出现场，重特大案件才会出现场。[①] 现场勘查新机制的实施主体主要是侦查员、技术员与派出所民警。其中，现场勘验主要由侦查员、技术员与派出所民警承担。当案件发生后，首先由派出所出警赶赴现场，在判明案件性质后，简单案件或无现场案件由派出所直接处理，其他案件由刑警队处理。因此，侦查员、技术员与派出所都会出警。县刑警队刑事技术大队有4名技术员，3名法医，全部是专职人员。县公安局有11个派出所，其中城市1个，农村10个，只有城区派出所有1名技术员。此外，现场勘查还涉及技术员与法医互相合作的问题。如果技术员没有发现现场证据，法医可以跟进与判定。对于有

① J县民警表示，县公安局局长基本没有时间出现场，即使局长出现场，现场勘查笔录、警综平台、现场勘查系统等文书与系统也不会显示现场勘验与局长的关联，最终还是由办案民警承担现场勘验任务与责任。

人员伤亡的案件,法医可以确定死亡原因、作案工具。现场勘验的人员分工明确,技术人员、法医及时勘验、汇总、筛选与排除案件相关信息,最后将案件信息与刻画出的作案人特征反馈给侦查人员,在此基础上,由侦查人员判断作案人、受害人等信息并进行取证。对一些案件复杂与取证方向不明确的案件,技术人员会在一起讨论,从而确认取证方向,有助于提高打击犯罪的准确度。现在技术人员每年每人对接300~350起案件(包括交通事故案件),负责勘验100~200个刑事案件现场。有现场的案件技术人员和侦查人员100%出警,没有现场的案件技术人员不出警。在G区公安分局,刑警队主要是4名技术人员与2名法医负责现场勘验工作。技术人员每年每人对接400~450起案件(包括交通事故案件)。只要发生刑事案件,技术人员与侦查人员均会同时出现场。在Q区公安分局,刑警队主要是14名技术人员与7名法医负责现场勘验工作。由于Q区刑事案件相比较多,技术人员每年每人对接1000多起案件,且技术人员与侦查人员同时出现场。无论是J县、G区还是Q区,现场勘验的案件数量均超出公安部和省上限定的80~100起数值的要求。尽管如此大的工作量,在问卷调查中,230人认为所有刑事案件现场必勘很有必要,占总人数的74.2%,73人认为没有必要,占总人数的23.5%,7人不确定,占总人数的2.3%。

总体来看,三个地区公安机关的共同特点都在实行侦技一体化办案模式,即针对有现场的案件,技术人员与侦查人员共同出警,前者承担现场勘验,后者负责案件侦办。在现场勘查新机制实施以前,现场勘验都是只有技术人员负责。由于实践中技术人员的缺乏,无法满足现场勘验的需要,加之技术部门与侦查部门职能设置相互独立,技术人员与侦查人员之间各行其是而缺乏沟通,导致现场勘验率低、痕迹物证提取率低,严重影响了侦查取证机制打击犯罪的效能。现场勘查新机制的实施,对于重大案件的现场,主管侦查的领导、侦查人员以及技术人员都会一起去现场勘验与分析现场的证据,致使物证的发现和提取比较充分,现场分析的证据链比较完整与稳定。尤其是侦查员单独发现不了的现场线索,现在在侦技一体化模式下可以协同侦查,弥补侦查中的不足。当下侦技一体化模式的运行,已显著改变了传统上侦查人员仅负责外围调查、技术人员只承担现场勘验任务而造成的侦查与技术相互脱节的局面,最终形成侦查人员懂技术、技术人员懂侦查的双重复合型人才参与的工作机制。

(二)现场勘查模式:分级分类勘查

理论而言,现场勘查一般可分为统勘制与分勘制。前者主要是指所有刑事案件现场统一由专业技术员勘验,以提升现场勘查的专业性与规范性,从而保障打击犯罪的效能;[①]后者是指根据案件性质和案件类型确定现场勘查的部门与任务,以提升现场勘查的针对性与有效性。实践中,由于受技术人员数量、专业化程度、案件数量、设备等因素的影响,各地公安机关实施的现场勘查模式差异性较大。比如,广州市公安局花都分局实行分级分类勘查,[②]张家界市公安局永定分局采取"统勘+分勘"新模式,[③]山东省公安机关则开启"智慧勘查"模式,[④]等等。

在调研地区,主要采用分级分类勘查模式,即省厅刑侦部门负责全省重(特)大案件现场勘验的技术指导和全省现场勘验系统的管理;市(州)公安机关刑事技术部门负责辖区内疑难刑事案件和重大事故的现场勘查、现场物证检验鉴定工作;县(市、区)公安机关刑事技术部门负责对辖区内放火、爆炸、劫持、杀人、伤害、强奸、绑架、投毒、入室盗窃和入室抢劫等十类刑事案件进行现场勘查。对发生在本辖区的跨区域性、团伙性、系列性案件,以及其他案件现场勘验工作由主管局长指定指派。在J县公安局,现场勘查主体可细分为分局技术室人员与派出所技术员,职责分工主要考虑的因素是案件性质、案件类型、案件的基本情况等确定勘查主体与方向。一般而言,因果关系明显、案情简单的案件

---

① 参见严锐、陈烈波:《刑事案件统勘模式探索》,载《公安研究》2007年第1期。

② 参见王清波、陈健鹏、徐斌:《广州花都:在刑案现场统勘基础上实行分类勘查》,载 http://gd.cpd.com.cn/n2609966/c3134931/content.html,2020年8月9日访问。

③ 该模式是指分局技术室负责城区所有十类刑事案件和农村派出所辖区的八类刑事案件现场勘查,派出所兼职技术员负责辖区一般刑事案件的现场勘查。参见陈一漫、宋宏成:《永定公安分局落实刑事技术工作"一长四必"现勘工作机制》,载张家界市人民政府网,http://www.zjj.gov.cn/zjjcms/front/s1/c34/20160420/i44250.html,2020年8月9日访问。

④ 该模式要求刑侦部门与刑事技术部门优化分级分类勘查,推广统勘,完善多警联动勘查机制。参见李璐:《山东:现场勘查工作开启"智慧"模式》,载 http://news.cpd.com.cn/n12021581/n12021596/202007/t20200731_923969.html,2020年8月9日访问。

由派出所处理，案件类型多为轻微伤害案、一般盗窃案（10,000 元以下）、小额电信诈骗案（3000 元以下）等。由于近年来盗窃案件持续下降，案件类型主要为轻微伤害案和小额电信诈骗案。重大、复杂的案件由县公安局技术室办理，包括一些有血迹、毛发的伤害案、入室盗窃案和大额电信诈骗案（3000 元以上）等一般案件。派出所民警在访谈中明确表示，以前所有有现场的刑事案件，派出所都会通知分局刑警队技术室一起进行现场勘验。但由于派出所多，案件也多，全部有现场的案件都由分局刑警队技术室负责恐怕忙不过来。因此，后来又根据案件类型对分局刑警队技术室与派出所技术员进行简单的分工，但各地之间差异性较大，不具有统一性。在问卷调查中，被调查者中有 89 人认为当下的现场勘查机制已做到分级分类，占总人数的 27.9%；136 人认为只做了一部分，占总人数的 42.6%；33 人认为没有，占总人数的 10.3%；61 人说不清，占总人数的 19.1%。总体上，调研地区十类案件的现场勘查情况比较好，这两年的命案比较简单，现场勘验难度不大。①

（三）现场勘查案件类型：以盗抢骗案件为重点

现场勘查的主要作用是提供现场的物证、视频资料与电子数据等，为侦查破案提供证据支撑。因此，刑事案件现场勘查的情况对侦查破案起着基础性作用。各级公安机关也是将现场勘查作为刑事技术重点工作常抓不懈。自公安部推行“一长四必”现场勘查新机制以来，调研地区公安机关持续深入推进刑事技术工作创新发展。“两抢一盗”、电信诈骗等多发性侵财犯罪涉及面广、社会危害大，严重威胁着群众的生命财产安全，成为严重影响群众安全感、全省社会治安大局稳定的顽疾。据统计，全国“盗抢骗”侵财类犯罪连年居高不下，占全部刑事案件的 80% 以上。② 对此，全省公安机关将“盗抢骗”案件作为专门工作

---

① 2018 年，J 县所在地级市共发命案 14 起，J 县有 2 起。

② 2015 年，全国所立“盗抢骗”犯罪案件占全部刑事案件总数的 84%。2016 年，根据公安部的部署，各地公安机关将这次专项行动的打击范围明确为盗窃、抢夺、诈骗（不含电信诈骗）等侵财类案件。参见边际：《公安部部署开展打击“盗抢骗”专项行动》，载《派出所工作》2016 年第 5 期。根据调研地区的报道，“盗抢骗”案件占全部刑事案件的比例也很高。参见姜伟超：《甘肃省一个月破获“盗抢骗”案件 1538 起》，载中国青年网，http://news.youth.cn/sh/201601/t20160104_7489237.htm，2020 年 8 月 9 日访问。此外，有学者也做过类似统计。参见刘鹏：《多发性侵财犯罪的打击与预防对策》，载《四川警察学院学报》2015 年第 5 期。

进行打击与治理，对此类案件的考察与分析，能够从侧面反映出现场勘查新机制的实施状况。数据表明(见表3－1)，2018年全省共立“盗抢骗”案件现行案件25,415起(不含电信网络诈骗案)，平均现场勘查率为96.7%，现勘系统中的信息录入率为96.99%，基本实现“现场必勘，信息必录”。从全省现场提取的痕迹物证看，平均指纹提取率为10.76%，足迹提取率为18.73%，DNA提取率为15.17%。指纹、足迹、DNA提取率较2017年分别提升5.44%、8.18%、9.39%。在J县所在地级市，共立盗抢骗现行案件1603起(不含电信网络诈骗案)，平均现场勘查率为95.89%，现勘系统中的信息录入率为95.6%。从全市现场提取的证据看，平均指纹提取率为10.98%，足迹提取率为26.74%，DNA提取率为15.12%，均超出省定指标0.98%、11.74%、0.12%。J县公安局对现在所有刑事案件都做到了现场必勘与证据必取。除网络犯罪没有现场之外，其他刑事案件基本实现现场录入、现场取证、现场画图、现场照相等。而且，跟案件有关的证据必须提取。其中，2018年J县公安局立盗抢骗现行案件241起，勘查率与录入率均为99.5%。

表3－1　2018年调研地区传统盗抢骗案件现场勘查情况监测统计

单位	立案数/件	合格数/件	合格率/%	指纹/件	指纹提取率/%	足迹/件	足迹提取率/%	DNA/件	DNA提取率/%	视频/件	视频提取率/%
L市	3770	3726	98.83	524	13.9	761	20.19	1045	27.72	272	7.21
B市	1548	1528	98.71	170	10.98	414	26.74	234	15.12	32	2.07
Z市	1256	1224	97.45	138	10.99	236	18.79	266	21.18	9	0.72
全省	25,415	24,650	96.99	2734	10.76	4759	18.73	3855	15.17	641	2.52

三、现场勘查新机制建设对侦查取证机制的影响效果考察

(一)成效：有助于提升打击犯罪的能力

相较于传统现场勘查，“一长四必”现场勘查新机制在提升侦查人员的现场勘验能力、侦查破案与获取诉讼证据方面取得了一定的成效。

1. 现场勘查新机制能够转变侦查人员的办案理念,提升现场勘验能力

根据《刑事诉讼法》第128条、《公安机关办理刑事案件程序规定》第213～216条,以及《公安机关刑事案件现场勘验检查规则》第2条之规定,侦查人员为现场勘查的主体。然而,实践中技术人员参与勘验,侦查人员负责案件侦查,很少参与实地勘验。更不用说二者协同勘查现场。这造成实践与制度的背离。之所以如此,主要原因在于侦查人员对现场勘查意识不强,忽视甚至无视案件现场的线索与证据。尤其是随着信息化技术的迅猛发展,犯罪现场信息(视频、基站等)复杂、多样,侦查人员更需要技术人员的支持与配合。实践表明,现场勘查新机制按照分级分类的现场勘查模式,对侦查人员开展经常性现场勘查技能业务培训,已经基本实现有现场的刑事案件侦查人员与技术人员一体化现场勘查,即侦查人员与技术人员共同承担一般案件的现场勘查任务,共同讨论现场取证方向,全程参与案件分析研判。这不仅转变了侦查人员的办案理念,还提升了侦查人员的现场勘验能力,实现侦查人员的刑事侦查与刑事技术工作的"两条腿走路"模式,在一定程度上给侦查人员与技术人员提供了互相学习与交流的机会,打破了机构设置的壁垒,有助于构建侦技一体化办案模式。

2. 现场勘查新机制能够及时发现犯罪线索,有助于侦查破案

犯罪现场是犯罪嫌疑人实施犯罪行为后的客观反映,必定以各种痕迹物证为主要表现。因此,犯罪现场也成为犯罪信息的"宝库"。为此,侦查人员通过现场勘查,发现、固定与提取各种痕迹物证,可对犯罪事实、作案方式、作案人特征等进行分析与研判,有助于明确侦查方向与缩小侦查范围,为最终认定作案人及其犯罪事实提供可靠依据。很显然,为使犯罪嫌疑人顺利到案,现场犯罪线索起着非常重要且具有基础性的作用。据调查,"现场必勘,信息必录"工作机制可以帮助侦查人员及时发现现场犯罪线索,将现场痕迹物证录入现场勘查系统,借助数据库平台的信息碰撞比对,筛选与锁定犯罪嫌疑人,成为侦查破案的重要利器。如表3－2所示,2018年,公安部认定全省利用指纹比中抓获传统盗抢骗案件犯罪嫌疑人271人,全省平均指纹直接破案作用率为1.07%(全国平均作用率为1.64%);利用DNA比中抓获传统

盗抢骗案件犯罪嫌疑人120人,全省平均DNA直接破案作用率为1.79%(全国平均作用率为0.47%);利用人脸图像比中抓获传统盗抢骗案件犯罪嫌疑人17人,全省平均人脸图像直接破案作用率为0.07%(全国平均作用率为2.42%)。[①] 如表3-3所示,2019年,公安部认定全省利用指纹比中抓获传统盗抢骗案件犯罪嫌疑人433人,全省平均指纹直接破案作用率为2.22%(全国平均作用率为3.19%);利用DNA比中抓获传统盗抢骗案件犯罪嫌疑人332人,全省平均DNA直接破案作用率为1.70%(全国平均作用率为3.39%);利用人脸图像比中抓获传统盗抢骗案件犯罪嫌疑人325人,全省平均人脸图像直接破案作用率为1.66%(全国平均作用率为4.62%)。2020年1~6月,公安部认定全省利用指纹比中抓获传统盗抢案件犯罪嫌疑人158人,全省平均指纹直接破案作用率为2.61%;利用DNA比中抓获传统盗抢案件犯罪嫌疑人192人,全省平均DNA直接破案作用率为3.17%;利用人脸图像比中抓获传统盗抢案件犯罪嫌疑人191人,全省平均人像直接破案作用率为3.16%(见表3-4)。2017年,J县公安局通过现场提取指纹破获本省案件32起,比中公安部协查案件5起。

表3-2 2018年调研地区传统盗抢骗案件现场证据破案会战情况统计

项目		盗抢骗立案数/件	比中抓获人数/人	直接破案作用率/%
指纹	L市	3770	51	1.35
	B市	1548	26	1.68
	Z市	1256	17	1.35
	全省	25,415	271	1.07
DNA	L市	3770	36	0.95
	B市	1548	18	1.16
	Z市	1256	18	1.43
	全省	25,415	120	0.47

① 此处的百分率是全国传统盗抢骗案件平均利用指纹、DNA、人脸图像破案会战情况,主要指的是每100案直接比中抓获的人数。下文均是如此。

续表

项目		盗抢骗立案数/件	比中抓获人数/人	直接破案作用率/%
人脸图像	L 市	3770	9	0.24
	B 市	1548	1	0.06
	Z 市	1256	—	0
	全省	25,415	17	0.07

表 3－3　2019 年调研地区传统盗抢骗案件现场证据破案会战情况统计

项目		盗抢骗立案数/件	比中抓获人数/人	直接破案作用率/%
指纹	L 市	2525	64	2.53
	B 市	1223	40	3.27
	Z 市	785	24	3.06
	全省	19,538	433	2.22
DNA	L 市	2525	37	1.47
	B 市	1223	19	1.55
	Z 市	785	36	4.59
	全省	19,538	332	1.7
人脸图像	L 市	2525	91	3.6
	B 市	1223	13	1.06
	Z 市	785	14	1.78
	全省	19,538	325	1.66

表 3－4　2020 年 1～6 月调研地区传统盗抢骗案件现场证据破案会战情况统计

项目		盗抢骗立案数/件	比中抓获人数/人	直接破案作用率/%
指纹	L 市	588	12	2.04
	B 市	366	12	3.28
	Z 市	203	6	2.96
	全省	6050	158	2.61

续表

项目		盗抢骗立案数/件	比中抓获人数/人	直接破案作用率/%
DNA	L市	588	22	3.74
	B市	366	16	4.37
	Z市	203	8	3.94
	全省	6050	192	3.17
人脸图像	L市	588	43	7.31
	B市	366	16	4.37
	Z市	203	3	1.48
	全省	6050	191	3.16

3. 现场勘查新机制能够获得一定量的诉讼证据,有助于推进刑事诉讼活动

现场勘查作为侦查活动的重要组成部分,可为侦查提供大量的现场勘查资料。在现场勘查资料中,有些为侦查线索,而其他多为诉讼证据。由于现场勘查活动中可能会使用勘验、检查、询问、鉴定等不同的调查措施,相应地,会产生物证、书证、证人证言、鉴定意见、笔录证据(现场勘查笔录)、视听资料、电子数据等诉讼证据。随着诉讼阶段的推进,侦查活动中的诉讼证据就成为起诉、审判阶段定罪与量刑的重要依据。相较于传统现场勘查机制,由于现场勘查新机制要求“现场必勘,信息必采”,必然会大幅提升勘验现场的数量,同时能够采集大量的信息并使之转换为诉讼证据,防止因证据不足无法立案、侦查,有助于推进诉讼活动的顺利进行。比如,2019 年 J 县公安局指纹捺印 5650 份,完成率为 727%;DNA 采集 5064 份,完成率为 652%。J 县公安局所在地级市勘查合格率达到 100%。通过问卷调查,在现场勘查工作新机制对取证数量的效果问题上,有 168 人认为效果很好,占总人数的 52.7%;有 142 人认为效果一般,占总人数的 44.5%;两项占比达到 97.2%。而考虑现场勘查工作新机制对取证质量的效果时,173 人认为效果很好,占总人数的 54.2%;137 人认为效果一般,占总人数的 42.9%,两项占比达到 97.1%。由此可见,实践中调研地区的刑事案件现场必勘率已接近百分之百,而且在指纹、DNA 等采集率上超额完成任务。无论

是取证数量还是质量,刑事案件现场勘查新机制都取得了较好的成效。

(二)问题:对侦查取证的约束不全面

根据调研地区现场勘查工作检查报告,结合民警、检察官的访谈,尽管现场勘查新机制运行效果显著,但是也存在一定的问题。

1. 现场取证仍有不及时的现象

自现场勘查新机制运行以来,各地公安机关高度重视现场勘查工作,按照分级分类要求开展勘查。但是,据调查,现场取证仍存在不及时的问题。所谓不及时,就是指侦查人员现场勘验不及时与信息录入不及时。在 J 县公安局,从技术人员构成来看,法医人员构成断层,如果将来不再招聘新人,老同志退休后就会缺乏人手;技术人员的经验缺乏,且接受的培训不多,缺乏从事数据比对的人员。而且,取证仪器设备滞后于时代发展,尽管正在引进采集基站信息、Wi-Fi 信息、激光灯等设备,但是一些技术难题还是需要委托市局技侦支队完成。问卷调查也表明,246 人认为现场勘查工作中的最主要问题是技术人员数量不足,占总人数的 78.3%,其余问题为侦查人员对是否勘查现场认识不统一、不及时勘查、指挥中心下达不具备现场勘查条件案件的指令,选择的人数为 218 人、191 人和 127 人,其占比分别为 69.4%、60.8% 和 40.4%。而且,235 人认为影响现场勘查质量的最主要因素是技术人员的配置,占总人数的 74.8%,其余因素为技术人员的培训、技术室的建设,以及以上都是,选择人数为 205 人、171 人和 92 人,占比分别为 65.3%、54.5% 和 29.3%。在这些条件的制约下,县局往往只能对指纹、足迹等痕迹物证进行鉴定,而 DNA 鉴定则请求市局帮助。由于案多警力少,在每年 1 月与 8 月发案率高的情况下,现场勘查不及时的现象就较为突出,尤其是一些犯罪嫌疑人连续作案,现场勘验任务就更加艰巨,严重影响勘验进度。在 J 县派出所,由于技术人员只有 1 名,一年需要处理约 20 起刑事案件,而且还需办理繁重的治安案件,工作负担很重。J 县检察官告诉笔者,刑警办案和派出所办案有时差别较大,刑警队的现场取证比较规范,但是部分派出所民警证据意识较为薄弱,取证不及时,缺乏固定证据的意识。比如在一起侵害财物的案件中,两地派出所民警都出警了,但是技术员均没有拍照固定证据,最后将这起没有证据的案件移送到检察院,检察院只能让民警做情况说明。这表明派出所的现场勘验还是比较粗糙。相应地,现场勘验不及时的问题也就会导致信息录入不及时。

2. 现场勘验方式缺乏差异性与类型化

在现场勘查过程中,办案民警应该分级分类勘验,根据不同罪名,调整勘验的方向与方式。然而,实践中,一些案件的现场勘验往往流于形式,对办案起不到明显的作用。J县检察官表示,现场勘验检查笔录制作流程模式化,并未体现出不同案件现场勘查的重点,取证时也未表现出案件特点。此外,由于现场勘查方式缺乏类型化,还出现缺现场图、现场照片,物证照片未放置比例尺,以现场照片代替现场图、一张物证照片出现在不同的案件等现象。现场勘查的同质化会导致现场取证不全面、客观,甚至出现违法取证,严重影响现场证据的有效提取率,不利于通过串并案侦查方法提升精准打击犯罪的效能。为促进现场勘查系统数据的准确性与有效性,有必要提升现场勘验的专业化与规范化。

3. 现场证据提取率不高

如前所述,尽管现场勘查新机制在现场取证数量上有所成效,但整体上提取率不高,尤其是涉案视频采集率低。这可从纵向和横向两个方面分析。从纵向观察,2018年全年、2019年6月、2020年6月全省传统盗抢骗案件涉案视频平均采集率分别为2.52%、6.6%与29%(见表3-1、表3-5、表3-6),均低于同时期全国平均水平。比如2018年,全国传统盗抢骗案件涉案视频平均采集率为9.15%,全省平均采集率为2.52%,采集率最高的市为7.21%,调研地区J县所在地级市采集率为2.07%。2019年6月全国传统盗抢骗案件涉案视频平均采集率为12.5%,全省平均采集率为6.6%,采集率最高的市为32.6%,调研地区B市所在地级市采集率为5.7%。2020年6月全国传统盗抢案件涉案视频平均采集率为15.87%,全省平均采集率为29%,采集率最高的市为63.4%,调研地区B市所在地级市采集率为17.6%。从横向审视,2018年全年、2019年6月、2020年6月全省传统盗抢骗案件涉案视频平均采集率均低于同时期全省指纹、足迹、DNA平均采集率。比如2018年全省指纹、足迹、DNA平均采集率分别为10.76%、18.73%、15.17%;2019年6月全省指纹、足迹、DNA平均采集率分别为11.40%、16.9%、

18.1%;2020年6月全省指纹、足迹、DNA平均采集率分别为23.2%、32.6%、33.7%。值得注意的是,相较于2018年全年和2019年6月,2020年6月的现场证据提取率有所提升。究其原因,一方面,2018~2019年公安部将传统"盗抢骗"案件作为评价对象,2020年取消了没有现场或现场证据较少的诈骗案件类型,仅将"盗抢"案件作为统计对象,这大大降低了破案率不高的诈骗案件在整体案件总数中的占比,使得"盗抢"证据提取率大幅提升。另一方面,公安部将指纹提取率扩展为手印提取率,增加掌纹提取的数量,手印提取率也大幅提升。

表3-5 2019年6月调研地区传统盗抢骗案件现场勘查情况监测统计

单位	立案数/件	合格数/件	合格率/%	指纹/件	指纹提取率/%	足迹/件	足迹提取率/%	DNA/件	DNA提取率/%	视频/件	视频提取率/%
L市	203	203	100	27	13.3	45	22.2	45	22.2	33	16.3
B市	87	87	100	9	10.3	20	23	10	11.5	5	5.7
Z市	58	58	100	7	12.1	15	25.9	11	19	1	1.7
全省	1664	1628	97.8	189	11.40	282	16.9	301	18.1	109	6.6

表3-6 2020年6月调研地区传统盗抢案件现场勘查情况监测统计

单位	立案数/件	合格数/件	合格率/%	指纹/件	指纹提取率/%	足迹/件	足迹提取率/%	DNA/件	DNA提取率/%	视频/件	视频提取率/%
L市	108	108	100	37	34.3	48	44.4	51	47.2	45	41.7
B市	74	74	100	16	21.6	31	41.9	36	48.6	13	17.6
Z市	36	36	100	10	27.8	18	50	16	44.4	12	33.3
全省	1195	1190	99.6	277	23.2	389	32.6	403	33.7	346	29

当下,视频监控已广泛运用于侦查中,对直接发现与抓捕犯罪嫌疑人、确定侦查方向与侦查范围,以及调查核实证据等发挥着越来越重要的作用。其中,作为视频侦查的载体——视频证据,为法院定罪与量刑提供了客观与直接依

据。然而,视频监控并没有受到重视,本可以在案发后及时提取,但却错过最佳期限(一般四个月内可以调出视频监控),导致时间过长而被新的视频所覆盖。这既不能证实犯罪事实,也无法印证有的案件犯罪嫌疑人否认案件事实的各种辩解。因此,未来公安机关应通过现场勘查系统检查痕迹物证、视频证据的有效提取率,推进指纹、DNA、人脸图谱破案会战持续深入,为合成作战、精准批量打击做好基础性数据的支撑。

(三)缘由:外部因素与内部因素的双重挤压

以上的考察和分析都在强烈地提示我们:无论是作为组织的公安机关还是作为个体的侦查人员,现场勘查新机制的建设似乎都是必要的,对深入推进公安执法规范化建设的意义重大,尤其是对侦查取证机制(侦查主体、侦查取证模式、证据规模等)的影响更为直接。但是上文的考察也揭示出了另外一个问题:受基层刑事技术部门技术人员的数量、经验和仪器设备的限制,现场勘查新机制往往并不能实现侦查员与技术员在有限的时空内进行充分的信息交流,由此也不一定能够促成现场勘查规范化、专业化与实质化,更不可能影响侦查取证的全面性、及时性及获得证据的数量与质量。这两方面的现象无疑构成了当下现场勘查新机制的一个悖论:一方面,现场勘查被普遍强调与广泛推行;另一方面,现场勘查新机制并没有取得更多有效的证据。这就不能简单地将现场勘查新机制在公安执法规范化建设中的作用归结为可以保证现场勘查的质量,提取有效的证据。据此,在笔者看来,除了上述影响现场勘查新机制发挥有效作用的人力、物力因素外,还需要重新审视影响现场勘查新机制之所以在制度与实践中存在较大距离的深层因素,及其在公安执法规范化建设中的具体作用如何。下面笔者根据上文的讨论,再结合访谈情况,对现场勘查新机制运行状况做一系统剖析。

1. 案件结构变化的冲击

现场勘查新机制运行效果不仅取决于现场勘查主体的数量、素养与能力等方面,还受到案件结构的限制。据统计,2019 年全国公安机关刑事案件立案数量不断下降,故意杀人、抢劫、绑架、强奸、放火、爆炸等严重暴力案件持续走低,多发性侵犯财产犯罪类型成为主要的犯罪类型,尤其是网络电信诈骗案件数量连续走高,已经严重影响社会治安稳定与群众的人身财产安全。[①] 案件数量与案件类型的变化在很大程度上影响着现场勘查新机制的实施效果。从案件数量观察,现场勘查的案件数量远高于刑事立案数,影响现场勘查质量。这主要是因为现场勘查新机制尽管要求侦查员、技术员与派出所民警一同出现场,但是接警后派出所最先赶赴现场,对现场进行警戒与保护,再根据案件性质确定是否通知刑警队侦查员和技术员到现场。然而,在多数情况下,派出所民警无法准确识别事件性质(治安案件、刑事案件、意外事件等),而刑警队出警就必然首先依赖于现场勘验,接着才涉及分析事件性质。在这种机制的影响下,现场勘查的案件数量必然多于刑事立案数。如前所述,前者基本是后者的3倍。在民警人数相对稳定的情况下,案件数量的激增必然影响现场勘查新机制的实施效果,可能会出现民警“心有余而力不足”的情形。从案件类型分析,已不太适宜现场勘查新机制的实施。这可分为两种情况:一种是传统案件类型,现场勘查难度本身很大。比如溜门盗窃,没有留下痕迹物证,无法提取。另一种是新出现的犯罪类型,已有现场勘查机制没有做好应对准备。传统上严重暴力、财产犯罪居多,对现场的改变较为显著,使现场不可避免留下大量的痕迹物证,尽管由于许多案件犯罪嫌疑人的反侦查意识较强,会对犯罪痕迹、物证进行伪装甚至销毁,使手印、足迹等痕迹物证的现场遗留率大为降低。不过,侦查人员通过细致、有效的现场勘查,还是可以发现和获得一些有价值的犯罪信息甚至是心理痕迹,这为分析作案人的相貌、动机、行为、心理过程等方面,以及确定作案人范围提供依据。由此可见,严重暴力犯罪、财产犯罪的现场勘查对侦查破案十分重要。然而,随着信息化、大数据、智能化技术在社会中的广泛运用,犯罪工具与手段也在发生变化,促使案件类型结构由暴力犯罪、财产犯罪向以电信、互联网等为媒介的非接触性犯罪转移。非接触性犯罪的特点是现场空间虚拟化,现场勘查模式由实地勘查向网络空间勘验转变,相应地,现场提取的证据种类由物证类向电子证据转型。甚至,在有些非接触性犯罪中,比如随着网络犯罪或电信诈骗犯罪的增多,部分现场隐蔽、少见甚至不可见的案件也随之增大,侦查人员无法勘验现场,往往根据

---

① 参见靳高风、郭一霖、李昂霖:《疫情防控背景下中国犯罪形势变化与趋势——2019~2020年中国犯罪形势分析与预测》,载《中国人民公安大学学报(社会科学版)》2020年第3期。

现场照片将被害人被骗打款的场所认定为“现场”,这对现场勘查新机制造成新的巨大挑战。调研表明,在J县一年全部的刑事案件中,2017年电信诈骗案件占到了1/3左右;2018年电信诈骗案件占到了一半左右,无现场的电信诈骗案件比较多;2019年电信诈骗案件已占到60%～70%,电信诈骗涉案金额最高达70万元。在这种情境下,公安部对盗抢骗案件现场勘查情况进行统计时,往往不包含电信诈骗案件,但是,这恰恰暴露出现场勘查新机制的短板与不足。在电信诈骗案件持续增长的当下,公安机关对此类案件恰恰缺乏有力的打击举措,从而影响现场勘查新机制实施的效果,进而降低证据提取的比例。

2. 办案部门分工协作之瑕疵

按照调研地区制度规范,国保队、经侦队、刑侦队、禁毒队等专业侦查队与派出所分工协作,辖区内发生的一般刑事案件(含盗窃案件和一般贩卖毒品案件)由派出所办理,其他案件由县级公安机关专业侦查队侦办。一般案件由派出所组织现场勘查,入室盗窃案件现场勘查由县级公安机关刑事技术室负责。凡派出所发现的涉及国保、经侦、网安、反恐、反邪教等案件,一律移交相应专业侦查队办理,同时,各级刑事侦查部门加强对派出所侦查办案的业务指导和技术支撑。由此可见,派出所与专业侦查队之间的分工协作制度已较为清楚地明确了各办案部门的管辖权限与职能分工,并对案件移交与警务协作提出细致规范。然而,实践表明,办案部门分工协作机制有时会存在运行不畅的情况。一方面,派出所的技术员不足。既然派出所可以负责办理辖区内因果关系明显、案情简单、无须专业侦查手段和跨县、市的一般刑事案件,并对这些案件进行现场勘查,那么就应当提供足额的技术员。但是,派出所的技术员不足是常态,往往出现城区派出所1～2名办案人员兼职技术员,农村派出所无技术员的状态。按照公安机关现场勘查至少两名技术员在场的规范性要求,这就迫使一线办案中呈现同一名办案人员兼职技术员的“一警多能”的现象。这既违背办案程序,也会造成办案不专业、办案质量不高的问题。另一方面,派出所民警过滤案件的作用不显著。现场勘查新机制要求侦查员、技术员与派出所民警均需出现场,而先期到达现场的派出所民警采取的保护措施以及临场处置是后续工作能否持续与有效开展的基础保障,这对派出所民警接处警提出了较高要求,即需要分析现场情况、研判事件性质、确定能否开展处置以及无法处置后如何处理(如尽快联系县级刑事技术室)等。但是,当下派出所民警办案能力不足,缺乏处警经验,对诸多不确定性、复杂性和风险性现场情况估计不足,往往在对现场情况无法准确判断时就会请求县级刑警队技术员出警支援。一旦刑警队技术员出警,就会启动流程化与规范化的实地勘验程序。现场勘验结束后,还要进行信息录入、信息必比等。由此看来,一旦派出所民警分析与判断出现偏差,没有发挥过滤案件的作用,许多案件将会进入勘验程序,时间与物力都被大大耗费了。尽管现场勘验程序规范,但是延长了办案时间。正如一位技术员所言,一个盗窃案件的现场勘验原本需要十几分钟,现在可能需要两小时。办案程序的烦琐化与办案责任的严格化,令现场勘查新机制实施缺乏活力,影响办案成效。

3. 考核评比的压力

现场勘查新机制运行以来,无论是制度还是实践,现场勘查工作的考核评比一直以或显或隐的方式发挥着监督作用。根据省公安厅对现场勘查的文件规定,现场勘查在所有公安内部考核指标中占据40%,每个月省公安厅、市局会通报现场勘查情况。对此,省公安厅刑警总队与市局刑事技术支队曾经定期实施的年度考核,转变成为现在每个月不定期进行的网上巡查监督。前者开展专项考核,而后者则是网上抽查,尤其是对现场信息录入、画图照相、笔录内容等是否规范进行考核与排名。考核评比机制犹如一把“双刃剑”,虽对办案质量监督有一定成效,但也会产生一些问题。一方面,考核能够促进现场勘查工作规范化,提高现场取证质量。前文已表明,在现场勘查新机制的运行上,考核评比的结果能够“励先进、策后进”,令现场勘查先进单位有“奔头”,让后进部门有“压力”。如果考评机制科学、合理,评比结果能够比较客观地反映被考核部门的执法问题,令被考核部门及时针对现场勘查制度与实践中的顽疾进行有针对性的修正,甚至以对违法办案人员进行追责来规范现场勘查活动,这对于促进现场勘查新机制的正当性与有效性具有重要作用。此外,此种多为自上而下的考核方式衍生的优势在于能够帮助办案单位与民警尽早发现执法问题,避免办案民警因自身素养与外在因素尤其是本部门或上级部门领导过问或干预而导致执法不规范,最终有利于对办案民警的保护。另一方面,正如考核排名化正向作用十分显著一样,它的负面效应也很明显。考核的逻辑是“有错”推定的监督与管理,预设的前提是不规范执法的单位与民警多,通过考核排名提升不规范执法的单位与民警的办案质量。但是,一旦单位与民警执法规范且较为自律,在考核和监督面前就不甚明显。而且,随着时间的推移与案件数量的增多,现场勘查新机制的功能发挥考核评比的激励作用就会萎缩。长此以往,此种自上而下的压力传导机制就不是业务质量提升的手段,而是可能演变为办案单位与民警疲于应付上级检查与通报的走过场策略。调研地区的一些民警在访谈中明确指出,在2016年至2019年上半年现场勘查新机制实施过程中,现场证据提取率较为真实。但是在2019年下半年考核评比排名化后,办案单位与民警的考核与问责面临较大压力,上报数据就可能出现70%真实、30%水分的现象。由此可见,考核在一定程度上使办案单位与民警过度专注于应对考核本身所带来的负面评价,反而忽视了考核提高办案质量的重要作用。实际上,办案部门重视考核本身就说明基层办案质量在下降,需要通过此方式扭转办案困境。也许考核并不是解决办案质量的唯一有效方法,可结合其他机制建设,从根本上建立起着力于执法问题的评价体系。

四、现场勘查新机制改革之反思与未来

上文研究表明,现场勘查新机制的运行呈现运动式治理的流弊,其在提升现场勘查质量与侦查破案方面具有重要的基础信息支撑作用,但其实质上借助专项行动、网络动态巡查与指标考评等形式进行监督与管理,也产生了一些问题,亟待厘清与破解。

(一)理论反思:对现场勘查新机制效果的检视

1. 自上而下的新机制建设与基层办案资源之间不相适应

从理论上讲,现场勘查新机制的提出旨在通过“一长四必”形式规范现场勘查过程与现场取证,为侦查破案提供基础性信息支撑。这无疑对提升办案质量,促进司法公正意义重大。然而,实践中,新机制的实施面临着派出所民警素养不够、技术员短缺、勘查仪器设备滞后等问题,尽管侦查员、技术员与派出所民警存在分工且职责相对清晰,但是也增加了办案负担,使办案程序烦琐,数据信息录入不及

时或不准确，影响了办案效率。而且，现场证据的提取率也不高，办案质量也没有多大的提升。新机制建设似乎造成办案效率与办案公正的双重失效，但是细究起来发现，并非办案公正要求影响办案效率的提升，也不是办案效率与办案公正之间的天然紧张关系，而是公安制度与机制的改革，没有充分考虑到一项改革成功所需的基本条件与要求。当改革方案缺乏相应的条件支撑时，往往就会影响改革成效，甚至有可能起到反作用。现场勘查新机制就是因为缺乏与之配套的人力、物力与财力，最终形成办案效率与办案公正之间的张力。因此，如何使改革方案接地气，并解决基层办案资源之困难，是下一步新机制改革亟待解决的重要问题。

2. 办案业务与行政考评之间存在一定的张力

现场勘查是公安机关内部高度专业化的一项工作，现场勘验过程与现场取证如何取决于办案人员与现实环境等综合性因素的影响。这既有办案人员责任心不强、办案水平不高等主观原因，也有现实环境的客观情况。两方面的因素造成有些案件的现场环境根本不具备现场勘验条件，而有些案件的现场尽管具备勘验条件，但无法提取到有用的线索和证据。因此，在行政考评过程中，考核部门应对这些主观与客观情况保持高度关注，在此基础上，提出可量化与可测评的指标评价体系。目前，调研表明，基层公安机关已常态化开展现场勘查情况的考评工作，考评对象从盗抢骗案件转向盗抢案件，主要涉及指纹、足迹、DNA 与视频提取率等四个指标，要求作案手段、作案特点、作案工具、作案过程、损失物品、型号、外观、入室盗窃案件基站等信息必须准确录入；现场方位、概貌、重点部位、细目（指纹、DNA、足迹）照片拍摄清晰，取景恰当，比例尺放置规范；涉案视频图像以图片形式录入的必须录入视频监控截屏图片。总体来看，考核内容全面、细致，有助于发现现场勘查问题，并提出下一步修正要求。然而，正是由于考核的广泛性与常态化，无疑也会加大办案部门与民警的工作量——既要承担办案业务，又要应对考核工作。根据高绩效工作系统对工作超负荷具有显著的正向影响作用的原理，[①]那么办案部门与民警的办案业务量越繁重，犯错概率就越高。在高办案量遭遇警力不足的情况下，出错率就会更高。

---

① 参见李莲：《高绩效工作系统、工作超负荷与员工健康关系的跨层研究》，深圳大学 2017 年硕士学位论文，第 46 页。

当然,作为考核部门也注意到办案业务多少与办案质量的关系,往往也是加大考核力度与频次,以全方位监测办案质量。

3. 合规性文件与法律规则有所抵牾

现场勘查新机制的提出是有诸多制度予以支撑,这些制度多为公安机关内部制定的实施办法、实施方案等规范性文件。作为规范性文件,虽然法律位阶不如法律规则,但是对公安办案部门与民警现场勘查规范具有重要的指导与约束作用。从实践来看,现场勘查新机制运行中,出现局长很少去现场指挥勘查,现场证据提取率不高,分局技术室与派出所技术员之间的办案衔接机制不统一等问题。这些问题既是制度空白所造成,缺乏细致规范,也是制度本身存在瑕疵,与当下现场勘查实际情况不相适应。合规性与合法性特征有所不同。合规性是指公安机关为了推进现场勘查新机制建设的成效,拟定的规范与制约办案部门与民警执法行为的准则,要求从事现场勘查的主体掌握、践行和对违规的高度敏感,以定期评价部门与个体适用行为准则情况的一项管理措施。合法性是公安机关在现场勘查的过程与结果具有明确的法律规定,而且法律本身是科学的、有效的,值得遵循。对比这些地方性知识与正式的法律规则的要求,差别较为明显。也许正是由于新机制建设的合规性与办案的合法性之间的差异,使新机制的实施效果打了折扣。作为合规性措施,每个地区及其办案部门与民警理解与执行上会存在差异,容易造成治理的不平衡结果,不利于操作的统一性与法治化。更重要的是,一旦此种新机制建设脱离了时代语境及环境发生变化,就走向运动式治理。因此,如何将合规性措施进一步强化与合法性之间衔接,使新机制建设保持稳定性与持续性,值得关注与探讨。

基于以上反思与探讨,笔者认为,在现场勘查新机制建设方面,未来需要重点解决以下问题:

其一,自上而下改革需要在尊重地方办案条件的基础上进行推进。近年来,公安机关的诸多改革多为自上而下,此种改革方法与路径的优势在于注重效率,在短期内容易取得成效。然而,弊端也较为明显,容易与地方办案条件形成张力甚至是阻力。结合调研情况,笔者认为,现场勘查新机制的提出确实十分必要,在完善公安机关侦查取证机制方面具有基础性的地位。然而,法治公安改革需要消耗法律资源，在人力、物力与财力无法正常补给的情况下，改革机制的运行就会具有选择性，最后影响改革成效。“福柯曾断言，法治话语的机制必须依赖一系列非常具体的非话语机制。”[①]现场勘查新机制的运行依赖于各地公安机关具体的技术员、勘验仪器与设备，采取小步慢跑的渐进式改革而不是大踏步快跑方法，有助于打好机制运行的基础，从而迈出稳健步伐，正确稳妥推进新机制的运行。

其二，在促进办案质量的基础上优化考评机制。考评是督促办案部门与民警提升办案质量的手段，而绝非最终目的。谁来考评、考评什么、如何考评都是决定考评效果的重要指标。实践表明，现场勘查新机制的考评并没有真正起到提高办案质量的作用，相反，在一定程度上使上级公安机关对办案部门与民警的现场勘查情况底数不清与评价不实。考评机制并非对所有办案情况都适合，当其没有起到提升现场勘查质量的作用，反而对现场勘查新机制的顺利进行不利时，公安机关需要根据实际情况优化考评机制，把影响现场勘查质量的各类因素进行梳理与总结，尤其是将诸如案件类型、现场环境、自然条件等客观因素放入评价体系中。为此，现场勘查情况的考评过程才显得科学、公正，考评结果也令办案部门与民警信服，从根本上促进现场勘查质量的提升。

其三，理性看待现场勘查新机制的作用。尽管现场勘查新机制促进办案部门与人员重视现场勘查质量，在一定程度上提高了现场取证的数量与质量，甚至为合成作战提供了基础信息支撑。因此，新机制在侦查破案中发挥着较为实在的作用。然而，我们也必须理性地看待现场勘查新机制的作用，由于信息化、大数据与智能化作用的凸显，犯罪嫌疑人作案手段随着案件类型、自然环境等方面的变化，现场勘查新机制在多大程度上发挥着侦查破案的基础性作用需要重新审视。在笔者看来，为应对日益复杂且无现场的案件，培养掌握信息化、大数据与智能化侦查的人员更加迫切，尤其是懂得合成作战的综合性人才。因此，为促进侦查取证机制的完善，不仅仅强调有现场案件的基础性信息的采集，更重要的是加强特殊人才的培训，从根本上解决侦查取证不全面、不及时的问题。无论是现场勘查新机制的实施还是侦查取证机制的完善，办案质量才是落

① 朱苏力：《送法下乡 40 年》，载《三联生活周刊》2018 年第 1007 期。

脚点,不能忽视提高侦查员、技术员与派出所民警的自身素质和能力。

(二)未来展望:从侦查破案到侦查执法规范化

现场勘查新机制本是刑事案件侦查的基础性工作,对侦查破案起着重要的基础性信息支撑作用,也成为公安机关各类专项行动线索核查的重要渠道。针对多发性侵财类案件打击不力的状况,公安部提出的针对盗抢骗案件的专项行动(2016~2019年),现场勘查新机制对于拓展案件线索与研判情报信息发挥了积极作用。公安机关自上而下的部署与改革,确实取得了较大的成效,既有助于打击此类犯罪,从根本上遏制犯罪高发态势,又可间接强化执法规范化建设,为日后积累打击犯罪的长效经验。然而,现场勘查工作不是现在才重要,也不是只服务于“盗抢骗”三类案件,而是无论是过去,还是将来,都是刑侦中的重要工作。针对新时期某类型案件侦查中的痛点、难点与焦点,查找工作短板与问题,不断创新新机制,方能提高打击某类型案件的能力与水平。由此看来,侦查破案的运动式治理缺陷较为明显,即根据专项行动、打击犯罪的需要完善现场勘查新机制建设,而非从系统化视角改进,更没有直接从执法规范化的角度推动现场勘查新机制建设。因此,现场勘查新机制的建设需要改变单纯打击犯罪的功利性视角,满足以审判为中心的诉讼制度改革要求,以构建统一的、规范化的侦查取证机制。具体而言,可从以下两方面进行改革。

1. 从整体上,树立现场勘查新机制的系统化与规范化理念

既有现场勘查新机制建设基本围绕专项行动、特殊案件类型展开,其主要目的是遏制犯罪高发态势,有助于侦查破案。而且,内部考核也是基于创新打法、创新破案机制等,从现场勘查率、比对破案率、现场取证率等方面进行评价。然而,从执法规范化的角度思考,现场勘查新机制的运行涉及现场勘查主体、程序与现场取证等方面,不仅仅是侦查破案,还需要把侦查执法规范化作为改革目标,让获得的诉讼证据经得起后续诉讼环节的检验。因此,现场勘查新机制建设应遵循系统化和规范化的理念,破除单向性建设的误区,从侦查破案与执法规范化的双重角度探讨改革方案。基于此,笔者认为,一方面,从侦查破案效能看,现场勘查新机制不仅仅适用于专项行动、特殊案件类型等个别化情况,“还应着力探索勘验、检查在硬件、软件、管理制度等方面可以反映电信类或网

络类犯罪行为真实情况的'网络证据'"[①],比如,在数据传送与接收过程中形成的电磁记录与命令记录;现场上的各种打印输出结果、传真打印件;系统中的相关数据、系统日志文件等。针对这些与电信类或网络类犯罪行为有关的犯罪现场的"网络证据"的勘验,采取记录、封存、备份、收集、提取、检查、侦查实验、检验与鉴定等手段,以确保"网络证据"取证质量,提高"网络证据"取证效率。另一方面,从侦查执法规范化角度看,"公安机关应对传统刑事案件现场勘查与电信类或网络类案件有关的网络空间勘查进行规范,尤其是随着电信网络诈骗案件的增多,明确电子数据取证的正当程序规制极为必要"[②]。

2. 在局部环节上,明确现场勘查主体与现场勘查程序

(1)明确"一长"的身份与职责

上文论证表明,"一长四必"工作机制对侦查破案意义重大,但实践中各县公安局或区公安分局局长很少达到制度要求。实践与制度之落差,存在诸多原因,主要在于:一是局长可能没有时间去现场。这是符合实际情况的。无论是调研地区还是全国其他县、区,局长身份具有多元性,既可能是县(区)委常委、政法委书记、公安局党委书记,也会兼任副县(区)长,对县(区)党委、行政工作提出决策意见。身份多元的县公安局局长或区公安分局局长就必须主持或参加县或区上的各类党委、行政会议,其业务也一定会受到冲击,更别说去现场指挥勘查。二是与第一点相关,局长是行政编的公务员身份,按照我国干部选拔任免机制,领导干部选任局长是以政治关、品行关、能力关、作风关、廉洁关为标准,并非绝对以擅长具体业务为主要考察范围,换言之,领导干部对现场勘查业务是否熟悉并不影响其胜任局长。三是就算局长是科班出身,也不一定能有效应对现场中的许多新问题。由于行政工作缠身,许多曾经是公安业务出身的局长离公安业务越来越远,对现场勘查业务不再熟悉,尤其是随着案件越来越特殊、复杂,往往也难以胜任现场勘查工作。在这三方面因素的影响下,许多刑事案件均由主管刑侦工作的大队长(多为刑警大队长)指挥现场勘查。这就会造成"侦者不

---

① 侯睿:《试论计算机犯罪的特点与侦查对策》,载《山东公安专科学校学报》2000年第1期。

② 朱桐辉、王玉晴:《电子数据取证的正当程序规制——〈公安电子数据取证规则〉评析》,载《苏州大学学报(法学版)》2020年第1期。

定,定者不侦”的尴尬局面,从长远来看,甚至还影响办案质量。笔者认为,刑侦大队长长期扎根一线,熟悉业务工作,能够全面、有效地处理现场勘查中的疑难问题。因此,本书建议“一长四必”工作机制的“一长”由主管刑侦工作的大队长担任,既可明确工作职责,起到审核把关案件质量的作用,有效完成现场勘查任务,又可明确考核职责,从隐而不显的实施者成为真正决策者与担当者。

(2)根据不同案件类型设计不同的现场勘查程序

当下的现场勘查程序具有形式化特点,无论是现场勘查笔录还是现场勘查重点,都没有区分案件类型与个案差异,造成现场勘查结果没有突出案件特点。之所以出现此种现象,比较现实的原因主要是:一是现场勘查人员不足,往往出现少于两人勘验的问题,更不用说耗费时间与精力分析案件特点以及对此进行差别化取证;二是考核的形式化要求令办案部门与民警按照固定表格、程序填报数据,不理会个案差异。解决这两个问题的路径也许在于:其一,强化公安机关现场勘查程序的培训,不仅要求学习基本的办案法规,也要关注案件实践变化,尤其是网络电信诈骗案件的虚拟空间取证更需要学习与探索。其二,现场取证考核的个别化。尽管考核需要标准化,但也可因一般案件现场与关涉电子数据的现场的不同而设计差别化的考核方法与内容,即使是相同案件类型的现场,也可根据现场情况、证据类型以及证据之关联性等进行调整与考核。其三,强化检察引导现场取证。实践中,检察机关介入、引导侦查取证成为检察机关侦查监督的重要方式。那么,对于现场取证而言,检察机关不仅仅针对传统案件的现场取证进行指导,还需要充分发挥检察职能,推进网络犯罪的治理,针对电子数据网络远程勘验的规范性引导,以典型案例的方式引导侦查机关取证程序。

五、小结

现场勘查新机制建设是当下公安执法规范化建设的重要组成部分,在侦查取证机制完善过程中发挥着举足轻重的作用。即便如此,关于该主题的研究很少受到学界关注与重视。本章尝试以传统盗抢骗案件现场勘查新机制为主要分析对象,探索现场勘查新机制建设成效,但囿于案件类型,缺乏对电信网络诈骗案件的现场勘查机制的研究,本主题的研究还有待拓展与深入。随着电信网络犯罪的高发多发与我国《数据安全法》的出台与实施，对公安机关数据调取、收集、使用等作出明确规定，公安机关在维护国家安全或者侦查犯罪需要与个人信息保护之间如何平衡，并创新此类犯罪的现场勘验机制与电子数据取证机制，以此提高电子数据取证能力就成为当下甚至未来公安机关侦查取证机制改革的方向。

当前，调研地区实践表明，电信网络诈骗案件高发，但整体上破案率不高，在侦查破案中主要面临以下问题：一是电子信息的整理和摘录缺乏。电信网络诈骗案件多由公安机关网安部门进行侦查，主要对手机、电脑进行勘验、检查与提取。这些电子信息量巨大，除大案（例如命案）可能进行关键电子信息的整理和摘录之外，其他普通案件的电子信息不会进行摘录处理。二是办案部门与其他社会部门信息沟通不畅。在电信网络诈骗案件发生后，侦查人员往往需要与银行对接信息，查明银行卡号、追查涉案账号资金去向以及同步采取紧急查询和止付措施，这需要建立警银联动机制。然而，当下侦查人员欲从银行获取更多有效的信息，往往需要逐层审批，警方与银行之间存在信息壁垒。三是电子数据的勘验、检查与提取缺乏相应笔录与记录。由于警力的限制，侦查人员没有时间与精力对电子数据取证过程与结果形成笔录与记录，甚至一些侦查人员不具备操作电脑的基本技能，将简单的诸如照片性质的分析交给技术部门。即使侦查人员对涉案电子数据进行提取并提供给技术部门，但也没有任何的证据分析与信息研判，影响合成作战的效能。

对此，未来电子数据取证机制需要进一步完善。其一，加强民警培训。电信网络诈骗案件的技术难题多，培训少，专业人才少。尽管有培训，也多为信息技术使用的培训，而对于电子数据取证方面的法律知识与作战策略的培训少，有必要开展精准培训。其二，建立统一的打击电信网络诈骗案件的信息平台。在政法委的领导下建立统一的信息平台，公、检、法与涉案银行、电信、金融等系统对接信息交流平台，打破信息壁垒，畅通打击电信网络诈骗案件的联动机制。

作为网络空间治理的重要措施，以上关于电信网络诈骗案件的现场勘查机制仅仅是基于调研地区所获数据的简单分析，还需要全面、深入的研究。希望本章的研究对未来的现场勘查机制建设有所裨益，能够引发学界进一步的关注，并繁荣该主题的研究。

第四章　公安执法办案场所建设对侦查取证机制的影响研究

一、问题的提出

公安机关执法办案场所建设是深入推进执法规范化建设的一项重要措施。早在2010年,为了防止办案场所出现涉案人员非正常死亡事件,以及保障公安民警办案中免受不法分子侵害,根据中央政法委《关于加强办案安全防范工作防止涉案人员非正常死亡的规定》等要求,公安部制定了《公安机关执法办案场所设置规范》。在此之后,各地公安机关采取相关举措防范涉案人员非正常死亡问题。具体而言:一是规范执法办案场所的设置。严格按照中央政法委与公安部的要求,将讯问室、询问室、留置室、辨认室等办案场所设置在二楼以下,并对这些场所安装防护装置。二是加强技术手段的运用。民警在执法办案中应配备执法记录仪等技术设备,在整个办案场所以及重点办案区安装录音录像器材。三是严格强制措施的适用。民警对涉案人员采取留置、盘问等措施时,应当在办案场所内执行,并安排专门人员进行看管。严禁在办案场所实施监视居住、拘留、逮捕等措施。四是恰当使用警械。在执法办案场所对犯罪嫌疑人使用约束性警械时,应当保证犯罪嫌疑人安全,避免致伤、致残问题。严禁将警械作为非法获取口供的工具。

从该办案场所规范的内容可以发现,办案场所的设置主要是实现三个目的:一是保障执法安全。针对办案场所中硬件设施不到位(包括存在可燃物、悬挂支点、硬棱角、裸露电线等)等安全隐患,为办案场所提供必要且安全的硬件保障,有助于达到避免涉案人员非正常死亡问题的发生与保护民警免受不法侵害的双重目的。二是促进执法效能。在办案场所设置不同的办案区,规范违法犯罪嫌疑人从被带入办案区的人身与随身物品安全检查到带离办案场所的流程,构建执法办案场所"闭环式"管理机制,有助于提升执法效率。三是加强执法监督。这包括警务督察部门对办案场所的全程监督与讯(询)问的重点监督两个方面。一方面,强化全程监督。既有对硬件设施设置规范化的监督,也对违法犯罪嫌疑人或证人、被害人被办案人员从带入到带离办案场所的全部执法活动进行监督。另一方面,加强重点监督。在办案区对违法犯罪嫌疑人讯问或证人、被害人询问结束时,应当做到全程同步录音录像,对办案区的监控录像资料的完整性与真实性进行监督。

经过三年多的实践,一些地方公安机关仍存在执法办案场所使用管理中人身检查不细、将犯罪嫌疑人带出办案区讯问及其他安全隐患等不规范问题。① 同时,恰逢 2013 年《刑事诉讼法》的颁布与实施。据此,公安部制定了《公安机关执法办案场所办案区使用管理规定》。其中,办案区是公安机关开展执法活动、打击违法犯罪的核心地带,对其使用管理直接关系到执法办案安全和规范化水平。对此,"2014 年,公安部为规范办案区的使用管理,提出'四个一律'的强制要求,即违法犯罪嫌疑人被带至公安机关后,一律直接带入办案区,严禁违反规定带出办案区讯问询问;进入办案区后,一律先进行人身检查和信息采集;违法犯罪嫌疑人在办案区内,一律要有人负责看管;在办案区内开展执法活动,一律要有视频监控并记录,切实防止违规取证,坚决杜绝执法安全事故发生。"② "此后,各地公安机关纷纷严格办案场所设置和使用管理,截至 2017 年,全国公安机关执法办案场所规范化改造基本完成,建成 3885 个办案中心。"③2019 年,

---

① 参见杨莉:《执法办案场所规范化管理重在"五个强化"》,载《人民公安报》2014 年 8 月 24 日,第 3 版。
② 孙茂利:《公安执法规范化建设的探索与实践》,载《中国检察官》2018 年第 19 期。
③ 李豪:《提档升级跑出执法规范化建设的加速度》,载《法制日报》2017 年 6 月 20 日,第 1 版。

随着公安部《关于加强公安机关执法办案管理中心建设的指导意见》的出台,各地公安机关积极探索全力打造集办案区、案件管理区、涉案财物管理区及合成作战、智能辅助等功能于一体的"一站式"办案场所。目前,"各地公安机关已全部完成执法办案场所规范化改造,重点将办案区与其他功能区物理隔离,并严格使用管理。截至 2021 年 7 月底,全国公安机关已建成集执法办案、监督管理、服务保障等多功能于一体的'一站式'执法办案管理中心 2500 余个"①。由此可见,公安机关不仅深刻认识到公安执法办案场所建设的必要性,而且在具体实践中也非常重视公安执法办案场所建设。无论是制度还是实践,公安执法办案场所建设已在公安执法规范化建设中发挥了重要作用。

作为深化执法规范化建设的载体,公安执法办案场所的作用必然关乎权力运行与权利保障,这可从执法权力规范与当事人权利保障两个角度进行解析。从执法权力的角度分析,公安执法办案场所建设是保证侦查取证权合法行使与开展内部监督的有效方式。在约束侦查取证方面,执法办案场所可以帮助办案人员按照办案流程和环节在办案区进行讯问、辨认等侦查活动,解决了在非正式办案场所存在的侦查取证不规范问题与执法安全隐患,避免办案人员采取刑讯逼供等违法取证行为,达到规范侦查取证活动的目的。而且,由于侦查取证活动都有同步录音录像设备进行记录,固定了办案人员与犯罪嫌疑人面对面言行互动的场景,一旦犯罪嫌疑人及其辩护律师认为办案人员存在违法取证行为,它可以帮助办案人员还原真实的侦查取证活动画面,有利于保护依法取证的办案人员的权益,进而减少甚至排斥侦查取证争议,体现执法办案的权威性与公信力。在侦查监督方面,公安机关的内部监督部门可直接对办案人员正在执法办案场所办理以及办理完结的案件的侦查取证活动规范性进行审查与确认,更为重要的是,"它可以帮助监督者发现在阅卷之外的事实与证据疑点,进而及时发现违法侦查取证行为,扩大了侦查监督的信息来源途径。因此,执法办案场所可以克服单纯依赖于纸质卷宗进行侦查监督的弊端,在一定程度上增

① 董凡超:《公安执法办案场所规范化改造完成——建成两千五百余个"一站式"执法办案管理中心》,载《法治日报》2021 年 9 月 15 日,第 2 版。

强侦查监督的效果,尤其是对非正式审讯制约效果显著”[①]。

从当事人权利角度观察,专门的办案场所为犯罪嫌疑人、被害人、证人的程序与实体权利提供了切实保障。以犯罪嫌疑人办案程序为例,专门的办案场所集中体现了对当事人办案程序的规范化。根据有关办案程序的法律规范,均没有统一规定审讯、辨认等常规性侦查措施适用的办案场所,造成实践中侦查人员与犯罪嫌疑人之间的紧张关系。办案场所规范化建设通过建立专门化的办案区,对审讯、辨认、人身检查场所实施集中统一管理,并对办案过程进行全程监控,细化了现行立法对办案场所规范性不足的问题,为犯罪嫌疑人到案后的侦查取证程序的进一步改革奠定了基础。在实体上,专门的办案场所有助于实现对犯罪嫌疑人人身自由权和财产权的最大保障。一是专门的办案区可规范人身检查过程与要素,有利于防止办案部门或侦查人员直接侵犯犯罪嫌疑人的健康权与隐私权。即使侦查人员人身检查程序存在瑕疵或违法,办案区的视频监控也会记录并作为犯罪嫌疑人及其律师控诉的依据。二是审讯、辨认场所的全程录音录像,有利于及时发现与纠正审讯中的违法取证行为,为正确认定案件事实与保障口供自愿性、真实性提供保障。三是犯罪嫌疑人随身携带的物品有专门人员登记与处理区域,有利于防止涉案人员随身财物的丢失、毁损,为后续进一步采取查询、鉴定等处理措施提供保障。

与全国各地公安机关如火如荼开展公安机关执法办案场所建设形成鲜明对比的是,关于该主题的研究稀少,已有研究大多集中于执法办案场所的设置、使用和管理的分析,即如何对执法办案场所进行规范化建设。以此为基础,这些研究普遍认为执法办案场所规范化建设对提升公安机关的执法管理质量具有重要意义,但是执法办案场所在设置、使用与管理中都不同程度地存在一些问题。如文宏引在考察了福建省公安执法办案场所建设现状后,“总结出执法办案场所使用管理存在认识不到位、责任不明确、使用率不高等问题”[②]。黄颖在考察 X 县公安局辖区派出所的执法办案场所建设后,也发现了设置、使用与

① 马静华:《供述自愿性的权力保障模式》,载《法学研究》2013 年第 3 期。

② 文宏引:《实现公安机关执法办案场所规范化管理使用的路径探析》,载《甘肃警察职业学院学报》2013 年第 1 期。

管理中存在的类似问题。[①] 部分研究认为可通过技术手段对执法办案场所进行改造,甚至探索式提出执法办案管理中心运行机制的做法。如樊海粟采取计算机软件技术整合方式与优化执法办案场所内所使用的系统和设备,建立执法办案场所的安防系统,进而实现执法规范化与执法效能的双统一。[②] 郑海洋通过分析全面深化司法改革背景下推进公安执法办案管理中心建设的实践问题,并对"一站式"执法办案管理机制不完善、合成作战能力不足与民警执法能力不高等问题提出解决路径。[③] 李娜、董旭超对县级执法办案管理中心与派出所案件管理两级执法管理网络的运行机制进行考察后,提出了具体的完善措施。[④] 值得关注的是,有学者采用实证研究方法开始关注执法办案场所建设的成效与问题。如马静华教授指出,公安机关执法办案场所建设已初步形成监控式讯问机制,对抑制非法审讯产生了一定的积极效果,并认为监控式讯问机制的完善需要实现讯问场所使用主体与管理主体的分离,讯问主体与录音录像制作、保存、移送主体的分离等。[⑤]

总体来看,既有研究主要讨论公安机关办案场所建设的成效与问题,尽管部分研究采用了实证调查对公安机关办案场所建设初步形成的审讯机制进行了探讨,提出了十分有益的改革方案,但主要是办案场所建设初期对非法审讯抑制效果的短时段考察,而没有形成办案场所建设后对侦查取证机制影响的较长时段系统性的总结与分析,由此不能全面展示办案场所建设对侦查取证机制的影响状况。为此,关于公安机关办案场所建设实施效果以及对侦查取证机制影响的研究有继续探讨的空间。

---

① 参见黄颖:《基层公安机关执法办案场所规范化研究——以X县公安局辖区派出所为例》,云南大学2018年硕士学位论文。

② 参见樊海粟:《公安机关执法办案场所安防综合管控系统的设计与实现》,山东大学2015年硕士学位论文。

③ 参见郑海洋:《全面深化司法改革背景下推进公安执法办案管理中心建设的实践与思考》,载《北京警察学院学报》2017年第4期。

④ 参见李娜、董旭超:《公安机关"分局执法办案管理中心+基层案管组"两级执法管理网络的构建与运行机制完善研究》,载《警学研究》2019年第4期。

⑤ 参见马静华:《非法讯问与监控式讯问机制——以公安机关侦查讯问为中心的考察》,载《法学家》2015年第6期。

基于上述分析，本章将“公安执法办案场所建设对侦查取证机制的影响研究”作为主题。为区别于既有研究，本章将研究范围确定为近年来公安机关执法办案场所建设状况，尤其是在侦查组织、侦查取证过程与质量等方面进行考察与分析。在明确研究对象后，本章在两个调研地区J县和G区进行了调研，调研材料涉及公安机关问卷调查、办案数据、登记台账以及访谈，以此作为研究公安机关执法办案场所建设对侦查取证机制影响的基础性材料。同时，我们还收集全省、调研地区及其所在地级市公安机关执法办案场所建设的制度，公安机关执法办案场所建设情况自评报告以及公安部对调研地区公安机关执法办案场所建设情况的督察报告等辅助性材料。

二、公安执法办案场所建设基本情况

2010年，A省公安机关积极响应公安部提出的执法办案场所建设的目标。然而，A省地处西部，受经济发展、地理环境等因素的制约，执法办案场所规范化建设工作相对缓慢。2011年年底，全省公安机关办案场所改造完成率仅达到16.4%，市、县两级公安机关办案中心完成不到1/3，派出所办案区完成不到1/6。“经过全省公安机关一年不间断的努力，2012年年底完成99.5%的执法办案场所设置工作。截至2015年，全省共设置规范化办案场所1300余个。”①其中，县级(含)以上公安机关办案中心130个，派出所办案区1213个，有200多个办案单位因确无建设条件或者正在新建过程中，全部由所在县级以上公安机关指定到邻近单位的规范化办案场所办理案件。“在常抓办案场所设置的同时，全省公安机关专门制定《A省公安机关执法办案场所使用管理规定(试行)》，进一步巩固与深化建设成果，以加强对执法办案场所的使用和管理。在公安部印发《公安机关执法办案场所使用管理规定》后，省公安厅正式印发了《A省公安机关执法办案场所使用管理规定》，并组织开展规范使用办案区‘四个一律’专项检查活动，要求对不符合规定、存在安全隐患的执法办案场所进行

① 张耀望：《用“铁律”规范执法行为——全省公安机关“四个一律”工作纪实》，载http://gsfzb.gansudaily.com.cn/system/2014/12/25/015330192.shtml，2020年8月26日访问。

整改。”[①]2019 年,A 省公安机关按照全国公安机关执法规范化建设推进会和公安部《关于加强公安机关执法办案管理中心建设的指导意见》的要求,由法制部门统一负责执法办案管理中心工作。在执法办案场所的基础上,有计划、有步骤、有重点地分类推进执法办案管理中心建设,实现“一站式”办案和办案管理服务“一体化”运行,形成便捷、智能、专业的工作机制,打造“规范、高效、安全”的执法办案模式,按照先行试点、分类指导原则,于 2020 年内选点推行执法办案管理中心建设,在总结经验的基础上在全省全面推开,切实提升办案质量和效率,最大限度地减轻办案民警负担。[②] 2019 年 7 个市已建成办案中心 77 个,办案区 556 个,132 个已完成升级改造,民警在办案区进行讯(询)问全程录音录像,进入办案区的所有行为都受到监督,有效规范了执法行为,保障了执法安全。截至 2019 年 8 月,全省基层所队已建成办案区 1228 个、执法办案管理中心 28 个。[③] 2020 年 8 月,“在硬件设施方面,A 省公安机关持续推进执法办案场所升级改造,精细化、标准化、智能化成为新的发展方向”[④]。

(一)办案场所设置模块化

为深入考察办案场所建设情况,笔者选取 J 县公安局办案中心、所辖一个城关区派出所办案中心与 G 区分局办案中心进行走访,最后形成三个办案中心的调研材料。通过近十年的建设,整体来看,调研地区执法办案场所建设能够按照全国与省公安厅的要求,办案区设置更为标准、使用更加规范和管理更加严密,已形成鲜明的特点。具体言之:

在人身安全方面,办案区及供嫌疑人使用的卫生间设置在一楼,已安装双向门禁系统。办案区能够按办案流程设置人身安全检查室、信息采集室、候审

---

① 张耀望:《用“铁律”规范执法行为——全省公安机关“四个一律”工作纪实》,载 http://gsfzb.gansudaily.com.cn/system/2014/12/25/015330192.shtml,2020 年 8 月 26 日访问。

② 以上资料主要来源于 2015 年《关于开展规范使用办案区“四个一律”专项检查活动的总结报告》、2014～2015 年《A 省公安机关执法规范化建设情况统计表》、2019 年《关于对部分市县公安机关深化执法规范化建设督察情况的报告》等调研材料。

③ 参见袁猛:《甘肃:多措并举落实到位 执法质效稳步提升》,载《人民公安报》2020 年 8 月 17 日,第 1 版。

④ 袁猛:《甘肃:多措并举落实到位 执法质效稳步提升》,载《人民公安报》2020 年 8 月 17 日,第 1 版。

室、讯问室、询问室、辨认室等功能室,并实现物理隔离。在每个功能室做了隔音和防撞处理,配置阻燃材料,并安装报警装置。在涉案人员随身财物管理上,配置随身物品存放柜。办案区安装的电子监控设备已覆盖全区域,并能够进行数据存储,同时,电子监控设备与网上监督信息系统实现对接,当在办案区工作时,即全程开启视频监控系统。无论是人身安全保障还是涉案人员随身财物管理,办案场所设置已形成合理化布局,能够起到保障执法安全的作用。

(二)办案区取证全程录音录像

办案区规范取证的主要措施是全方位、全过程的录音录像。当犯罪嫌疑人进入办案区后,侦查人员就给其配置手腕带,手腕带上专用的射频识别器可实时准确追踪与记录犯罪嫌疑人进入办案区到离开办案区之间的活动轨迹,并形成视频文件自动上传至系统平台。侦查人员在镜头下执法受到实时电子监控,无法查询与剪辑录音录像,确保无缝隙监控。在三个办案中心,办案过程基本流程化。比如,在J县,在犯罪嫌疑人进入办案区后,办理入区登记;侦查人员会对其进行人身安全检查与信息采集,对嫌疑人财物以涉案与非涉案分类保管。接着,侦查人员将嫌疑人带至候问室,告知等候规定,安排民警看管。之后安排审讯、辨认工作,已实现“一人讯问,一人记录”的办案方式,并对所有案件同步录音录像。其中,重大案件录音录像资料的光盘会随案移送至检察院,一般案件保留在办案机关。对于重大案件,检察院会审查录音录像与讯问笔录的一致性,主要审查二者之间有没有矛盾。讯问结束后,根据案情与办案单位意见,处理保管的嫌疑人财物。

(三)办案场所管理的独立化

从保护办案人员利益和犯罪嫌疑人合法权益的双重角度出发,三个办案中心坚持制度先行,制定了办案区管理制度,明确了工作人员职责,实现部门与人员专门管理机制。尽管办案场所管理已实现独立化,但在调研地区存在一定的差异。在J县,制度规定办案场所由法制部门管理,且总控室的钥匙由法制部门专人控制。换言之,法制部门控制办案场所(监控室)的钥匙,办案区的实际操作由刑侦人员进行,但侦查人员不能自行关闭审讯室的录音录像,已初步形成法制部门监督侦查部门使用办案场所的格局。但由于法制部门人员不足,也存在基本没有专人管理的问题,实际上真正控制审讯室录音录像的部门是后勤(警务保障室)。值得注意的是,审讯室的录音录像与省厅和市局自动联网,即由当地办案场所形成的录音录像资料自动传输至上级公安部门。由省厅和市局直接垂直管理与审查录音录像,县局无法记录、删除录音录像的数据。总体来看,无论是法制部门还是后勤保障室,抑或上级部门,基本形成侦查人员使用与办案场所的管理相互分离的格局。然而在G区,办案区有独立于办案人员的专门工作人员负责启动监控设备与检查整个办案场所的执法活动。一旦管理人员发现异常或紧急情况时,可按紧急按钮应对。而且,办案场所要求办案人员在办案区一律同时使用执法记录仪,形成对办案人员的双重监督。由此可见,尽管调研地区对办案人员的监督不尽相同,但基本上都实现了侦查人员办案与专人管理办案区的分离模式。

总体而言,公安执法办案场所建设具有全程监督的特点,这虽有助于保障执法安全与促进执法监督,但也存在不均衡发展的问题。具体而言:

一是执法办案场所的规范设置有助于保障执法安全。这可从两方面分析:一方面,办案区功能室的独立设置。执法办案场所的改造鲜明的特点是办案场所模块化与标准化的设置,将执法办案区与接待区、办公区、生活区等合理划分,同时对办案区各功能室进行明确区隔,无论是人身安全检查还是涉案人员随身财物管理,办案人员均会按照一定流程将人与物安全地移交与处置。在这种密闭且有序的工作环境中,办案人员执法有章可循,既能防止犯罪嫌疑人自伤自残,又能避免办案人员受到攻击,大大降低了执法安全隐患。另一方面,镜头下的全程监控与静默监控。公安部对执法办案场所设置的要求是对办案区内执法活动进行视频监控并记录,即只要办案人员对有关人员进行讯问、询问、辨认等,视频监控就处于不受办案人员控制的开启与记录状态,相对有效地解决了传统办案中出现的监控不到、暂停监控、关闭监控等问题,有效地杜绝了非法手段取证现象的发生。而且,从办案人员角度观察,已逐步树立规范使用办案区的“四个一律”意识,自觉遵守办案区的使用制度,逐渐适应镜头下流程化、标准化与规范化执法。问卷调查亦表明,271人认为办案场所建设与使用的最主要作用是有效保障执法安全,占总人数的86.6%。根据J县检察官与法官的访谈,公安机关暴力取证的情况基本没有,也不存在被告人主动提出非法取证的现象。

二是执法办案场所的规范改造有助于促进人与物的全面监督。根据调研地区实践,无论是从办案场所设置、使用与管理等执法过程情况,还是执法结果方面看,都已经形成全方位、多层次与立体化的监督体系。一方面,执法办案区使用情况全程监督。关于办案场所执法,由专门工作人员填报执法办案区使用情况登记表,对每起案件登记造册,每个执法流程、模块包括执法行为均受到全程监控。同时,在犯罪嫌疑人进入办案区后,办案场所指定的管理员会对进入办案区所有人员活动轨迹是否规范和完整进行监督。另一方面,涉案人员随身财物的统一保管与全程记录。根据《公安机关代为保管涉案人员随身财物若干规定》的规定,对于涉案人员随身财物,由办案民警以外的人担任保管人员,根据随身财物建立专门台账,逐一编号登记物品的名称、编号、数量、特征等,在办案区设置专门保管随身物品的存放柜,实行24小时视频监控。同时,保管人员将随身物品信息实时录入案件管理信息平台,全程记录涉案人员随身财物的保管、移交与处理等情况。由此可见,执法办案场所监督之眼无处不在,已形成对"人"(执法人员与犯罪嫌疑人)和"物"(涉案人员随身财物)的全面监督。

尽管办案场所建设已发挥一定的成效,最大限度地保障执法安全与促进执法监督,但在执法过程中仍存在一些尚待解决的不规范问题。

一是监控设备的运行监管处于空白,可能不利于执法监督。法制部门只管监控钥匙,不会实时观察监控设备或者录音录像过程。而且,法制部门在执法场所使用完毕后,一般也不检查全程录音录像是否完整,往往是在事后需要使用视频资料时才去确定录音录像资料的完整性。对于审讯笔录和录音录像的一致性主要是通过被动式审查的方式发现,即只有出现问题了才回溯性地审查二者之间的不一致。法制部门主动审查几乎不存在,因为有的案件审讯持续12小时,没有多余的时间查看监控录像和文字笔录。除重大案件外,执法人员也未向检、法移交监控录像。一般案件是否存在非法取证,以及监控设备是否运转良好,都可能存在无法审查与监督的盲区。由于办案场所建设在执法质量考评中占不到10%的比重,对于办案场所监督的责任归属就显得不太明确。监督责任归属不明确,使监督成效大打折扣。

二是执法办案场所建设的不平衡。第一,办案场所信息化应用之间不平衡。办案场所配备的一体化信息采集仪、录音录像设备无法与警综平台以及相关信息库对接,导致民警需要重复录入嫌疑人信息,以及审讯犯罪嫌疑人的录音录像等电子信息无法上传到警综平台保存,影响了网上办案效能。第二,城乡之间、城市之间的办案场所建设存在一定的差异。比如,城乡之间县局办案区有卫生间,但是城市派出所办案区却没有条件按照要求建设,正在计划在现有卫生间附近打造办案区。尽管如此,城区的派出所有条件在办案区建造卫生间,但农村派出所的条件更加有限,无法建造卫生间。县局办案场所办案区的监控存储3个月,而派出所办案区的监控设备老化,30天就会自动覆盖,内存卡储存空间严重不足。

三、公安执法办案场所建设对侦查取证机制影响的效果考察

公安执法办案场所建设作为公安执法规范化建设的组成部分,主要从硬件设施方面升级改造,以实现推进执法规范化的目的。作为执法规范化的内容之一——侦查取证过程与结果因为硬件设施的改造而引起空间的设计、社会关系(尤其是侦查权与犯罪嫌疑人权利之关系)及相互之间的作用,而产生积极和消极的影响。鉴于此,考察侦查取证机制运行效果,有助于检测与评价公安执法办案场所建设成效。

(一)正面效果:在一定程度上强化了侦查取证监督

一是实现了侦查取证主体与管理主体的分离。办案场所建设的空间设计贡献在于对侦查取证主体与管理主体进行了有效切割,同时也对侦查人员与犯罪嫌疑人的“亲密性”关系有所改变。侦查取证主体与管理主体的分离,对于增强侦查取证手段的合法性具有重要影响。在侦查取证手段的合法性上,办案场所设置的办案区、视频监控以及操作流程形成严实无缝的监控方式,监控之眼无处不在,在很大程度上限制了侦查人员以非法手段取证,会促使侦查人员注

意包括言语暴力在内的言行规范。

二是实现了侦查取证环节的全方位与实时监督。由于办案场所的封闭性与流程性，侦查取证环节均处于全面、实时监控之中。办案区设置了候问室、询问室、讯问室（辨认室）、留置室等，每个功能区都安装着覆盖全区域的监控摄像头。在进入办案区，办案人员或管理人员会对犯罪嫌疑人进行人身检查、标准化信息采集与物品暂存等环节。尤其在人身检查方面，办案民警会对犯罪嫌疑人体表进行检查，以确认伤情等体表特征。此外，管理人员在犯罪嫌疑人进入办案区后即为犯罪嫌疑人佩戴智能手环，对犯罪嫌疑人在办案区与不同功能室的活动情况进行实时定位与轨迹跟踪，同时，智能手环的运用还可让民警在系统中便捷、快速地调取数据与系统录入。由此可见，在办案场所中的侦查取证环节，都实现了全方位、实时监控，且在此种模式的控制之下，能够在较大程度上保障执法安全。

三是保障了证据的合法性。由于侦查取证过程的全方位与实时监控，侦查人员取得的证据合法性较高。公安法制部门民警访谈称，暴力取证的情况基本没有，也不存在侦查讯问笔录不属实的情况。对于讯问笔录的审查与确认，取决于犯罪嫌疑人的文化程度与法律意识。一般而言，犯罪嫌疑人的文化程度主要是小学与初中水平，诈骗罪犯罪嫌疑人的文化程度相对要高一点。识字的犯罪嫌疑人可以自己核对讯问笔录，而不识字的犯罪嫌疑人可交由有关人员阅读与判断。此外，如今的犯罪嫌疑人的法律意识都很强，对于与自己陈述不一致的讯问笔录拒绝签字，甚至出现对于自己不利的讯问笔录也不签字的情况。检察官指出，暴力取证情况罕见，大多是瑕疵类证据，通过补充侦查即可完成补正。访谈法官认为侦查部门侦查取证较为规范，已经审结的案件中基本没有发生暴力取证的情况，不存在非法证据排除情形。而且，诸多机制有效地保障了合法取证。比如讯问笔录中最后都有一句“今天是否有暴力取证、语言威胁等”，法院送达起诉书给被告人的时候，也会询问“是否申请排除非法证据”，庭前会议也会启动非法证据排除工作等。总体而言，公检法三家均认为办案场所建设对非法证据的控制具有重要作用。

(二)负面效果:影响执法效能

实证考察表明,公安执法办案场所促使侦查取证主体与管理主体的分离、实现侦查取证环节的全方位与实时监督以及保证侦查人员取得证据的合法性,从执法安全与执法监督的角度审视,这对于执法规范化与执法质量具有重要的促进作用。但是,以执法效能的标准检视,实践中办案场所对侦查取证机制影响并非完全有助于提升执法效能,有时甚至可能形成反制。

一是镜头下执法的硬件环境可能不利于提升执法效能。实践表明,尽管办案人员已经习惯于在镜头下执法,并且执法愈加规范化。但是,镜头下的执法环境会导致执法效能降低,甚至完全失效。一方面,犯罪嫌疑人坦白交代犯罪事实变得困难。根据2017年最高人民法院、最高人民检察院、公安部、国家安全部、司法部通过的《关于办理刑事案件严格排除非法证据若干问题的规定》第10条第2款的规定,"侦查人员应当告知犯罪嫌疑人对讯问过程录音录像,并在讯问笔录中写明"。之所以如此,主要是让犯罪嫌疑人知晓自己享有的法定诉讼权利与认罪的法律后果,以及一旦办案机关非法取证,犯罪嫌疑人可主张非法证据排除。正因如此,犯罪嫌疑人在知晓自身诉讼权利的同时,也通过拒不交代犯罪事实对抗办案人员的审讯,造成审讯效果不理想。另一方面,办案人员的审讯策略受到束缚。与前述相关,全程录音录像既保护办案人员正常执法,也束缚了执法人员的手脚,诸如给犯罪嫌疑人递一支烟、倒一杯茶等传统审讯策略受到一定的限制。办案场所设置的审讯椅、铁栅栏等硬件设施,令犯罪嫌疑人与办案人员进行物理空间的隔离,增大了犯罪嫌疑人对办案人员的防备与对抗心理,不利于审讯策略达到的预期目标。而且侦查人员在讯问时会告知犯罪嫌疑人正在进行录音录像以及其享有的必要的饮食、休息等诉讼权利,犯罪嫌疑人可能会以沉默、狡辩等方式对抗侦查人员的审讯,这对侦查讯问程序推进甚至侦查效能会造成一定的负面影响。

二是办案场所未能对侦查取证程序形成有效制约。尽管办案场所在一定程度上规范了侦查取证程序,但是侦查取证程序不合法仍在一定范围内存在。这主要表现为:(1)侦查主体不合法。一般而言,侦查人员取证必须满足两人的要求,但是实践中侦查主体不合法现象占有较大比重。比如,J县检察院通过审查录音录像发现,一名侦查员讯问,而另一名侦查员并非持续待在审讯室。此种情况占比较高,大约80%的案件都是一人审讯,另一人补签。虽然在案卷审查时,讯问时间、讯问地点和讯问人员没有矛盾,也不影响口供的真实性。但是严格来说,属于侦查取证程序不合法,其取得证据应属于非法证据的范畴。(2)侦查措施适用程序有瑕疵。按照法律规定,许多侦查措施的适用都需要见证人在场,实践中存在见证人因案情需要而变化的现象。比如,辨认可在办案场所辨认室中进行,但有些案件却需要在案发现场等非办案区进行。这就会造成并非所有案件都必须严格在办案场所辨认室展开,也必然会影响辨认措施的准确适用,进而影响辨认笔录的证据效力。不过,见证人不一定适用于所有案件,例如,在一起未成年人的案件中,凌晨2时将犯罪嫌疑人带入办案区审讯。按照法律规定,审讯时应该有律师和见证人在场,但凌晨2时如何去找见证人?但是未成年人的辩护律师会提出侦查程序有瑕疵的辩护意见。勘查、扣押亦是如此,在外部客观环境允许的情况下都有见证人,但是客观条件不具备的情况下就不应当强求。

由上观之,公安执法办案场所建设的作用未能充分体现执法效能。办案场所建设在侦查取证规范上面临困境甚至失灵,那么,问题随之而来,就办案场所建设对侦查取证机制影响有限的效果应如何解释,下文将重点探讨。

四、公安执法办案场所建设对侦查取证规范化影响有限的原因剖析

研究表明,公安执法办案场所建设虽在一定程度上强化侦查取证监督,但已部分降低侦查取证规范化的成效。形成此种实践状况的原因,主要与公安执法办案场所本身的封闭性、公安执法办案场所建设目标的监督性与建设制度的管理功能有关。

(一)公安执法办案场所的空间:封闭

公安执法办案场所的封闭性空间,不利于促进侦查取证效能。公安办案场所作为治理的对象是一种封闭性、被割裂的空间,在这个空间里,每个人(办案

人员、犯罪嫌疑人等)的任何言行都处于被监视状态,自然也包括侦查取证权力,尤其体现为侦查讯问权。之所以将侦查讯问权列入办案场所规制起来,主要考虑到防范审讯中为获取口供而可能采取的非法取证手段。根据相关法律规定,审讯分为非羁押讯问和羁押讯问两种类型,前者主要是传唤、拘传后的讯问及取保期间的讯问;后者为拘留、逮捕之后的讯问及监视居住期间的讯问。不同的讯问类型决定了不同的讯问场所,比如前者就应该在公安办案场所,后者则应当在看守所。显而易见,公安办案场所仅仅是规范非羁押讯问措施,对其他的室外侦查取证措施则难以规训。同时,随着案件结构的变化,实践中与物证、书证、视听资料、电子数据等实物证据相比,口供并非成为主要的证据类型,尤其是一些非接触类犯罪的兴起,电子数据取证措施及其运用成为当下侦查与破案的重要举措。不过,由于电子数据取证措施对公民权益的侵犯性,也在受到严格审查与控制。面对此种情势,公安办案场所的封闭性空间对日益拓展的网络空间施展的电子数据取证措施的影响就十分有限。由此可见,无论是传统的侦查讯问措施,还是现代的电子数据取证,公安办案场所的封闭性特点对侦查取证措施的监督将会走向式微,更不用说提升取证效能。

(二)公安执法办案场所建设的目标:监督

公安执法办案场所建设目标强调执法监督,保障执法安全,但不利于促进侦查取证效能。如前所述,之所以开展公安办案场所建设,起初主要是解决执法安全事故,即减少和避免民警在执法中受到不法侵害以及防止违法犯罪嫌疑人自伤自残。在此目标的牵引下,开展的办案场所建设必然是有关执法安全的举措,比如主要以硬件设施为主的升级改造。随着公安执法规范化建设的深入开展,除了遏制执法安全隐患外,执法规范化与警务现代化水平受到关注,关于功能区的设置、一站式办案与一体化运行等方面开始大力推进。尽管办案场所建设在硬件设施改造与软件升级上下大气力,但是围绕侦查取证机制的建设却没有多大作为,甚至因为过于强调硬件、软件的改建,增加了许多执法环节,降低执法效率,反而影响侦查取证效能。此种公安办案场所建设的初始目标与近期目标均将目光紧盯执法监督与执法安全,而有关案件侦查程序及证据则不是重点关注的内容。因此,为充分发挥公安办案场所对侦查取证机制的作用,公安机关就需要改变仅将执法安全与执法监督作为办案场所建设的目标。

(三)公安执法办案场所建设制度的功能:管理

公安执法办案场所建设制度主要围绕硬件、软件的设置、使用与管理,而很少涉及侦查取证制度,不利于提升侦查取证效能。从公安办案场所建设的相关制度观察,主要着力于各功能区的物理隔离、执法办案流程的设置、智能化管理系统等方面,而对于各功能区的人身检查、讯问、询问、辨认等调查措施的使用及其规范却没有提出具体要求。实践中,错案发生最重要的原因除了刑讯逼供之外,就是错误的辨认。[①] 目击证人、被害人的辨认证据是认定犯罪嫌疑人、被告人最直接的证据。辨认证据对于开启侦查、侦查破案、起诉和审判都至关重要。受心理规律及作证动机、辨认程序的影响,辨认证据容易出错,从而导致司法错误。对于辨认措施,我国现行法律仅有列队辨认、照片辨认程序的规定,但是在辨认室如何开展辨认、辨认的规则是什么,如何保障辨认的有效性(如何避免辨认中的暗示问题,见证人的条件及其角色如何,辨认证据的固定方式等)却没有制度保障。换言之,办案场所建设主要是硬件设施、软件改造升级效果显著,但对于如何发挥这些硬件与软件服务于侦查取证作用却着墨不多。从根本上来看,公安办案场所建设主要围绕"物"展开建设,而对于"人"的建设则不是重点关注的对象。公安办案场所建设围绕侦查取证建设的制度缺失或者规定不细致,未能发挥办案人员在侦查取证中的作用,难以提升侦查取证效能。

五、公安执法办案场所建设的反思与展望

上文表明,公安执法办案场所建设对侦查取证机制的影响具有双向性,尽管能够促进执法规范化,保证执法质量,但未必能够形成对侦查取证环节的有效制约,而且还会影响执法效能。在侦查取证法治化视野下,需对公安执法办案场所建设存在的一些问题进行检视与反思。

---

① 参见王佳:《刑事错案与辨认》,载《人民检察》2011 年第 14 期。

(一)若干反思:如何认识执法办案场所规范化建设的作用

1. 执法办案场所的建设强化了执法管理而非执法办案

公安执法办案场所建设具有保障执法安全,完善执法监督与促进执法规范化的目的。然而,在实践中,其主要是满足执法安全与执法监督的需要,执法规范化成为执法办案场所建设的附属品。由此可见,当下的执法办案场所建设总体上对包括侦查取证在内的执法办案机制影响有限。公安执法办案场所建设基本形成以执法安全与执法监督—管理为主的模式,是否影响办案也许是强化管理的意外之果,因为尽管结果上非法手段取证案件少了,讯问显得规范化,但执法办案场所并非直接针对讯问程序的控制,法制部门也没有大量适用非法证据排除规则,而且法制部门基本不审查录音录像,检察院几乎也不调取与审查,除非庭审被告人提出刑讯逼供等非法手段。从根本上说,希望通过强化执法管理,以达到促进执法规范化的目的。此种思维逻辑在某种程度上具有一定成效,但也不可避免走向管理效率优先而办案质量随机性的非法治化之路。当下执法办案状况是执法安全保障与执法责任监督双重压力下办案人员的行动自觉。从完善执法办案机制角度考虑,如何对办案主体、办案程序以及证据的合法性等方面直接发挥显性作用需要进一步思考。

2. 执法办案场所的封闭性、模式化与侦查取证的开放性、动态性形成冲突

从权力控制的角度来看,封闭的空间可将办案主体、办案方式、办案结果限制在一定的范围内,再辅之以视频监控等媒介,完全将所有办案情况置于监控之眼的控制下。所谓模式化,执法者需要按照流水线作业办案,模块化的办案空间与程式化的办案方式造就执法平面化和机械化趋向非常明显。从根本上说,空间的封闭性与办案的模式化容易牢牢跟进权力运作,实现权力的有效控制。诚然,办案场所设计的对权力控制的目的是保障取证合法化,但是,其反面意义会在很大程度上形成对侦查人员取证的束缚。因为,侦查取证除了合法性的要求之外,还在于侦查取证条件是否符合侦查执法要求,换言之,侦查执法不仅是在密闭空间完成,也会在开放性空间处理。即使密闭空间的侦查取证,也应体现开放性要求。此外,侦查人员在保证侦查取证的正当性之外,需要根据

不同案件及其严重程度调整侦查取证模式,进而增强侦查取证的有效性。并非所有案件都是一个执法标准,比如审讯椅应适用于重大案件的犯罪嫌疑人,见证人也是如此。然而,流水作业式的侦查执法与密闭空间的侦查权力运行,大大降低了侦查取证的开放性与动态性,进而影响侦查取证的有效性,如何在办案场所建设中协调权力控制的封闭性、模式化与侦查取证的开放性、动态性之关系,是亟待解决的课题。

3. 执法办案场所的权力—权力制衡机制存在限度

权力—权力控制机制与权利—权力制约机制成为现在司法权力控制机制的两种类型。目前,公安执法办案场所建设是从侦查执法角度探讨办案场所建设的价值,体现公安机关上级对下级的监督与管理,基本形成权力—权力控制机制。此种机制的优势在于上级公安机关可以及时发现执法办案场所使用中存在的侦查取证问题,督促下级公安机关对照办案场所的规范化要求整改。但是,权力—权力控制机制的弊端也较为明显—缺乏从犯罪嫌疑人、被害人、证人角度关照他们的权利保障。实际上,权力—权力制衡机制也涉及对上述三方权利保障的考核,比如保障犯罪嫌疑人必要的饮食与休息时间,不过是从侦查机关的角度规范执法权力运行,一旦权力控制机制失灵,如何给予三方权利救济是不明确的,实践的做法要么往往被忽略,要么即使有权利救济也是事后性补救,无法起到事前预防与事后纠错作用。然而,公安机关自上而下的刀刃向内改革是从整体上保障执法规范化,必然要求事前预防与事后纠错的双重性作用,如何在权力—权力制衡机制中吸纳若干权利因素,形成系统、完整的权力控制机制,需要公安机关从全局去把握。

面对上述梳理与探讨,我们需要对公安执法办案场所建设的价值和意义重新进行审视,未来在公安执法办案场所建设中重点关注以下几点:

一是正确认识执法办案场所建设的管理性质与执法质量的专业性质之间的关系。前文研究表明,执法办案场所建设是“硬件”设置、管理与使用,属于执法管理范畴,而执法本身是“软件”建设,需要相应的专业人员及其能力培训,属于专业范畴。执法管理与执法规范化关系密切,中共中央办公厅、国务院办公厅印发的《关于深化公安执法规范化建设的意见》明确规定公安执法规范化建设的重要内容之一便是完善执法监督管理体系。执法管理的本意主要是通过执法质量过程管控、执法环节全程监督、执法责任追究终身制与倒查制等,促进执法规范化。从根本上来说,公安执法办案场所建设是一种科层制管理手段,以绩效考核、责任追究等方式强化执法管理。然而,通过执法管理并非能够解决所有的执法不规范化问题,尤其是对办案主体能力、证据的审查与判断等问题就难以奏效。同时,对执法管理能够解决的执法程序、执法责任等问题,还需要遵循办案规律,不能搞"一刀切"。笔者认为,执法规范化要求专业的人干专业的事,必须重点围绕办案主体、办案程序与证据审查等"软件"建立指标评价体系,而执法办案场所建设普遍存在"重硬轻软"的问题,还不能完全体现执法专业性的要求。作为辅助执法规范化的重要手段,执法办案场所建设需在执法人员使用中不断进行规范与平衡等,以此纠偏"硬件"建设和"软件"建设失衡问题,提升执法办案场所服务于执法规范化的综合能力。

二是理性看待公安执法办案场所建设的作用。公安执法办案场所的建设经历了从分散式到集中式再到集成式的跨越式发展,凸显执法规范化建设的特色与亮点。此种公安内部硬件的改革对侦查取证机制的完善的作用显著,但事实证明,促进执法规范化的作用存在限度。一方面,公安执法办案场所建设仅对室内执法有效。包括侦查取证在内的执法办案是公安机关工作的核心,硬件建设是客观条件,尽管重要,但不能全面服务于侦查取证主体、侦查取证程序以及证据的合法性等方面的实质要素,而仅仅是"室内执法"的规范化,且对这些要素没有针对性的改革对策,硬件建设的规训作用就不会那么显著,甚至还会对执法办案起反作用,最终影响办案成效。另一方面,当下的公安执法办案场所建设属于过程管理,亦是事后管理。尽管公安机关上级部门会对下级部门进行过程监督,但是仍是结果导向的监督,内容上多侧重于办案场所的设置与管理,而对办案场所的使用有所忽视。由此可见,公安执法办案场所并不能解决所有执法不规范问题,无论是室内执法,还是室外执法,均存在一定的局限性。为此,我们对此的态度应是仅将执法办案场所作为侦查取证规范化的手段之一,而非侦查取证本身。

三是在权力制衡的基础上,明确执法办案场所建设的权力制约作用。公安执法办案场所建设是公安机关内部自上而下的改革举措,体现了各部门之间权力相互监督的特点。在权力制衡过程中,办案过程受到的外部牵绊大大降低,办案效率得以提升。然而,执法过程关涉执法主体与执法对象的磨合过程,二者相互作用,一方面,执法主体试图将法律变成社会现实,实现办案成效;另一方面,执法对象也会试图改变执法主体,力争执法中的各项权益。执法主体与执法对象之间在不断发生碰撞、妥协与交换,甚至压制与反制。为保障执法公正性与权威性,执法主体就必须对执法对象需求进行主动回应。在执法办案场所的封闭空间,应重点关注犯罪嫌疑人、被害人、证人的权利保障,以及权利侵害后的救济,允许律师、诉讼代理人申请调阅录音录像资料以关照他们的权利保障,最终形成权力—权力制衡与权利—权力制约的双重保障机制。

(二)前瞻:推动“侦查取证机制法治化”办案场所建设

在实证调查与理论反思的基础上,从长远发展的图景观之,笔者在此提出一个围绕公安机关侦查取证机制改革的整体方案,并概念化为“侦查取证机制法治化”办案场所建设。所谓侦查取证机制法治化办案场所建设,即办案场所建设以侦查取证机制法治化为主要目标,不再是硬件与软件本身的建设而是注重人在办案场所开展侦查程序与发现取证中存在的问题,从而提升民警侦查取证能力。在侦查取证机制法治化理念的指引下,笼统偏重执法监督的办案场所建设目标需要重塑。首先,在建设对象上,体现物—人的二元因素。笼统偏重执法监督的办案场所建设侧重执法安全与执法管理,通过执法安全排名考察办案场所建设情况是否达标,一旦发生执法安全事故,办案部门及相关个人工作业绩实行“一票否决”。可见,笼统偏重执法监督的办案场所建设功能的单一化与短视化,多服务于物的建设本身,而没有顾及物的建设背后人的作用。而侦查取证机制法治化办案场所建设是针对物与人的建设双重因素,不仅需要侧重硬件建设,也要求人在办案场所执法中的专业化,实现物—人建设质量的双重提升。其次,在建设方式上,体现外部性与公开化。笼统偏重执法监督的办案场所建设的主要特点在于建设主体的内部性与封闭性,排斥外部单位与人员的参与,“自己家的事情自己关门做”。相较而言,侦查取证机制法治化办案场所建设是以执法质量为前提的,充分考虑以何种建设方式能够高效率地发现执法之问题,同时,又可高质量提出解决问题的方案。这就要求建设方式不仅仅是内部人员的封闭式特征,还需从外部视角考察办案场所建设质量,即让内外兼有的建设方式发挥作用。由此可见,此种建设方式突破内部性与封闭性的空间,引入了外部视角观测办案场所建设,实现建设过程与建设结果兼听则明的效果。最后,在建设范围方面,体现了全面性。笼统偏重执法监督的办案场所建设主要对室内执法监督效果显著,而对室外执法情况关注不够,尤其是对现代化的侦查取证手段缺乏重视。而侦查取证机制法治化办案场所建设是强调对室内与室外执法的共同监督,既注重传统室内与室外执法问题,也关注现代新的网络空间执法安全与取证。相较于前者,后者的建设范围更加具有时代性与新颖性。

由于侦查取证机制法治化办案场所建设是以发现与解决侦查取证问题为目标导向的,在建设对象、方式、范围等方面有所创新,体现了办案场所建设的科学化与有效化,最终有助于提出完善执法规范化的建议。这也与深化执法权力运行机制改革目标一致,除可以避免办案场所建设仅注重的执法安全与执法监督的弊端之外,更大的优势在于对侦查取证机制完善提供实用性的建议。

通过比较两种办案场所建设的优劣,未来改革应着力于侦查取证机制法治化办案场所建设,具体操作上可从完善建设对象的性质、优化建设方式与增大建设范围等方面着手。

1. 建设对象实现从硬件建设(物)到软件建设(人)的转变

公安执法办案场所建设的主要特征是以强化硬件设施推动执法规范化。从实践来看,硬件建设已基本快饱和了,并达致推进执法规范化的效果。今后,执法办案场所的硬件建设还会继续,比如更新、维护与整合。近年来提出的“新办案中心”,主要关注合成作战的“一站式”办案中心,倡导新理念,发展新技术,扩展新职能,铸就新战果。但相比初始建设,硬件建设进一步拓展空间已经很小了。笔者认为,在建设新办案中心之外,公安机关还应该发力“软件建设”,即从如何提升硬件使用效果入手。一方面,公安执法办案场所建设应依托硬件条件严控各个环节,落实法制部门、督察部门的指导与监督,将监督内容重点围绕执法办案问题而非完全执法管理问题。另一方面,强化执法人员审讯、辨认等方面的培训。在执法办案场所,最重要的还是对侦查人员如何适应新的硬件条件进行培训与指导,比如以方便侦查人员办案为核心,培训如何科学、有效地开展审讯、辨认等侦查措施,而不仅仅是执法安全与执法监督。从硬件与软件两个层面,进一步同步推进办案场所建设的可持续发展。

2. 建设方式实现从内部单建到内外共建的转变

公安执法办案场所建设主要为内部监督模式,由法制部门、督察部门对办案部门在执法办案场所建设的规范化情况进行监督与评价。此种内部单建方式存在两方面的不足:一是建设不充分、不深入。上级会对下级的执法办案场所建设进行考核与评价,但往往是走马观花式的,很少结合具体案件的审讯、辨认、询问等措施考察,很难发现办案中的关键问题。二是建设形式化。实证调研显示,办案区的视频监控要么由上级部门控制,要么由本级法制部门监督,但实践中上级部门和法制部门都不会主动审查办案区的视频监控,往往是案件评查或督察时才会有选择地挑选部分案件的办案区视频监控进行检查,平时监督徒具形式。由此可见,内部单建虽然是解决执法办案质量问题的主要途径,但是缺乏中立的第三方对办案区使用规范进行客观、公正地监督。为此,未来可在内部单建之外,通过协商检察院或司法部门,对公安执法办案场所建设进行外部监督,提供有针对性的意见建议;在技术上,可由公安执法办案场所视频监控系统平台与检察院或司法部门系统平台实现对接,前者办案区的数据自动传输到后者,既可实现数据的备份,也可对办案区实行无差别的监督。

3. 建设范围实现从室内执法到室内与室外执法的转变

当下,公安执法办案场所建设主要是针对室内执法的管理与监督,这会产生两方面问题:一方面,室内执法监督容易促发部分执法人员发生违规执法的外溢现象;[①]另一方面,室外执法情况复杂、多样,本身难以受到有效制约。然而,室外执法也是执法规范化的重要组成部分。为将室外执法纳入执法办案场

① 马静华教授通过实证研究表明,镜头下的讯问会逼迫部分侦查人员将刑讯逼供转移到录音录像不及的场所。参见马静华:《非法讯问与监控式讯问机制——以公安机关侦查讯问为中心的考察》,载《法学家》2015年第6期。

所监督，未来公安机关对执法办案场所建设应从两方面着手：一是进一步强化室内执法监督，完善使用主体与管理主体之间的分离机制。尽管使用主体与管理主体已实现分离，但主要是结构上的分离，在操作层面上，管理主体并没有开展充分、有效的监督。未来管理主体应实时监督使用主体的执法状况，及时发现、解决执法问题，而非回溯性地检查与督察。唯有如此，才能尽可能减少执法不规范所带来的负面影响。二是在公安执法办案场所建设之外，通过执法记录仪等设备记录室外执法过程与内容，据此产生的视频资料录入办案区的系统平台，保障室外执法也受到监督。为此，既强调执法办案场所对室内执法的监督，又关照到室外执法的多样性与复杂性，实现室内与室外执法的双重监督，以此建立全面系统的执法监督体系。

六、小结

公安执法办案场所建设在执法安全与执法监督方面已有所作为，但在执法办案提升方面还存在欠缺。未来以硬件与软件建设为引擎，可推进执法办案场所建设的整体升级。本章的研究是从整体上展现公安执法办案场所建设及其对侦查取证机制的影响，反思存在的问题，前瞻其未来。但是本章的局限在于，对于某些侦查取证措施在执法办案场所中的具体适用缺乏全面、深入探讨。而且，对相关理论提炼不够，缺乏比较法、跨学科的交叉研究。对此，本章研究仅当作公安执法办案场所建设的初步探索式研究，希冀引起更多学者关注与重视公安执法办案场所建设的理论与实践，进而深入推进公安执法规范化建设。

第五章　公安机关刑事涉案财物管理规范化建设对侦查取证机制的影响研究

一、问题的提出

一直以来，刑事涉案财物管理是刑事诉讼中的一项重要工作，关系诉讼进程的顺利推进和当事人合法权益的保障，直接影响政法系统的司法公信力。公安机关办理刑事案件作为刑事诉讼的初始环节，对涉案财物的合法、规范处置，对保障刑事诉讼的顺利进行以及当事人财产权意义重大。我国历来高度重视刑事涉案财物管理工作，先后颁布各类通知、意见等文件对此作出规范。如2010年11月，公安部《关于印发〈公安机关涉案财物管理若干规定〉的通知》（已失效）明确规定，“建立健全涉案财物管理制度，对涉案财物实行统一管理”。2013年11月，党的十八届三中全会明确指出“进一步规范查封、扣押、冻结、处理涉案财物的司法程序”，加强人权司法保障，以切实保障司法公正，不断提高司法公信力。随后，中共中央办公厅、国务院办公厅于2015年联合印发《关于进一步规范刑事诉讼涉案财物处置工作的意见》，对“涉案财物的处置、保管、移送、救济程序”作了原则性规定。之后，2015年2月，中央对公安机关涉案财物管理机制体制改革提出新要求，将“规范查封、扣押、冻结、处理涉案财物程序，实行涉案财物集中管理”作为全面深化公安改革的重要内容。接着,2015 年 7 月,为快速回应中央对公安机关涉案财物管理机制体制改革的要求,"公安部对 2010 年的《公安机关涉案财物管理若干规定》进行了全面修订,重点对涉案财物管理体制、管理方式、处理程序等内容予以规范与明确"①。2016 年 9 月,中央会议审议通过的《关于深化公安执法规范化建设的意见》,进一步明确规定在执法办案活动中,建立健全涉案财物集中管理信息平台,设区的市一级和县级公安机关全面完成涉案财物集中保管场所建设、改造,对涉案财物实行集中保管;指定专门机构和人员管理涉案财物,落实办案人员与保管人员相分离机制,禁止办案人员自行保管涉案财物。在相关制度出台后,各地公安机关纷纷探索涉案财物管理的实践。如"四川省公安厅出台了《关于进一步规范全省公安机关刑事诉讼涉案财物管理处置工作的实施方案》,重点从集中保管涉案财物的场所、涉案财物信息集中管理平台、统一协调的涉案财物管理处置新机制等方面展开建设,探索出一条创新涉案财物管理新模式"②。广东省广州市公安局探索设立统一的涉案财物管理中心,采取统一与分散结合、自建与租赁结合、推广与建设结合、制度建设与执行结合,以及传承与改革结合等五个方面的举措大力推进涉案财物管理改革。③ 北京市公安局积极探索涉案财物管理全新模式,"已实现'实物静止,手续流转'涉案财物跨部门集中管理,同时对特殊案件涉案财物以及特殊种类涉案财物的保管,探索推进'公安自管为主,社会托管为辅'涉案财物管理全新模式",④等等。据统计,截至 2020 年 11 月,全国 17 个省份实现了涉案财物的省级统一信息化管理,黑龙江、安徽、新疆等 7 个省份建设使用政法跨部门涉案财物管理平台,较好解决了涉案财物跨部门流转难题。由此可见,公安机关不仅深刻认识到加强涉案财物管理的必要性,而且在具体实践中也非

---

① 赵婧夷、林笛:《规范涉案财物管理体制 明确保管处置具体要求——解读修订后的〈公安机关涉案财物管理若干规定〉》,载《人民公安报》2015 年 8 月 23 日,第 1 版。

② 付静:《建设共用场所 构建共享平台 建立共管机制——四川探索建立涉案财物管理新模式》,载中国警察网,http://news.cpd.com.cn/n3559/c38739874/content.html,2020 年 10 月 9 日访问。

③ 参见王燕薇:《广东广州公安全面提升涉案财物管理工作水平》,载中国长安网,http://www.chinapeace.gov.cn/chinapeace/c53628/2016-03/11/content_12132051.shtml,2020 年 11 月 29 日访问。

④ 张雪泓:《实物静止 手续流转 区别管理 实物上缴——北京公安探索推进涉案财物管理全新模式》,载《法治日报》2020 年 10 月 20 日,第 10 版。

常重视涉案财物的处置、管理。这表明涉案财物管理对公安执法规范化具有非常重要的意义。

具体而言,公安机关开展涉案财物管理有三方面的意义:一是规范侦查权的有效行使。在以往侦查过程中,涉案财物主要由侦查机关管理与处理。在这种模式下,侦查部门就是涉案财物的管理部门,容易造成侦查机关随意处置涉案财物的情况,不利于对侦查权的控制。通过强化涉案财物管理,可以建立办案部门与保管部门、办案人员与保管人员相互分离与制约机制,规范涉案财物的保管、移送、处理等程序,及时发现违法侦查行为,扩大了侦查控制的渠道,有助于增强侦查控制效果。二是保障犯罪嫌疑人的财产权。涉案财物管理机制设立了专门管理的队伍与场所,可以及时固定与保管受到查封、扣押、冻结的涉案财物。同时,经查明确实与案件无关的,将与案件无关的财物在规定时间内予以解除、退还,这既保障了涉案财物在固定场所内静态存储与程序流转,也防止了与案件无关财物的丢失、毁损等问题的发生,有助于保障犯罪嫌疑人的财产权。三是保全证据。由于涉案财物管理的及时性与集中性特点,以及根据涉案财物类型建立的分类保管模式,各办案部门能够对可能灭失或以后难以取得的涉案物品进行实时动态跟踪与处置,并在各诉讼环节强化固定与保护,保障了涉案财物的完整性与真实性,最终成为起诉、审判环节的证据。这在很大程度上有助于规范证据材料管理中的取放程序,督促侦查人员严格涉案物证的管理,激发办案人员的证据保管意识。

在理论方面,关于涉案财物管理方面的研究较为繁荣,产出了一批有影响力的成果,主要有以下两个方面的角度:从规范研究的角度,理论研究者们重点对涉案财物管理体制、制度与程序进行分析,提出相应的改革对策。[①] 从现实的角度来看,理论研究者们"对涉案财物管理机制进行展示与评价,提出完

---

① 参见戴长林:《依法规范刑事案件涉案财物处理程序》,载《中国法律评论》2014 年第 2 期;王晋、许山松、石献智:《〈人民检察院刑事诉讼涉案财物管理规定〉解读》,载《人民检察》2015 年第 8 期;李玉华:《论独立统一涉案财物管理中心的建立》,载《法制与社会发展》2016 年第 3 期;葛琳:《刑事涉案财物管理制度改革》,载《国家检察官学院学报》2016 年第 6 期;万毅、唐露露:《刑事涉案财物管理体制改革分析》,载《人民法治》2019 年第 20 期;等等。

善刑事诉讼涉案财物管理制度的路径”①。在研究内容上,已有研究主要关注刑事诉讼过程中公、检、法在涉案财物管理制度与机制方面的改革问题,基本没有单独涉及公安机关涉案财物管理制度与机制问题,更没有由此切入探讨公安机关涉案财物管理对侦查取证机制的影响。总体来看,公安机关涉案财物管理对侦查取证机制的影响有进一步研究的空间。

基于上述分析,笔者将“公安机关刑事涉案财物管理规范化建设对侦查取证机制的影响研究”作为本章主题。为区别于既有研究,本章将研究范围确定为近年来公安机关涉案财物管理状况,尤其是对涉案管理在从过程(立案到侦查环节中对涉案财物的查封、扣押、冻结程序)到结果(证据保管)两个方面规范侦查取证机制的情况进行考察与分析。在明确研究对象后,笔者在两个调研地区J县和G区进行了调研,调研材料涉及公安机关问卷调查、办案数据、登记台账以及访谈,以此作为研究公安机关涉案财物管理对侦查取证机制影响的基础性材料。同时,我们还收集全省、两地及所管辖地级市公安机关涉案财物管理的制度、公安机关涉案财物管理情况自评报告以及公安部对调研地区公安机关涉案财物管理情况的督察情况等。鉴于此,本章的行文脉络主要是从公安机关角度,采用实证研究方法,以涉案财物管理规范化建设对侦查取证机制影响为研究对象,首先描述与分析涉案财物管理对侦查取证机制的影响情况,接着分析成效与揭示存在的问题,剖析其原因,最后为下一步改革提供建言。

二、公安机关刑事涉案财物管理规范化建设对侦查取证机制影响的状况考察

在2010年公安部印发《公安机关涉案财物管理若干规定》之后,调研地区公安厅在2011年9月就印发了《A省公安机关涉案财物管理规定》。为完善深

---

① 参见福建省厦门市中级人民法院刑二庭课题组、吴成杰:《刑事涉案财物处理程序问题研究》,载《法律适用》2014年第9期;万毅、谢天:《刑事诉讼涉案财物管理机制研究——以我国C市W区的改革实践为分析样本》,载《人民检察》2016年第17期;陈俊伶:《刑事诉讼涉案财物规范管理的四川样本》,载《人民法治》2016年第9期;梁春程:《涉案财物跨部门统一管理的理论与实践——以上海市J区公检法涉案财物共管平台为样本》,载《河南财经政法大学学报》2019年第2期;等等。

化涉案财物管理机制改革，建立涉案财物统一归口管理制度，形成办案单位和涉案财物管理部门相互监督机制，2014 年 11 月调研地区还对此进行修订。修订后的涉案财物规定具有以下几个突出特点：一是明确全省各级公安机关装备财务部门是本级公安机关涉案财物的管理主体。二是明确“县以上装财部门设立取保候审保证金和涉案资金两个专门账户，实行专款专户管理”①。三是解决原规定与 2012 年《刑事诉讼法》和《公安机关办理刑事案件程序规定》、《公安机关办理行政案件程序规定》不一致的问题。随着 2015 年修订的《公安机关涉案财物管理若干规定》的出台，调研地区对此进行了相应的调整。基于调研地区涉案财物管理制度，结合调研地区工作实际，基层公安机关涉案财物管理对侦查取证机制影响具有以下特征。

（一）确立涉案财物独立管理与多部门联合监督机制

根据公安部与调研地区涉案财物管理规定，“涉案财物管理应当坚持办案与管理相分离，公安机关装备财物（警务保障）部门是涉案财物的管理部门，归口统一负责本级公安机关涉案财物的接收、保管、移交等管理工作；公安机关纪检、监察、警务督察、法制、审计等部门在各自职权范围内对涉案财物管理工作进行监督”②。调研地区公安机关涉案财物由独立的警务保障室统一管理，安排专人保管。J 县公安局与 G 区公安分局设立独立的警务保障室，均有一名不从事办案的正式民警，并在涉案财物管理工作岗位工作三年以上。该管理工作不能让协警参与，因为只有正式民警拥有专门的数字证书，才能登录涉案财物管理系统进行操作。警务保障室负责涉案财物的登记、保管、移交等工作，形成对涉案财物的实时、动态与信息化管理。每年上级公安法制、督察、审计部门会把涉案财物管理工作纳入执法规范化建设中进行考核，重点审计与核查警务保障室建立台账情况，台账记录与存储实物的一致性，罚款收入上缴国库的及时性、足额性，涉案财物的处理与拍卖的规范性等。由此可见，在调研地区，涉案财物独立管理与多部门联合监督机制已基本形成。

---

① 陈志刚：《甘肃："五项改革五项制度"促执法规范化》，载《人民公安报》2015 年 12 月 7 日，第 6 版。

② 陈志刚：《甘肃出台规定严格涉案财物管理》，载《人民公安报》2014 年 12 月 14 日，第 2 版。

(二)实行涉案财物分部门分类保管机制

根据公安部与调研地区公安机关涉案财物管理制度规定,“涉案财物”应是与案件有关的具有证据属性的作案工具、物品、文件、钱款等。对此,对不同种类的涉案财物应当进行分类或者分案保管,比如“设立专门的涉案财物保管场所和涉案资金账户”。实践中,一般而言,调研地区公安机关对作为刑事证据的物品、文件等财物入库,并提请警务保障室保管。换言之,作为刑事证据的涉案财物才会在涉案财物管理系统中登记、移交。针对涉案财物类型采取三种保管方式:一是专门建立独立于办案部门的涉案财物管理场所。除毒品等违禁品外,刑事案件涉案财物主要包括车辆、刀具与手机等,由于涉案财物保管场所的空间问题,往往将体积较小且容易保存的涉案财物放入警务保障室保管,而对体积过大或者不易保存的物品,会置于便捷的临时开阔场所存放。[①] 二是办案部门自行设立涉案财物管理部门,这可分两种情况。第一种情况,办案部门直接保管涉案财物。以毒品保管为例,禁毒部门办案民警往往写一个情况说明,提交主管刑侦的领导批准后,即可直接指定不承担办案工作的民警负责保管该财物。第二种情况,由办案部门交由刑事技术部门进行物证分析。以扣押的手机为例,一般情况下,侦查人员会将扣押的某犯罪嫌疑人的手机交到警务保障室保管,但刑事案件涉案财物的取得与存放不仅程序上烦琐,而且也可能会因为一名保管人员的缘故,从警务保障室寻找所需类型的手机既不方便,还耗时。尤其是收集与提取手机中的电子数据线索与证据不够直观,长时间占有与使用手机进行分析就显得很有必要。因此,由办案部门交由刑事技术部门进行保管也较为常见。三是设立专门的涉案资金账户,钱款直接存入J县公安局与G区公安分局财务银行账户,由单位财务人员直接管理。据此,调研地区公安机关对办案部门依法提取的不同类型涉案财物实行的分类保管模式,已实现集中统一管理。

---

① 比如,针对涉案车辆,置于县级公安局内停车场暂时存放。

（三）实施以信息化为载体的实时、动态管理机制

随着公安执法信息化建设的逐步推进，公安机关涉案财物管理部门和办案部门也建立电子台账，对涉案财物进行实时动态管理。J县公安局与G区公安分局办案民警将依法提取到的涉案财物及时录入涉案财物信息系统，并将实物交给警务保障室。警务保障室管理人员在警综平台上对涉案财物的入库与出库进行操作，确保涉案财物案由、来源、保管信息的完整与准确。法制、督察部门对涉案财物入库与出库全流程管理进行监督，主要是将网上流转与纸质台账进行比对，定期或不定期地检查，形成一个监督闭环，确保涉案财物管理链条的细致化与全面性。在此过程中，办案部门、保管部门与法制部门各司其职，不存在主从依附关系，令所有涉案财物处理统一线上运行与线下核对，做到物案一致、实时监管、网上流转，有助于摸清涉案财物底数，细化责任归属。同时，警综平台的涉案财物管理系统必须保证和警综大平台及其子系统保持一致。2015年以来A省依托警综平台共录入刑事案件涉案财物信息平均85,514起，涉案财物信息系统录入的数量与质量明显提高，信息化管理水平显著提升，已初步达到管理规范、责任明确与数据清晰的涉案财物管理的目标。

（四）提供城乡涉案财物入库时间的差别化机制

关于涉案财物接收与使用程序，调研地区涉案财物管理制度有明确的要求。在时间上，“办案人员提取涉案财物后，应当在24小时内将涉案财物和法律文书一起移交给涉案财物管理人员，并办理移交手续。异地或者偏远、交通不便地区办案的，应当在返回后24小时内办理移交手续”。同时，进一步规定“提取涉案财物24小时内需要开展鉴定、辨认等工作，经办案部门负责人报局领导批准，应当在完成后24小时内移交涉案财物，并办理移交手续”。以及“办案人员提取涉案物品后，应当对涉案物品逐一编号、拍照，并按要求录入警务综合平台涉案财物管理系统”。据此可知，办案人员应当在24小时内将涉案财物信息录入警综平台与移交给涉案财物管理人员。在实践中，J县与G区城市公安机关涉案财物入库时间存在城乡差异。整体上，涉案财物延迟提交的情况约占30%，主要是周围农村派出所的涉案财物。涉案财物保管室只是由县、区级

公安(分)局统一设置,而不会在乡镇派出所单独设立。在城市,除民警办理案件较多难以在24小时之内提交涉案财物外,城市公安机关基本能够遵守24小时的时间要求。在农村,由于一些派出所地处偏远,办案民警将涉案财物移交县、区级公安(分)局入库需要时间。同时,农村派出所办理的一些大型涉案财物不方便运输和保存,也很耽误时间。然而,如果办案民警移交超过24小时,涉案财物管理人员会按照涉案财物实际提交的时间记录台账,办案人员因此会承担相应的纪律处分。

三、公安机关刑事涉案财物管理规范化建设对侦查取证机制影响的效果分析

(一)成效:形成以管理促办案的监督模式

1. 有助于回溯性规范侦查活动

涉案财物管理的本质是强化管理部门对侦查部门的监督,严禁办案部门或办案人员随意接触、处置涉案财物,以达到规范侦查取证过程与保障犯罪嫌疑人的财产权的目的。实践表明,全省三级公安机关涉案财物管理中心信息系统建设已全面完成,并由系统提供商完成了与新版警综平台的对接,智能柜开关、涉案财物二维码扫描设备基本能正常运行。各地按照"全覆盖,不留死角"的要求,借鉴大型超市对商品条形码的管理理念,实行"专人负责"管理涉案财物管理中心,对涉案财物按照大件与小件类型集中统一管理,推行"以案找物、以物找案、办案与保管分离"新机制,规范登记、保管、调用、移交各个环节的责任,有效解决了涉案财物管理中存在的底数不清、数量不准、责任不明等问题。在规范管理程序外,意外之果便是通过涉案财物管理中心登记与核查,可回溯性地审查侦查程序的有效性与正当性,这主要体现在以下两方面:一是规范侦查程序。由于涉案财物管理要求办案人员及时将涉案财物信息录入警综平台与移交给涉案财物管理人员,此举措可及时督促侦查取证主体注意时间性要求、移交涉案财物管理中心程序,在一定程度上可回溯性地要求侦查取证主体规范侦查程序。二是保障扣押清单等法律文书的完整性。根据涉案财物管理的有关

规定，办案人员提取或固定涉案财物后，应当当场开具法律文书，写明财物的名称、编号、规格、数量、重量、质量、特征及其来源等，由办案人员、持有人和见证人签名。公安机关实行办案与保管分离机制，由保管人员对办案人员上述开具的法律文书进行审查，可确定办案人员开具的法律文书是否完整，并督促办案人员完善相关的法律文书。

2. 有助于涉案财物（证据）的安全性

由于涉案财物具有证据属性，其数量与质量决定着案件事实是否成立。然而，从侦查到审判往往历经较长时间、较多人员以及变化的场所，涉案财物会出现污染、丢失、破坏、损毁等问题，需要及时采取措施妥善保管、提取、固定。因此，涉案财物的全程信息化管理，对最大限度地保障涉案财物（证据）的完整性与真实性至关重要。调研表明，涉案财物管理不仅安排专人保管，还对涉案财物编号、建卡与存档，统一录入警综平台与涉案财物管理系统，形成对涉案财物的实时管控、动态监督和自动记录，对涉案财物安全发挥着重要的监管作用。调研地区涉案财物信息系统的一体化建设，既规范了公安机关涉案财物的管理工作，也保障了涉案公民、法人和其他组织的合法财产权益。

（二）问题：对侦查取证机制的规范化有待提高

基于实证研究的考察，我们发现涉案财物管理已基本形成以管理促办案的监督模式，对提升办案质量有一定的成效。然而，此种动态、信息化管理并未改变公安机关科层化管理方式，而是通过精准配置管理资源、智能化管理流程与优化考核指标体系强化了公安机关内部的科层化管理，甚至未能直接触及包含侦查取证程序与证据类型在内的侦查取证机制的核心问题。总体而言，涉案财物管理对侦查取证机制的影响有限。

1. 涉案财物的管办分离模式可能降低侦查效率

目前，基层公安机关主要采用涉案财物的管办分离模式。尽管此模式有助于涉案财物的管理，但无法满足侦查实践需求，甚至降低侦查效率。前述表明，实际中由于涉案财物类型的不同，基层公安机关需要根据财物特点设置类型化的保管场所。尽管基层公安机关明确涉案财物的分类保管制度，但在部分涉案财物的保管上仍存在规定过于原则，这可从时间、场所与区域三方面说明：(1)在时间上，涉案财物需要在24小时内入库，但是许多物证(如手机)需要侦查人员后期持续地分析与检验，涉案财物保管的时间要求给侦查办案造成阻碍，甚至造成物证保管的外溢效应。在访谈中，侦查人员表示，在物证入库后，原则上侦查人员取出物证必须在警综系统进行上报申请，上级领导批准出库后，转交警务保障室管理员查找物证并出库提交。在警务系统操作上存在重复操作程序的问题。实践中，为减少手续上的麻烦，侦查人员会直接向刑警大队长申请，大队长审批通过，通知警务保障室管理人员，侦查人员取得有关物证。在提取物证后，侦查人员可以因个人工作的需要长期保存物证(尽管没有法律依据)。由此可见，物证流转程序并没有完全按照制度运行。物证管理取放程序复杂性虽不影响侦查效果，有利于对侦查工作的监督，但是影响办案效率。尤其是在一些电信诈骗案件中，侦查人员需要在警综平台立案、电信诈骗平台紧急止付、电信诈骗平台录取案件信息以及现场勘查系统填写现场信息等，实际上，有些环节根本没有必要，比如电信诈骗案件就很少有现场。各个办案系统平台之间存在重复操作，极大地浪费办案时间。同时物证的反复入库与出库，也给财物保管工作增添负担，甚至保管人员会因保管不善而被追责。[①] (2)在场所方面，许多大型的涉案财物(如车辆)，公安机关没有条件和场地来保管，而且根据涉案财物法律规定，这些涉案财物应该随案移送，但是在刑事诉讼过程中，检察院、法院只认可小型物品、实物清单、现金等内容，而大型实物则由公安机关代管。然而，随着涉案财物的增加，公安机关涉案财物保管场所空间毕竟有限，最后导致大件的东西就没有场所存放。即使法院判决后，公安机关也无法处理。(3)从区域观察，相较于城市，农村的一些案件涉及体积大、距离又远的物证(如长木板、发电机、摩托车、汽车等)，不方便运输和保存，即使雇车运输，费用承担也成了问题。更糟糕的是，派出所需要将“大型财物”运至县公安局警务保障室，而警务保障室无处

① 在一些案件中，由于入库与出库程序的繁杂，出现结案或者案件的审理过程中发生物证丢失的情况。这就需要查看该物证是否被提取以及是否归还而确定相应责任。若侦查人员未归还且造成物证丢失，由有关办案人员承担责任；若侦查人员已经归还物证，则由物证保管人员承担责任。

保管不说,办案结束后还要将“大型财物”再运回去。这无疑对农村办案效率造成负面的影响。

2. 涉案财物管理人员对侦查取证机制监督有限

尽管涉案财物管理已实行侦查与管理分离模式,但是涉案财物管理人员对侦查取证机制监督的实践较为有限。从制度上看,根据 2015 年公安部出台的《公安机关涉案财物管理若干规定》的规定,“公安机关应当建立涉案财物集中管理信息系统,对涉案财物信息进行实时、全程录入和管理,并与执法办案信息系统关联。涉案财物管理人员应当对所有涉案财物逐一编号,并将案由、来源、财物基本情况、保管状态、场所和去向等信息录入信息系统”。而调研地区涉案财物管理却规定办案人员对涉案物品按要求录入警综平台涉案财物管理系统,涉案管理人员核对录入信息,显然,二者关于办案人员与管理人员的权限的规定存在一定差异,不利于厘清实践中的权责。实践也表明,一是办案人员不及时移交涉案财物给警务保障室;二是办案人员不及时录入警综平台。涉案财物管理人员主要是通过警综平台了解案情以及其中的证据和信息所反映的涉案财物,以此确定所有涉案财物是否已经提交到警务保障室,但是,如果办案人员将上述信息不及时甚至不规范地提交至警综平台,涉案财物管理人员是无法对侦查取证措施及其收集的涉案财物类型进行监督的。

(三)缘由:内部与外部的双重作用

涉案财物管理的初衷在于通过管办分离形成对涉案财物的精准化、智能化管理,以涉案财物回溯性地审查侦查取证措施适用的合法性,以此保障当事人的财产权。然而,总体来看,涉案财物管理对侦查取证程序的监督有限,也并未实现此目标。究其因,既有涉案财物管理人员专业性不强的原因,也与涉案财物的多头管理密切相关。更为重要的是,无论是法律规定还是地方公安机关出台的涉案财物管理制度,都没有体系化规定涉案财物处理程序。

其一,涉案财物管理人员的专业性不强。凡事都有两面性,制度也不例外。涉案财物管理规定体现的办案与管理的分离正面意义本为保障监督的独立性,但是负面影响在于涉案财物管理人员的非专业性。由于涉案财物管理人员往往欠缺办案知识,不了解侦查实践,更不知晓涉案财物证据材料的证明价值与作用,而只是以信息化、数量指标来监督与考核执法办案,其本质上是一种简单式管理方式,容易造成办案与管理的脱节与冲突。同时,涉案财物经历多个环节的流转,在保管过程中也可能会造成污染。[①] 这会导致涉案财物管理人员为监督而监督,不尊重侦查取证人员的主体地位,不能从根本上发现涉案财物证据材料收集和查证中存在的问题,影响办案效能。

其二,涉案财物管理的监督体系不健全。实践中,涉案财物管理已纳入年度综合考评内容,但比重较低(指标体系仅有 5 分)。省厅与市局法制、审计与督察部门联合成立检查组,对县级公安机关与派出所的涉案财物管理开展一年两次的专项检查。然而,总体上,涉案财物管理的监督体系尚需完善。这可从监督主体、监督范围、监督阶段等方面说明。一是监督主体协调不够。涉案财物管理的监督主体呈现多部门化的现象,主要是法制、审计和督察部门参与,然而,各部门由于职能不同,各自为政、力量分散的现象较为突出,未能形成监督合力与综合优势。二是监督范围窄化。法制部门主要对涉案财物执法问题进行监督,审计、督察侧重涉案财物保管场所、涉案资金账户等管理问题。无论是对执法办案进行法制监督,还是对涉案财物进行审计、督察,监督的重点都集中于各部门权限范围,未能从总体上对涉案财物处理作出整体规划与全方位部署。此种自上而下的命令控制式管理,针对的主要是涉案财物的保管、处置等管理中的不规范性问题,而从侦查取证角度进行监督效果就十分有限,已有的监督范围窄化不利于提升监督效能。三是监督阶段体系化机制未能形成。涉案财物管理的监督基本上是事后性质,但都是聚焦涉案财物管理中的问题,如是否及时录入、移交等,并不能纠正涉案财物处理中关于侦查取证中的真问题,往往只能通过追究办案人员或涉案财物管理人员的责任,以防止人的不安全行为和物的不安全状态再次出现。从监督阶段来看,涉案财物管理监督尚未建立事前、事中、事后三个环节的有效衔接,亟待系统化与有效化。

其三,涉案财物处理规范缺乏体系性。在已有法律法规中,关于公安机关

---

① 比如命案提取送检的证据放到涉案财物保管室,有些物证会因为高温致损。

涉案财物查封、扣押、冻结程序的规定不多，主要散见于《刑事诉讼法》、司法解释与司法文件当中。根据《刑事诉讼法》第141条至第145条与《公安机关办理刑事案件程序规定》第八章第六节、第七节的规定，涉及财物的强制侦查措施主要包括查封、扣押、冻结，上述法律法规对这些侦查取证措施的适用范围、程序以及涉案财物的处理作出了明确规定，但侧重于侦查取证角度，而对涉案财物的保管、接收、使用、处置等问题缺乏明确规定。从公安机关出台的涉案财物管理规定看，主要从管理角度作出规范。然而，公安机关涉案财物合法侦查、规范移送是涉案财物规范管理、有效处置的前提和基础，[①]制定与出台引导办案机关关于涉案财物证据材料的收集指引与处理程序十分必要。[②] 由此可见，目前公安机关涉案财物的规定缺乏统一性与协调性，未能整合涉案财物侦查、取证及其后续处理的法律法规，不利于对涉案财物的系统化与规范化处理，也不利于对涉案财物全面侦查、规范取证的监督。

四、公安机关刑事涉案财物管理规范化建设的理论反思与改革进路

（一）刑事涉案财物管理规范化建设若干反思

1. 涉案财物管理是否能够引导与规范侦查取证行为

前述实践表明，涉案财物管理主要包括各地公安机关普遍设立涉案财物保管室，对涉案财物流转全过程进行实时动态管理，以最大限度减少涉案财物管理不规范等问题。从操作层面看，涉案财物管理的本质是以信息化管理涉案财物，保障涉案财物在刑事诉讼中的正常流转，而涉案财物管理的对象必须首先存在涉案财物——这依赖于公安机关采取的查封、扣押、冻结等侦查措施。由此可见，涉案财物管理是在侦查机关查证的基础上，对取得的涉案财物证据材料及其下一步的处理情况进行监督与评价。然而，无论是传统的人工登记、保

---

① 参见陈东升、王春：《浙江建立涉案财物查证管理处置新机制——破解司法难题推进以审判为中心刑事诉讼制度改革》，载《法治日报》2020年8月24日，第1版。

② 全国已有部分省份制定与出台引导办案机关关于涉案财物证据材料的收集指引与处理程序，比如广西壮族自治区公检法于2020年1月实施的《关于刑事案件涉案财物证据收集工作指引（试行）》。但从全国来看，此类规范仍然是凤毛麟角。

管，还是数字化的标记、流转，其核心就是通过强化场所、平台、机制等关键环节的建设，提高管理效能，防止涉案财物损耗、灭失，而对于引导办案机关全面侦查、规范取证却没有显示出直接效果。刑事司法中的涉案财物应包含证据收集、规范管理与合法处置三个完整的环节，而不仅仅是管理，即使决策者强化管理的科学性与技术性，能够回溯性地审查涉案财物侦查程序、取证中存在的部分问题，但仅仅通过上述管理制度仍旧不能要求侦查人员明确涉案财物范围（尤其是虚拟财产、数据等新型财产）与规范取证程序，进而全面提升涉案财物查证水平。因此，涉案财物管理对侦查取证机制的影响存在一定的限度。

2. 涉案财物管理是否需要专业人员监督

从制度上来看，公安机关涉案财物管理主要是由单独设立的涉案财物保管室负责实施，法制、审计、督察等部门负责事后监督。然而在实践中，由于警务保障室管理涉及财物保管场所、资金账户，不牵扯具体的执法问题，在隶属关系上属于审计、督察部门，只是针对违法违纪情况进行审查与监督；而法制部门基本不参与事后监督。涉案财物管理实行的管办分离模式，不仅审查涉案财物侦查程序、取证中存在的问题，也要监督办案部门是否存在非法占有、使用与处置涉案财物的行为。这不仅仅是管理问题，也是执法问题，关系到后续刑事诉讼环节的顺利进行。从大范围上观察，这就是一个公安执法规范化的问题。但是，无论是省厅还是市局、县局，法制部门基本很少介入涉案财物管理工作当中。这就出现涉案财物管理专业性与非专业性之讨论。从管理的专业性看，由于涉案财物管理关涉财务收支的真实、合法和效益，办案部门与管理部门在经济责任履行过程中，需要审计监督。那么，审计部门对此牵头进行监督符合制度安排。然而，除经济责任之外，涉案财物管理还是一个执法问题，关涉当事人的财产权益保护，贯彻于公安机关办案全过程，需要熟悉执法业务的部门开展监督，才能发现涉案财物管理与执法办案中存在的问题，便于顺畅展开监督业务。但是，涉案财物管理人员基本上是没有参与过办案的民警，不熟悉执法制度与实践，更不容易发现执法问题。无论是制度还是实践均表明，公安执法监督主要是法制部门，那么，涉案财物管理的监督按照制度与实践逻辑，也应该属于熟悉法律与执法知识的法制员的业务范围。不过，也有不同意见，一些民警认为法制部门就是一个筐,什么都可以往里装。涉案财物管理如果由法制部门监督,基层公安机关可能无法胜任。那么,涉案财物管理是由专业的法制部门还是非专业的审计、督察部门监督?关于这一点,可以结合各部门工作特点,以及涉案财物管理实际,设计一个联动机制,即以审计为主,法制、督察为辅的监督机制,共同对涉案财物管理与执法问题进行监督,有助于减少管理不规范问题与实现执法的法治化。

3. 涉案财物管理属于内部管理还是外部管理

公安机关涉案财物管理是自上而下的命令式管理,本质上是一种内部管理。内部管理的优势在于管理人员熟悉公安执法工作实际情况,能快速介入管理工作当中,同时,由于是单位内部事宜,特有的规矩和文化等会形成一定的制约作用,即遇到问题可方便沟通与协调。然而,也正是因为内部事宜的内部处理,导致管理不规范、不严格、不透明甚至滋生腐败。外部管理的优势是管理人员的独立性特征,会按照程序、条件和标准实施管理,不允许沟通和协调。正是由于外部管理的刚性,为了强化管理效能,公安机关委托独立于自身的第三方开展涉案财物管理。当然,外部管理也不是没有问题,其发挥作用的前提必须有一套明确的程序、条件和标准等指标体系,一旦这些指标体系出现问题,强调执行性的外部人员又不会基于实际情况进行调整与修改,那么基于此理念实施的管理获得确定的结果就缺乏正当性。两种管理方式有利有弊,抽象地谈论似乎都有道理。然而,一项改革措施是否能够开展及其有效,需要根据我们完成某项任务的特点进行综合考虑,才能最大化有利于某问题的正确解决。涉案财物管理是内部管理还是外部管理,需要根据管理效能和目的决定。公安机关已将涉案财物管理纳入执法质量考核当中,属于执法管理中之一环。这就说明公安机关欲通过涉案财物管理,发现并解决执法中的不规范问题,以此提高执法质量。同时,涉案财物管理并非公安机关一家之事,检法同样涉及涉案财物的移交、处置问题。因此,从这个角度来看,相比内部管理,外部管理更容易“动真格”且实现集中保管、规范移交与合法处置的目的。不过,考虑到公安机关涉案财物的证据属性与特殊性,以及各个地区经济发展状况,也不能一步到位完全依赖于外部管理方式,可能需要在内部管理与外部管理之间遵循动态平衡原则。

(二)下一步的改革:从涉案财物管理到涉案财物处理

基于实证调研,我们发现公安机关涉案财物管理对侦查取证机制影响有限,主要原因在于涉案财物管理的工作人员缺乏专业性,监督机制不健全以及相关制度的非体系化。由此,涉案财物管理法治化程度不够,不利于保障当事人的财产权。未来公安机关涉案财物管理应向涉案财物处理转变,在树立刑事诉讼涉案财物处理理念的基础上,从证据收集、规范管理与合法处置三个方面实现法治化,提升涉案财物的处置水平。

1. 在整体上,公安机关应树立刑事诉讼涉案财物处理的理念

既有实践表明,涉案财物管理显示出公、检、法各自为战、力量分散的特征,这会造成管理资源分散、难以形成合力的问题,最终影响犯罪嫌疑人财产权的保障。因此,需要树立体系化理念。所谓体系化,是指公安机关涉案财物改革是一个系统工程,不仅是公安机关一家之事,检、法的处理不可或缺,甚至需要当地党委与政府协调,通过梳理公检法涉案财物处理中各个环节的问题,整合资源与共同发力,实现公安机关涉案财物证据收集、跨部门管理和处置。同时,公安机关涉案财物改革需要关照各部门职责权限,兼顾执法各方面情况,发挥各部门协同作用予以整体推进。具体言之,一方面,公安机关涉案财物处理需要联合检、法共同打造集中、统一的涉案财物保管中心,由公安机关负责管理,公、检、法等部门共同使用的管理模式。公安机关的涉案财物管理中心设置在办案中心,但是并没有实现与检、法的对接与财物信息共享,涉案财物管理的信息化仍然是单一化、部门化,导致信息孤岛与部门壁垒阻碍着涉案财物管理的有效性。未来,政法委应牵头建立贯穿于公检法办案的整个过程的涉案财物管理中心,"该中心可由公安机关内部指定一个与办案无关且相对中立与权威的部门负责涉案财物的来源登记、保管、移交与处置"①。为保障检、法对涉案财物

---

① 需要注意的是,之所以通过公安机关内部遴选独立性与权威性的保管人员,主要是最大限度地缩减侦查人员在涉案物证的取放中依然具有的可操作性空间。因为侦查人员办案中需要不断地分析物证,不可能做到对涉案财物的反复申请和调取,而且,办案人员也会长时间占有与使用涉案财物,以满足办案需要。

的全面、准确地处置,公安机关应对查封、扣押、冻结的涉案财物进行甄别与确认,以认定涉案财物性质并给出相应的处理意见。一旦公安机关明确涉案财物作为证据进行查封、扣押、冻结,应将涉案财物保留在证物库中,不再随案移送“实物”,但应在起诉意见书中明确涉案财物的性质,并把涉案财物清单及相关证据材料随案移交至检察院。① 对涉案财物“实物”,办案机关遵循“谁需要,谁调用”的原则,防止涉案财物因案件移送环节过多,造成污染、损伤、灭失等问题。此种涉案财物换押式移交程序,②既可以缓解犯罪嫌疑人财产权与侦查效率之紧张,也使公、检、法涉案财物处理形成一个闭环,对贯穿于刑事诉讼的全过程的涉案财物管理环节实现有机衔接。此种避免“重人轻物”的司法办案观念,有助于构建刑事对物之诉办案机制。③ 在此基础上,公、检、法需要修补现行法律、法规对涉案财物管理的规定。另一方面,公安机关应将涉案财物监督关口前移,不仅是保管、移交与处置,还应有助于引导涉案财物的收集与调取。如此,涉案财物处理包含证据收集、规范管理与合法处置等方面内容,力争实现涉案财物处理的法治化。

2. 在部分环节上,实现证据收集、规范管理与合法处置的法治化

(1)整合已有涉案财物处理规定,制定证据收集指引规则

由于公安机关是办理绝大部分刑事案件的侦查主体,也是实施查封、扣押、冻结或采取其他措施控制涉案财物的主要部门,而且公安机关收集与调取涉案财物是检、法管理与处置涉案财物的前置环节,所以公安机关收集与调取涉案财物程序以及因此获取的与涉案财物的有关证据材料对确保涉案财物及时、合法、有效地处置,就显得极为重要。传统上对刑事涉案财物的界定主要是犯罪工具、犯罪所得、保证金、物品和文件等,然而,随着网络信息化、大数据等技术的迅猛发展,刑事涉案财物需要明确化、类型化,不仅包括赃款、赃物、车辆、作案工具等有形资产,还应包括网络、大数据所产生的虚拟财产。在此情况下,整

---

① 参见王勇:《论刑事涉案财物处理程序——基于规范化的分析视角》,载《山东审判》2017 年第 5 期。

② 参见陈东升、王春:《浙江建立涉案财物查证管理处置新机制——破解司法难题推进以审判为中心刑事诉讼制度改革》,载《法治日报》2020 年 8 月 24 日,第 1 版。

③ 参见陈瑞华:《刑事对物之诉的初步研究》,载《中国法学》2019 年第 1 期。

合已有涉案财物处理规定,明确涉案财物的范围,制定证据收集指引规则就显得尤为必要。同时,在明确涉案财物范围的基础上,针对不同类型涉案财物抓紧制定涉案财物证据指引规则,形成对涉案财物收集与调取等执法流程的一体化规定。

(2)促进管理主体专业化

一是加强涉案财物管理人员培训。调研中,我们发现涉案财物管理人员对涉案财物管理系统功能应用不够熟练,个别地方系统应用培训还未做到全覆盖,个别民警还不能熟练运用警综平台内涉案财物子模块。未来公安机关应加强民警的培训学习,采取集中与分散、自学与培训等方式,有针对性地对涉案财物管理系统功能、系统操作方法、操作中应注意的事项等开展应用专题培训,确保做到全覆盖。执法办案人员应是涉案财物录入、移交工作第一责任人。二是强化法制部门对涉案财物收集与调取程序的审查。由于涉案财物管理的多部门化(警务保障室、审计、法制、督察等)且属于事后监督,涉案财物管理的考核具有形式化特征,不能从根本上发现侦查、取证中的不规范问题。对此,法制部门应强化对涉案财物管理之前的侦查、取证的审查,引导涉案财物的审查与认定的规范性,防止后续管理与处置的非专业性。三是确立独立、专业、权威的涉案财物管理团队。一旦公安机关建立涉案财物管理中心,必然需要负责涉案财物管理的一套人马。如何遴选妥当、有效的管理团队,就成为当务之急。考虑到管理的独立性、专业性与权威性,建议设立警衔高、法律职业资格考试合格的涉案财物管理警官,全面负责涉案财物管理,以解决监督人员不专业、监督质量不高、监督权威性不够的问题。

(3)优化涉案财物管理平台

前述实践表明,涉案财物管理平台运行存在三个方面的特点:一是涉案财物管理中心设置基本规范,配置基本齐全。各地涉案财物管理中心虽然都不大,但按照功能使用分区,设置有保管中心办公区、贵重物品存放区、特殊物品存放区、大件物品存放区等,分门别类地管理涉案财物。在提高涉案财物保管环境的安全性上,配置防火、防盗、防潮设施,360 度无死角不间断监控等安全保管措施,避免由于保管不善造成涉案财物灭失、损毁、污染等。同时,将涉案财物管理权从办案部门分离,有利于对涉案财物的监督管理。二是信息系统全面运行,基本实现网上推送和流转。涉案财物管理中心管理员根据办案部门提交的涉案财物"申请入库",管理员审核入库申请与实物能对应,便"同意入库",如果申请与实物不符,管理员退回申请,可以要求办案人员重新规范录入后,再重新"申请入库"。三是集中统一保管,实现管办分离。自涉案财物管理中心运行以来,立足本职,服务实战,紧扣"规范、标准、集约、服务"理念,推进涉案财物集中、统一保管工作,有效地将涉案财物管理权从办案部门分离,有利于妥善保管诉讼中公民的财产权,同时有利于优化司法资源,并且基本解决了涉案财物管理中存在的底数不清、数量不准、责任不明等问题。

尽管涉案财物管理中心的全面运行对于切实维护公民财产权起到了积极作用,但还有一定的改进空间,可以进一步优化涉案财物管理平台,使涉案财物管理向智能化转变,如通过整合、对接警综平台的案件管理、物证管理、追踪监控、流转审批、统计分析等模块,实现"一案一档""一物一卡"保管模式,能解决当前办案部门不及时录入涉案财物、管理人员无法查看监督的问题。通过建立自动识别物证卡片,可以精准掌握保管物品的流转、处置信息,实现涉案财物的全程追踪,实时监控。

(4)强化执法监督

目前,涉案财物管理已经纳入执法质量考评指标体系中,置于执法管理模块进行考核,①考核主要针对违反规定使用强制措施、涉案财物处理环节不符合规定、擅自处理涉案财物造成损失以及网上未流转等四种情况,实行分数倒扣制。② 根据省厅检查组对涉案财物管理的反馈报告,省厅随机抽查 2019 年以来涉案财物的刑事案件,发现部分县(区)公安(分)局存在涉案财物扣押清单记

① 调研地区公安机关执法质量考核评价指标体系包含现场执法考勤、刑事案件办理、行政案件办理、行政管理和行政许可、执法监督救济、执法管理、执法基础建设等 7 个指标类型。其中,涉案财物管理评价属于执法管理模块。

② 调研地区涉案财物管理主要针对四种情况进行扣分:一是违反规定采取查封、扣押、冻结、扣留、调取、先行登记保存、抽样取证、追缴、收缴等措施的,或者该采取而未采取、该解除未及时解除的,每起扣 0.5 分;二是涉案财物的保管、移交、调用、移送、返还、变卖、拍卖、销毁、上缴国库不符合规定的,每起扣 0.5 分;三是贪污、挪用、私分、调换、截留、坐支、损毁、擅自处理涉案财物的,或者因保管不当致使涉案财物损毁、灭失的,每起扣 1 分;四是涉案财物未按规定实行网上管理的,每起扣 0.2 分。

录不完整,以及涉案财物扣押后未在24小时内移交涉案财物管理中心,未及时申请入库、移送起诉时处置权未按规定移交,物品调用或处置前未按规定出库等问题。总体来说,涉案财物不及时录入、入库现象较为突出。然而,此种执法监督的范围过窄,仅是针对涉案财物收集与调取后的管理问题,而对涉案财物收集与调取的规范不够甚至缺失。而且,涉案财物管理在执法管理指标考核中分值不高,与执法监督救济模块中的证据保管,违规保管、处理被查封、扣押和保存物品,挪用侵吞保证金,擅自使用、挪用、侵占、调换收缴、追缴的财物,收取涉案财物保管费用等情形具有一定的同质性。因此,为强化涉案财物处理的执法监督,一方面,在整合已有涉案财物处理规定的基础上,制定证据收集指引规则,增加涉案财物收集与调取环节的考核指标。法制部门在审核案件过程中要对涉案财物采取侦查措施把关,对侦查机关认定的涉案财物性质及其相关证据材料进行审核、审批,把对涉案财物采取的侦查措施作为日常执法考评工作,对涉案财物不全面、不及时、不规范的侦查措施进行跟踪与监督,及时发现与纠正涉案财物处理中的问题。另一方面,可将执法管理模块的涉案财物管理合并至执法监督救济模块中,与已有的涉案财物管理的部分内容进行重组,使涉案财物处理不再只是规范管理,而是包含侦查取证、管理及其后续的处置在内的所有环节,保障整个涉案财物的处理活动受到全面、有效地规制。

(5)完善涉案财物处置机制

基层公安机关涉案财物处置机制还不完善,处置不规范问题较为突出。根据涉案财物处置阶段的不同,可分为审前处置与审后处置两个方面。

一方面,审前处置不规范。这主要包括以下问题:一是审前处置的不及时。部分办案民警在系统内录入的有些涉案财物未能在法定时间内作出处置,影响涉案财物后续环节的移送与处置。二是审前不移交涉案财物。对于一些案件涉及体积大、距离又远的物证(如发电机、摩托车、汽车等),由于移交程序较为烦琐以及雇车费用较高,办案民警有可能不移交此类物证,造成涉案财物的移送停滞。三是审前混淆涉案财物的管理。在警力不足、工作压力大的情况下,办案民警有时会把物证与涉案财物以及随身物品混淆保管,导致与案件无关的随身物品不能及时返还被调查人。四是审前未把涉案财物入库。在一些经济犯罪案件中,对于牵涉价格评估、鉴定、拍卖的物证,需要经估价部门、鉴定机构、拍卖公司等认定。这项工作不仅专业性极强,还面临巨大费用支出,[①]办案民警往往不会遵循涉案财物随案移送的原则,而是待上述评估机构认定结果结束后直接将涉案财物返还当事人,而最终没有对涉案财物办理入库手续。

另一方面,审后处置不规范。虽然办案民警按照程序及时把涉案财物录入系统并保管,但是在案件移送审查起诉后,涉案财物一直保存在公安机关涉案财物保管中心,尤其是有些案件在法院审判后,已明确由法院处置的,法院未及时对涉案财物作出处理,导致一些扣押的涉案财物长期、大量积压在公安机关。既给公安机关带来保管场所、费用的沉重负担,也容易出现涉案财物随着时间流逝价值贬损甚至损毁的情况。[②] 根据2014年最高人民法院《关于刑事裁判涉财产部分执行的若干规定》第1条之规定,法院可对赃款赃物与供犯罪所用的本人财物作出判决;其第5条进一步指出,“对侦查机关查封、扣押、冻结的财产,人民法院执行中可以直接裁定处置,无需侦查机关出具解除手续,但裁定中应当指明侦查机关查封、扣押、冻结的事实”。由此可见,法院理所当然地成为法定的处置决定权主体。然而,实践中,公安机关与法院在涉案财物的处理上衔接并不顺畅,主要有以下几种表现:一是法院判决要求侦查机关对涉案财物进行处置,但实践中面临执行困境。比如,作为犯罪工具的涉案车辆,尽管法院判决由扣押车辆的公安机关上交国务院国有资产监督管理委员会,但国务院国有资产监督管理委员会不要实物,只要拍卖的钱款。但是,公安机关即使想拍卖也过不了户,后来车辆没拍卖掉。二是法院判决主文上不写明涉案财物的处置方式,导致公安机关无所适从。当下,随着侵财类案件的高发,公安机关扣押涉案财物的案件数量凸显,涉案财物数量也愈加突出。公安机关在办案空间充裕时会帮助检、法代为保管涉案财物“实物”。但是,一些民警反映,对一些刑事

---

① 据调研地区办案民警介绍,有的诸如家具等物证评估费比自身价格还贵,加上折损费用,导致家具类物证的评估费可能比最后变卖的费用还高。

② 比如一起案件扣押的保健品,属于厂家定制的药品,实际上生产厂家合法,但包装上全是保健品公司的信息,没有生产厂家的信息,药品监督管理局无法鉴定。截至2019年,保健品都已过期,还存放在厂房里,公安机关还需要为此支付房租。

案件,法院有时有意不在判决主文提出关于涉案财物"实物"的处置,只对"现金"进行处理。依据法律规定,公安机关对查封、扣押、冻结的涉案财物没有处置权限,往往是根据法院判决处置涉案财物,这就会让诸如金银首饰等涉案财物长期积压而不能变现,最终造成财物贬值。三是法院判决不写明涉案财物的处置方式,但建议公安机关对涉案财物进行处理。在有些案件中,法院判决主文刻意回避因涉案财物处置所带来的难题,而是建议先行处置犯罪嫌疑人的涉案财物。[①] 但是,公安机关认为涉案财物应当由法院判决,最后交由公安机关协助执行比较合适。

上述涉案财物处置机制不完善既有公安机关执法不严格的内部原因,也有公安机关与其他部门工作衔接不畅的问题。对此,未来,一方面,为规范审前处置,公安机关应当在保障人员与经济条件的基础上严格执法。目前,基层公安机关执法的现状就是"人"与"物"的两难问题。在如此情境下,根据基层公安机关涉案财物管理实际,加强执法力量与加大财政支持是解决公安机关涉案财物处置机制不完善的根本途径。另一方面,对于审后处置的规范化,公安机关应加强与法院的对接,针对法院判决要求侦查机关对涉案财物进行处置却没有及时进行处置,或者法院判决主文上不写明涉案财物的处置方式而未对涉案财物作出处理结果的情形,需要政法委协调,建立涉案财物处置小组,成员由公检法人员、公益性拍卖公司、审计工商、房地产等各相关部门人员组成,公平、公开与公正地对涉案财物进行处置,形成一体化的决策机制,最大限度地保障被追诉人、被害人的财产权。

五、小结

公安机关刑事涉案财物管理问题已经成为深化公安机关权力运行机制改革的重要组成部分。实证研究表明,公安机关涉案财物管理已初步形成以管理促进执法规范与提升办案质量的监督模式,尽管已初显一定成效,但是,此种通

① 这起案件涉及犯罪嫌疑人不还100万元欠款,法院建议公安局先将嫌疑人占有的等值的财物扣除,但是公安机关没有法律授权即不可为。

过精准配置管理资源、智能化管理流程与优化考核指标体系的信息化管理模式并未改变公安机关科层化管理方式，反而强化了公安机关内部的科层化管理，未能直接触及包含侦查取证程序与证据问题在内侦查取证机制的核心问题。换言之，强化执法管理与执法监督只是提高对物或对人的管理水平，未能充分促进包含侦查取证措施在内的办案质量有实质性的提升。未来涉案财物管理应在侦查取证程序与证据问题的审查上下功夫，重点从配备专业的审查人员、加大经费支持、优化信息管理平台等方面，强化侦查程序与证据合法性、真实性与关联性审查，从根本上实现制约侦查权与保障当事人财产权的目的。

第六章　公安法制部门全程监督改革对侦查取证机制的影响研究

一、问题的提出

关于公安侦查权力的监督，法理上可划分为内部监督与外部监督两种类型。前者主要是公安法制部门监督，后者是检察院的侦查监督和法院的审判监督。[①] 由于外部监督一直颇受争议，且对公安侦查权力监督有限，[②]公安机关也在积极探索稳定、有效的内部监督机制。公安执法规范化建设便是一场深刻的革命，从执法制度、执法行为、执法管理、执法主体能力等方面入手，探索提升执法质量与水平的体制机制。自2014年党中央提出推进全面依法治国战略之后，公安部为建立统一、高效的执法管理机制，积极推行刑事案件统一审核、统一出口制度（以下简称“两统一”制度）——把紧入口与严守出口，对案件质量进行严格控制。随后2016年9月，中共中央办公厅、国务院办公厅印发《关于深化公安执法规范化建设的意见》，在完善执法监督管理体系中，明确要求实行刑事案件法制部门“两统一”制度，由法制部门对刑事案件重点执法环节统一进

---

① 参见贺小军：《从全面性到法治化：公安法制部门刑事执法监督机制改革省思》，载《甘肃政法学院学报》2018年第5期。

② 参见马静华：《侦查权力的控制如何实现——以刑事拘留审批制度为例的分析》，载《政法论坛》2009年第5期。

行审核,统一与检察机关对接,以规范执法权力运行机制。“两统一”制度明确了法制部门对刑事案件办理的全过程监督机制,作为完善执法监督管理体系的重点建设内容,刑事案件“两统一”改革工作对全面推动公安执法规范化建设具有非常重要的意义。与此同时,为强化法制部门全程监督,全国各地公安机关将执法信息化作为深化执法规范化建设的强劲引擎,积极开展网上办案和网上监督管理,对推进各地执法信息化建设情况和网上办案质量产生重大影响。据统计,截至 2020 年 11 月,全国 31 个省份均建设使用了全省区市统一的执法办案系统,15 个省份建设使用了省级政法一体化办案协作平台,24 个省份建设使用了执法监督管理系统,强化了网上办案全流程监管。全国各地公安机关纷纷出台“两统一”制度实施文件,法制部门全程监督取得显著成效。譬如,“吉林省公安机关制定下发了《吉林省公安机关推行刑事案件统一审核统一出口工作机制的指导意见》,法制部门的全程监督者的定位更为清晰,审核把关作用更加凸显,统一了报捕起诉的标准,重构了新型侦诉关系,确保了刑事案件对口衔接机制的有效运转”①。江西省公安机关不断创新刑事案件“两统一”新机制,由法制部门统一报捕起诉,统一受理其他行政单位移送的刑事案件的“两统一”工作,执法监督力度成效显著。② 四川省公安机关实施刑事案件“两统一”改革,改变以往办案机关自侦自审的模式,建立了侦查办案与审核监督完全分离模式,有效地提升了办案质量。③ 湖北省公安机关全面推行刑事案件法制审核把关新机制,由法制部门的案审队在书面审核基础上,通过讯问犯罪嫌疑人复核、甄别证据,形成防止冤假错案的双重审核机制,④等等。时任公安部部长赵克志在关于公安执法规范化建设工作情况的报告中指出,截至 2020 年 8 月,“刑事案件

---

① 晁向荣:《吉林省公安机关积极推进刑事案件“两统一”机制改革》,载环球网,https://m.huanqiu.com/article/9CaKrnK3GYB,2021 年 1 月 22 日访问。

② 参见黄慷:《“两统一”打造法治公安“升级版”——新余市公安局以加强法制队伍能力建设为抓手,强力推进执法规范化建设》,载 http://www.fazhijx.com/jxlaw/system/2016/04/25/030018497.shtml,2021 年 1 月 22 日访问。

③ 参见袁勇:《严把案件质量关　金牛公安四川率先试点刑事案件“两统一”》,载《成都商报》2015 年 12 月 2 日,第 8 版。

④ 参见林笛:《公安执法办案机制不断健全完善——社会各界看公安改革系列报道之七》,载中国警察网,http://news.cpd.com.cn/n3559/c37012583/content.html,2021 年 1 月 22 日访问。

‘两统一’改革已形成侦查部门侦办案件、法制部门审核把关的新工作机制，有效强化了对侦查活动的内部监督制约。全国省级公安机关均出台了‘两统一’实施文件，19个省级公安机关与检察机关就建立完善工作衔接机制联合出台了文件”①。由此可见，公安机关积极适应以审判为中心的诉讼制度改革，不仅深刻认识到刑事案件“两统一”改革对提升办案质量的必要性，而且在具体实践中也非常重视法制部门全程监督机制运行成效。

侦查取证作为影响执法质量的重要因素，在公安改革中处于非常重要的地位。公安机关通过刑事案件“两统一”改革，必然会对侦查取证机制产生重要的影响。一是有助于发现侦查行为不规范。目前，在侦查程序和审查证据问题上，公安机关办案部门各行其是——自侦、自审后对接检察机关报捕起诉，严重影响了案件办理统一标准的形成，造成办案质量参差不齐。更为重要的是，办案部门自侦、自审难以发现自身侦查行为不规范。通过建立侦查部门办案与法制部门监督完全分离机制，可拓展法制部门的监督范围与力度，扩大发现侦查错误的渠道，增强控制侦查的效果，有助于提高侦查部门的办案水平。二是有助于保障证据材料的有效性。由于侦查部门打击犯罪的职业倾向，以及各部门的侦查人员办案能力与水平的差异，取证的不全面、不合法、不及时等问题较为突出。其中，证据的不合法性是导致冤错案的重要因素之一。刑事案件“两统一”改革赋予法制部门全程监督的职能，由法制部门对侦查行为及其产生的证据进行全面审查，有助于加强刑事案件证据的全方位审查，防范冤假错案的发生。三是确保刑事案件办案质量。基于刑事案件建立的全程监督机制，法制部门以相对独立于侦查部门的身份对立案、侦查、强制措施、证据材料制作等方面进行全面、细致的审核与审查，有助于引导侦查部门规范办案程序，统一办案标准，有效地确保侦查质量。

关于公安机关法制部门监督主题的研究已产生一批成果，但内容多为法制

① 赵克志：《国务院关于公安机关执法规范化建设工作情况的报告——2020年8月10日在第十三届全国人民代表大会常务委员会第二十一次会议上》，载中国人大网，http://www.npc.gov.cn/npc/c30834/202008/808335098ca74fb69de8ffe32006556c.shtml，2021年1月22日访问。

监督的宏观研究,例如,苏滨的《浅谈公安法制部门的刑事执法监督》,[①]刘红梅的《发挥公安法制部门的监督职能 加强公安机关内部执法监督》,[②]张海泉等的《充分发挥公安法制部门的执法监督作用》,[③]等等。随着实践中法制监督工作日益受到重视,法制监督范围的扩大,关于案件审核、侦查权力的控制等方面的研究相应出现,比如马静华的《侦查权力的控制如何实现——以刑事拘留审批制度为例的分析》,[④]唐雪莲的《过程与效果:刑事案件审核机制之实证研究——以侦查程序为中心》,[⑤]陈涛、李森和闫永黎的《侦查权内部控制实证研究》,[⑥]詹建红、张威的《我国侦查权的程序性控制》,[⑦]等等。然而,上述关于法制监督的宏观与微观研究时间跨度大,没有反映当下以审判为中心的诉讼制度改革以及公安执法规范化建设的最新成果,尤其是对当下法制部门刑事执法监督机制的运行缺乏全面、深入的研究。鉴于此,笔者2018年撰写的《从全面性到法治化:公安法制部门刑事执法监督机制改革省思》,就对法制部门的刑事执法监督机制的运行进行了梳理与分析,提出应从全面性走向法治化的观点。尽管如此,关于刑事案件"两统一"改革工作的研究罕见,仅有翟尚铭、孙铮的《刑事案件"两统一"工作机制改革的实证研究——以德州市公安局经济技术开发区分局为样本》一篇文章。[⑧] 总体来看,作为影响侦查办案质量与水平,令侦查部门办案与法制部门监督相分离的公安改革工作,理论界对此缺乏充分回应,对此,有进一步分析与探讨空间。

鉴于此,探讨当下公安机关法制部门全程监督改革的运行状况及其对侦查

① 参见苏滨:《浅谈公安法制部门的刑事执法监督》,载《北京警察学院学报》1996年第6期。

② 参见刘红梅:《发挥公安法制部门的监督职能 加强公安机关内部执法监督》,载《北京警院学报》1998年第4期。

③ 参见张海泉、张振华:《充分发挥公安法制部门的执法监督作用》,载《山东公安专科学校学报》2000年第5期。

④ 参见马静华:《侦查权力的控制如何实现——以刑事拘留审批制度为例的分析》,载《政法论坛》2009年第5期。

⑤ 参见唐雪莲:《过程与效果:刑事案件审核机制之实证研究——以侦查程序为中心》,载《社会科学》2011年第7期。

⑥ 参见陈涛、李森、闫永黎:《侦查权内部控制实证研究》,载《中国刑事法杂志》2011年第6期。

⑦ 参见詹建红、张威:《我国侦查权的程序性控制》,载《法学研究》2015年第3期。

⑧ 参见翟尚铭、孙铮:《刑事案件"两统一"工作机制改革的实证研究——以德州市公安局经济技术开发区分局为样本》,载《中国刑事警察》2020年第5期。

取证机制的影响,在此基础上设计合理的全程监督改革方案,作为评价公安机关侦查取证工作情况的参考,以科学、有效地评价及促进公安机关的刑事司法工作成效,就显得尤为必要与重要。为此,本章将“公安法制部门全程监督改革对侦查取证机制的影响研究”作为主题。为区别于既有研究,笔者将研究范围确定为近年来公安法制部门全程监督改革状况,以及对规范侦查取证机制情况进行考察与分析。在明确研究对象后,笔者在两个调研地区J县和G区进行了调研,之后又在Q区公安机关补充调研,调研材料涉及公安机关问卷调查、档案数据、登记台账以及对部分法制、督察、刑侦部门警察的座谈和个别深入访谈,以此作为研究公安法制部门全程监督改革对侦查取证机制影响的基础性材料。同时,我们还收集全省公安机关实行法制部门对案件办理全过程监督的工作规定、全省公安机关大力推进执法规范化建设相关材料、省公安厅法制工作简报以及调研地区公安工作总结等。根据上述资料,本章首先就公安法制部门全程监督改革对侦查取证机制影响的状况进行描述,然后分析成效与揭示存在的问题,剖析其原因,最后为进一步完善公安法制部门全程监督改革提供建议。

二、公安法制部门全程监督实施状况考察

A省公安机关历来重视加强法制部门对刑事案件办理环节的监督,在党中央提出推进全面依法治国战略后,于2014年12月就制定了全省公安机关实行法制部门对案件办理全过程工作规定,对提高执法质量和执法规范化水平,保障公安机关及其民警严格依法履职,具有重要的制度基础作用,取得显著成效。全省公安机关办理的所有刑事案件均实现立案、采取强制措施、移送起诉、撤销案件等主要环节由法制部门审核,各级公安机关建立并认真落实执法办案“五级审核把关”机制,“县级公安机关办理的案件要经办案民警、法制员、派出所所长、法制部门负责人以及局领导审核同意,构建了全流程、多层级、全方位的监督格局”①。为认真落实刑事案件“两统一”机制改革要求,

① 袁猛:《甘肃:多措并举落实到位　执法质效稳步提升》,载《人民公安报》2020年8月17日,第1版。

2018 年制定全省公安机关网上执法办案工作规定,2019 年又制定《关于规范刑事案件统一对口衔接工作的意见》,保障刑事诉讼依法、规范、高效运行。整体来看,全省公安机关积极推进刑事案件“两统一”机制改革,对侦查取证机制具有重要影响,显著提升了刑事执法规范化水平。具体而言,主要从两个方面展开全程监督。

(一)全程信息化监督

根据 A 省法制监督的相关规定,法制部门的全程监督是依托警综平台开展的全流程监督,对案件程序、办理期限、强制措施等分段提示、催办,督促办案单位和民警及时依法办案。为保障网上执法办案要求,除案件性质和事实涉及国家秘密的案件外,所有刑事案件都在警综平台办理和流转,“实现了案件信息和主要证据材料网上记载、执法流程网上管理、审核审批网上进行、法律文书网上开具的办案模式”[①]。同时,积极应用新技术,升级改造系统功能,优化完善操作体验,网上办案的智能化水平得到提升。对于未在信息系统上流转的证据材料,法制部门会对纸质案卷进行审核。由此可见,法制部门的全程监督实质上是全程信息化监督,原则上以网上监督为主,以纸质案卷进行补充审查。在全程监督实践中,法制部门对执法办案系统中各环节强行加锁,不经法制部门审核不能流转。据 J 县法制科科长所言,现在基本所有案件都在适用信息化管理,法制部门必须经过网上全面审查案件性质、程序和证据,发挥主动监督的作用。不过,尽管网上平台便于发现办案问题,有助于强化监督,但是纸质材料一般由办案部门保管,其他部门难以查阅。而且,全程信息化监督需要制作两份材料(比如,纸质证据材料需要扫描上传至警综平台后再形成纸质案卷),不利于提高办案效率。

(二)执法办案各环节全过程把关

根据法制部门全程监督职责的规定,“法制部门对案件受理、立案、采取强

---

① 《法治公安的甘肃实践——我省公安机关执法规范化建设综述》,载法治甘肃网,http://www.gsfzb.com/content-153-70990-1.html,2021 年 1 月 24 日访问。

制措施、移送起诉、撤销案件、涉案财物管理等环节逐一审核把关"①,实行全过程监督,重点对案件事实、办案程序、适用法律、法律文书等内容进行全面审核,确保办案质量。截至2020年8月,A省公安机关为办案所队配备专、兼职法制员2695人,充分发挥第一道执法监督关口的作用。据不完全统计,2015年全省公安机关强制措施使用、撤销案件、移送起诉等报法制部门审核均达93%以上。其中,立案800,021起,经法制部门审核的案件占93.38%;采取刑事拘留的案件18,701起,经法制部门审核的案件占99.10%;实施取保候审的案件13,053起,经法制部门审核的案件占100%;提请逮捕的案件12,342起,报经法制部门审核的案件占99.18%;撤销案件2827起,经法制部门审核的案件占99.53%。由此可见,实践中基层公安法制部门已将案件审核把关作为日常监督工作,严格按照法定条件、法定程序履行监督职责,确保了执法活动各环节合法合规。

三、公安法制部门全程监督实施对侦查取证机制的影响状况分析

从A省实际情况看,公安机关普遍实现了案件信息网上录入、审核审批网上流转、法律文书网上开具、案件卷宗网上形成,网上办案"是否有""是否用"的问题得到解决,正朝着"更实用管用"的方向迈进。法制部门牵头执法信息化建设,也从单一网上办案系统向多领域职能化支撑推进。根据A省公安机关刑事案件法制部门全程监督工作实施整体情况以及J县、G区与Q区调研情况,当地法制部门全程监督对侦查取证机制影响主要表现在以下方面。

(一)全程监督基本覆盖县级公安机关办理的所有刑事案件

A省公安机关要求狠抓全要素录入,逐步规范网上办案,对于所有刑事案件都应在警综平台中办理与流转。2015年以来,全省公安机关在警综平台共办理案件52.7万起。在2018年全省公安机关警综平台案件信息全要素补录专项行动中,全省一半的地级市经过严密组织、有序推动,在规定时间内补录所有

① 《法治公安的甘肃实践——我省公安机关执法规范化建设综述》,载法治甘肃网,http://www.gsfzb.com/content-153-70990-1.html,2021年1月24日访问。

刑事案件信息，完成率达到100%。在2019年1~4月，上述地级市公安机关在警综平台共录入案件28,082起，符合全要素录入要求案件数25,549起，占全部录入案件的90.98%。通过狠抓办案全要素，可为公安机关法制部门、案管和督察加强对立法、侦查、强制措施等环节的监督提供基础。在J县公安局，2016~2018年，年均立各类刑事案件663起，年均破案555起。J县公安局坚持将所有刑事案件（除涉及国家安全的案件外）一律录入警综平台，并且实现网上审核、审批，网上生成法律文书、网上加盖公章。而且，法制大队、案管中心和督察大队分别依托警综、案管、督察三大平台，对全局所有接处警记录和在侦案件进行全面监督巡查，对发现有警不处、受而不立、立而不侦、保而不诉等违反案件办理规定的行为，及时提醒所队领导和责任民警，实现了案件办理全程跟踪、多重监督，有效杜绝民警在案件侦查中的不作为、慢作为等问题的发生。

（二）全程监督能够发现侦查取证常见问题

法制部门的全程监督包含两方面：一是纸质卷宗的审查，主要是指案件审核；二是网上（警综平台）办案，主要是执法监督。无论是纸质审核还是网上监督，实践中都受到公安民警的高度重视。据调查，被调查者中有189人认为两者同样重要，占总人数的70%。无论是省、市级法制部门还是县级法制部门，全程监督都能够发现侦查取证中常见的实体与程序问题，也是全国普遍存在的问题。一是案件定性不准，突出表现为案件类型定性错误，如将民事合同诈骗错误定性为诈骗犯罪。二是调查取证不全面、不规范，突出表现为对犯罪线索不查证，未按照规定调取证据材料，有的对案发现场未进行现场勘验和制作现场勘验笔录，有的对办案获取的其他犯罪线索未调查处理。三是办案程序存在瑕疵，突出表现为办案超期、违规采取强制措施、未履行告知义务等；有的应使用传唤证传唤嫌疑人却口头传唤，有的对嫌疑人采取刑事拘留措施超过法定期限、有的变更强制措施未履行审批手续，有的扣押涉案物品未制作扣押笔录，有的未将鉴定意见告知案件当事人。四是电子卷宗制作不规范，突出表现为制作笔录、电子卷宗不规范。有的询问笔录均无办案民警签名，有的辨认笔录记录过程不完整，有的讯问笔录和其他法律文书等材料缺失。

值得注意的是,省市级公安法制部门与县级公安法制部门的监督分工有差异。对于省市级公安机关,由于法制部门办案少,主要进行网上监督。比如,以接处警、受立案、调查取证、强制措施适用、案件处置、信息录入等情况为重点,定期组织开展网上执法巡查,2020 年已巡查刑事、行政案件 1600 多起,逐县列出问题清单 270 个。再如,在开展盗窃、寻衅滋事等类案情况监测分析中,针对结案率不高、超期办案、取证不及时等问题提出要求与限期整改。此外,省厅定期分析通报全省刑事案件办理质量,每季度调取全省监察机关不构成犯罪不捕、纠正漏捕、没有犯罪事实不诉、书面纠正违法、监督立案等刑事案件监督数据,进行同比统计分析。对于县级公安机关,不仅负责案件审核,还需要安排网上监督。在 J 县公安局、G 区与 Q 区公安分局,在案件审核中,法制部门能够较为全面、细致地阅卷,直接指出侦查不规范的问题。对于法制部门发现办案部门侦查取证不规范时,法制部门通常会采用口头形式、书面形式、网上形式给出意见,其中,选择提供口头意见的形式占比较高,达到 78.6%,其次是书面提出和网上批注,各占 55%。除了法制部门能够指出侦查取证中的常见问题外,还能结合检察院反馈存在问题的退回补充侦查案件进行比较,发现证据之间不能相互印证、证据之间存在矛盾、证据不足等常见问题。这些问题发生的主要原因是侦查取证不全面、不客观与不细致。对于网上监督,由于法制部门人少且兼职的事宜,没有时间与精力去做专门的网上监督。总体来看,省、市级公安机关网上监督效果显著,而县级公安机关案件审核作用突出。

四、问题之揭示

尽管法制全程监督已覆盖所有刑事案件,对于发现与纠正侦查取证问题效果显著。然而,也正是由于法制部门监督的全程性,存在的问题也很突出。笔者认为,当下的法制部门全程监督主要是公安机关为提高办案质量设计的考核机制,尽管具有发现与纠正部分侦查取证的常见问题的作用,但主要是监督机制附带的意外结果,没有从根本上关照侦查取证中的具体症结及其破解,难以提高侦查取证法治化水平。

(一)监督范围过于宽泛,难以聚焦侦查取证问题

根据2006年《公安机关法制部门工作规范》第55条至第59条的规定以及公安机关执法规范化建设相关文件精神,公安法制部门刑事执法监督的范围越来越广泛。概括而言,基层公安法制部门主要从事三种类型的监督:一是过程监督,主要包括案件审核与执法监督,前者是对执法权力运行进行的日常性、全程性的监督,后者是对办理刑事案件的过程进行监督。严格来说,相较于后者,前者是法制部门的本职工作,主要从事办案与诉讼业务。二是结果监督,主要包括执法质量考评,即公安机关法制部门牵头对办案部门办理完毕的案件进行考核与评价。相比对所有刑事案件必须进行的案件审核工作,执法质量考评的工作具有一定的随机性与选择性。三是其他监督,即主要是政法委每年例行组织的对已经审核完毕的案件进行随机抽查,以确定当地办案质量的监督方式。面对广泛的监督业务,在基层法制人员少的情况下,[①]基层法制部门会把精力转向案件审核工作,而淡化甚至无力完成监督任务,对立案到移送起诉的全程监督就会无从谈起。因此,法制部门监督范围过于宽泛,分散了监督的力量与强度,难以专注地查找侦查活动的合法性与证据问题,进而影响侦查监督的效果。

(二)信息化监督平台工作量过大,难以提高侦查监督效率

法制部门全程监督落实到位固然有助于发现与纠正侦查取证问题,但是当案件工作量增大到法制部门人员难以承受之重,全程监督的发展不均衡问题就会凸显。有的地方执法信息化建设基础薄弱,受制于经济发展因素,整体发展相对滞后。一些地方执法信息化建设的不同方面发展不平衡,存在明显短板,制约和影响了执法信息化建设整体效能的发挥。此外,网上监督管理还需深化与完善。比如网上办案执法问题自动预警、证据标准智能审查等应用还需深化与完善,多数地方未建设使用全省统一的执法办案管理中心系统,执法视音频

---

① 如前所述,J县公安局法制大队6人,G区公安分局法制大队12人,Q区公安分局法制大队26人。与各地每年发生的刑事案件数量相比,每名法制人员需要审核100多起刑事案件。

管理系统建设使用尚在起步阶段,与案件信息智能关联程度不高。这主要表现在全程监督需要基层民警将所有的案件证据扫描上传至警综平台,换言之,需要在制作纸质案卷的同时,还要把所有案卷信息输入办案系统以形成电子案卷,这无疑会增加办案民警工作量。对法制部门而言,纸质卷宗的案件审核工作量已然很大,所有刑事案件均要求全要素录入工作量就更大,对网上录入信息是否全面、恰当往往力不从心,容易忽略网上监督。同时,新警综平台投入运行以来,基层民警反映仍然存在功能不完善、信息查询关联度不高、使用权限不合理、智能化程度欠缺、字典项不全等问题,讯问犯罪嫌疑人的录音录像、执法记录仪记录的视音频资料、收集到的监控视频等电子证据无法上传到平台保存,影响了网上办案的效能。目前,只有部分市局建成市、县、派出所三级多警种授权共用的执法记录仪管理平台,实现了电子数据的统一保存。一些派出所对民众当场报案的个别警情不及时录入平台,对警综平台中"损失情况、发案地域、坐标、涉案总价值、选择时机、作案特点"等关系合成作战的基本要素录入不全。[①] 在问卷调查中,被调查者认为全程信息化管理的主要作用是加强监督与管理,占比 78.2%,其次才是提升侦查工作效率与办案质量,占比依次为 74.4%、75.7%。由此可见,警综平台实际上成为基层公安机关一个常态化的工作,主要具有防止案件流失与便于案件分析与统计的功能,有助于上级部门对下级部门执法情况的深入了解与监督,但对于侦查取证的质量并没有实质影响。在法制部门是否可以采取更为积极的方式发现侦查取证不规范的线索的调查中,有 227 人认为法制部门可以采取更为积极的方式发现侦查取证不规范的线索,占总人数的 71.6%;45 人认为不可以,占总人数的 14.2%;43 人说不清,占总人数的 13.6%。这在一定程度上说明,目前法制部门通过信息化监督方式并非十分理想,法制部门可以采用更为积极的方式开展全程监督。

(三)监督机制运行不畅,难以提升侦查监督质效

法制部门的全程监督本质上是对办案部门的支持和帮助,防止冤假错案的

---

① J县民警反映,警综平台的有些模块设计项目、标准过于教条而显得不科学,如填写眉毛、眼睛的形状等,办案民警很难把握,填写类似这些信息特别影响办案效率。再如,有的民警在填写网上诈骗案件的涉案现金特征这一项目时,将金额的特征填写为"红色",等等。

发生。法制部门与侦查部门关系比较融洽,沟通是常见的办案习惯。一旦发现不规范问题,法制部门与办案部门的沟通方式类型多样,对简单、问题少的案件采取口头通知,对复杂的案件采用书面意见。通常而言,侦查部门都会接受法制部门的意见,对分歧比较大的案件会提请局长办公会研究。由于法制部门与侦查部门的办案关系,监督过程中发现的违法取证行为不会太多,或者尽管发现较多的违法取证问题,也会以沟通方式解决。因此,通过网上监督直观发现的问题都是一些不太严重的执法瑕疵,比如办案程序与超期等。此外,法制和预审的体制机制没有完全理顺,影响监督过程的开展。法制和预审本是公安内部监督两道关口,前者是入口关,后者是出口关,防止同一案件一个部门审查到底,不利于发现执法问题。依据调研地区相关规定,强制措施适用后案件会交给预审部门,由预审部门审查程序和证据等问题,审查结束后交给法制部门进行移送起诉,做到了双层审核。然而,实践中,法制的全程监督的“法定性”,预审部门无法独立对侦查过程履行审查职责,就形成法制中的预审或者法制与预审合署办公的困境。[①] 同时,在案件四级审核过程中,即办案单位(办案人员)→法制审核员、所长→法制大队→局领导审批,侦查人员往往直接将案件情况提交法制审核员,以确定办案过程的法律问题,但基层法制审核员也没有发挥对案件审核的效果。之所以如此,在于基层办案单位法制员的配置要求具有执法办案经验和业务能力,但办案单位业务上总是缺人,尤其是每个派出所往往都出现一名民警实际上既当侦查员又当法制审核员的冲突。由此可见,法制部门与侦查部门的关系、预审的空白与法制员审核的缺失,导致法制部门的全程监督呈现一定程度上的形式化的特点。

五、公安法制部门对侦查取证机制监督形式化的原因剖析

A 省公安法制部门全程监督工作实践表明,我国公安法制部门全程监督工作对侦查取证机制影响缺乏具体化与细致化,呈现一定的形式化特征。究其原

① A 省 2016 年恢复预审,2018 年法制与预审合并,但警综平台没有设置预审机构、人员及其办案流程。实际上,网上监督基本上由法制部门行使权限。

因,与法制部门组织机构设置不科学、法制部门全程信息化监督系统不完善以及网上监督的条件保障发展不均衡等因素密切相关。

(一)法制部门组织机构设置不科学

近年来,法制部门职能得到大范围的拓展,由最先的法律咨询与法律研究到案件审核,再到全程监督,然而,职能变化并没有带动法制部门自身组织机构设置的变化,造成法制部门全程监督的要求与自身组织机构设置不合理之间的矛盾。这主要包括两个方面:一是法制部门自上而下的行政组织机构设置。公安机关法制部门可分为省级、地级与县级三种类型,并明确了各自的职能分工。省级法制部门很少办案,仅组织与安排省级执法监督,市级法制部门办案少,组织所辖市县的执法监督,而县级法制部门既要承担高强度的办案任务,又要从事执法监督。然而,资源配置却没有按照办案与监督工作进行科学、合理的分配,反而是省级法制部门配备人员多于县级法制部门人数。各级法制部门工作量与资源配置的极不平衡性,很容易使基层法制部门在办案与监督之间做出判断,选择功利化的工作方式应对资源短缺产生的困难。而当下法制部门赋予全程监督职能的实质是强化办案监督,由市级、省级公安法制开展网上巡查监督较为合理,但是县级公安机关已有的资源配置无法有效完成执法监督,执法监督形式化就显得不可避免。在法制部门全程监督的推进中,应给基层法制部门松绑,减少监督范围,将更多的时间与精力赋予案件审核当中,提升办案质量。二是法制部门内部组织机构设置。如前所述,由于基层法制部门人员的短缺,全程监督有时会给基层带来较大的工作负担,法制部门的办案与监督混杂,造成办案本身就是监督的困境,使入口与出口的审查归于同一部门同一人员完成,此种运动员与裁判员兼任的办案与监督——自己监督自己的方式——不利于形成有效的监督效果。目前,尽管在探索法制与预审机构设置与职能配备,但成效并不显著,甚至有可能走老路。未来由法制部门一家把控案件的入口关与出口关,即同一案件审查到底的模式可能不太正当,需要明确与优化法制与预审之职能。

（二）法制部门监督的对象不具体

尽管法制部门已实现全程监督，但是监督的对象不具体，很难触及办案部门的侦查活动合法性与证据两个核心问题，即使法制部门发现侦查取证违法问题，最终监督效果也趋于形式化。这主要存在以下两个方面的原因：一是法制部门与办案部门固有的友好关系，使监督效果大打折扣。我们知道，全程监督机制顺利运行及其效果主要依赖于纸质卷宗与电子卷宗两种载体，但是，无论是纸质卷宗还是电子卷宗，由于法制部门与办案部门是既监督又配合的关系，使法制部门即使发现办案部门存在严重违法，也会想办法与办案部门沟通减少甚至消除办案中的分歧，最终达成共识。二是信息化办案系统对办案实体问题设定不明确。网上监督成为法制部门全程监督的重要形式，主要是由办案部门借助信息化系统录入案件信息，法制部门通过系统设定的办案项目实施监督。由于系统在办案项目设定时的结构性缺陷，使法制部门不容易发现办案实体问题，而更多显现诸如办案程序、期限问题。这并不是说实践中不存在办案实体问题，相反，从检察院、法院所反馈的侦查取证问题及社会各界对办案质量的要求来看，侦查不规范、证据关联性、证据矛盾性等实体问题尤其值得关注。那么，公安机关法制部门全程监督机制以信息化克减科层制带来的办案弊端，进而提高办案效率与促进监督效果的价值目标并没有如期达成。未来法制部门如果要在强化侦查取证监督方面取得成效，应该在信息化系统、模块方面进行改造，明确把侦查行为、证据审查等设计为监测点进行评价，从而促进实质化监督模式的形成。由此可知，法制部门监督的对象不具体，不利于真正形成对侦查取证活动的监督。

（三）网上执法监督的条件保障发展不均衡

法制部门全程信息化监督为深化公安机关执法领域改革提出了明确部署，为各地公安机关深化推进执法规范化建设明确了方向，是提高民警履职能力和执法公信力的必然选择。但是，随着改革的深入推进，因各地经济条件、警员数量、执法意识等因素，各地公安改革效果的差异已显著拉大。一是深化公安执法监督管理机制改革对硬件设施提出了更高要求。我国东西部地区经济发展水平差距很大,而且一省各地区的经济发展水平也不均衡,经济条件好的地区能够投入大量资金,购置先进的设施设备,并且及时更新与完善公安执法监督管理信息化系统,而对于经济相对落后的地区,需要多次向地方财政申请拨款,才能完成信息化系统的建设。公安机关提出的包括执法办案系统应用、智能化执法监督管理平台以及执法大数据应用等全程信息化建设恰恰是以经济发达地区公安机关为样板,然而,上级公安机关未曾考虑到一个现实,由于经济发展的巨大差异,发达地区的成功建设经验不好复制,鼓励大多数相对落后地区学习发达地区的建设经验并克隆其成功模式在实践中收效并不理想。二是深化公安执法改革对警员的数量与素质提出了更高的要求。在调研过程中,基层办案部门普遍反映,近年来基层警力抽调与借调频繁,日常在岗在位警力只占到在编民警的2/3,有的地区甚至只有一半。这就与法律明确要求一定数量的人员参与办案(比如2名侦查人员讯问、看守等)形成一定的矛盾。为强化执法安全保障,有些基层所队不愿意将抓获的犯罪嫌疑人置于所队办案场所讯问,更愿意将违法犯罪嫌疑人带至县局执法办案中心,一方面县局设备相对优良,另一方面警力相对充足。全程信息化运用除了需要一定数量的警员外,还对民警提出了较高的技术性要求——熟练操作信息化系统。但是,省厅、市局针对民警信息化业务的专业培训太少,针对派出所的专业性与高层次的培训就更少。由此可见,基层公安机关现有的警员数量与素质难以保障网上执法监督的基本条件。

六、从全程监督到法治监督:反思与改革

实证研究表明,基层公安法制部门的全程性监督已基本覆盖全部的刑事案件,能够发现侦查取证常见问题,有助于促进侦查取证机制的法治化。然而,由于监督范围过于宽泛、监督平台的信息化不足与监督效果的实体化不足等问题,此种监督机制运行过程偏重信息化,容易滑向形式化的误区,降低监督的成效。笔者认为,基层公安法制部门的全程性监督是公安机关在信息化社会背景下创新的一种监督方式,在发展过程中不可避免存在一定的问题。我们需要反思这些问题,为进一步发挥监督成效提供有益的建议。

(一)理论反思:如何认识全程性监督的作用

1. 监督的全程性与办案的经济性之协调

监督的全程性要求法制部门对所有刑事案件进行入口与出口的把关,这就需要在执法办案系统中录入所有刑事案件的信息。唯有如此,法制部门才能借助信息化平台对案件办理流程进行审查与评价,体现监督的全过程。正是由于办理刑事案件的过程中需要将案件信息输入办案系统中,这无疑也增加了办案人员的工作负担。实践中录入系统的无效率与理论上信息化全程监督的高效率之间形成鲜明反差。此外,案件结构也在一定程度上冲击监督的全程性目标。据统计,近年来,暴力犯罪案件数量在下降,轻罪案件数量明显上升,判处5年有期徒刑以下刑罚的人数超过85%。[①] 然而,对于案件结构的变化,基层公安法制部门在应对时并未体现轻罪案件办案程序的便捷性与经济性,而是仍然按照监督全程性要求进行案件审核与网上监督,这不利于优化轻罪案件与重罪案件司法资源配置,导致司法资源的大量耗费,影响诉讼效率的提升。无论是刑事案件的全要素录入还是案件结构调整,都迫切需要反思监督的全程性与办案的经济性之矛盾,并提出相适应的繁简分流的监督方案。

2. 纸质监督与电子监督之差异

从实践观察,公安法制部门监督的载体既有纸质卷宗,又有电子卷宗。二者都适用于案件审核与执法监督。载体形式的差异,将法制监督分为过程监督与结果监督。然而,二者的监督方式迥异。纸质监督强调对刑事执法权力的整体性监督,对办案程序、证据与法律等系统性评价,监督效果具有当场性与实体化特征。电子监督是在案件审核结束与刑事案件的全部要素录入系统后,法制部门在网上进行的监督,其本质上是对刑事执法权力实施完毕后结果的审查与评价,重点对办案程序、期限等方面的监督,属于事后性与程序性的监督。就执法监督的效果而言,纸质监督更具实质化。但是,无论是纸质监督还是电子监督,都是由同一法制部门对同一案件的自我监督与重复监督,监督之眼无法查

---

① 参见贺小军:《改革开放以来我国被追诉人认罪案件处理之图景》,载《中国刑事法杂志》2020年第2期。

找到刑事执法“病灶”，不利于发挥实质监督作用，而且还容易产生司法腐败之疑虑，有必要对两种监督重新定位。

3. 同体监督的有限性与有效性之平衡

按照监督主体跟监督对象是否属于同一单位，分为同体监督与异体监督。依此标准，公安法制部门全程监督应该属于同体监督。同体监督的优越性在于监督主体十分了解监督对象，能够快速找准问题，提出有效的解决办法，因此，它有助于提高监督效能。但是，同体监督的弊端也很明显，就是监督主体与监督对象之间的密切关系，以及兼具裁判员与运动员的双重身份，可能最终会影响监督结果的公正性。异体监督的优势就是解决同体监督的问题，采取中立态度与正当程序进行评价，使监督过程与监督结果显得客观与公正。公安法制部门的全程监督已经作为公安改革的重点内容确定下来，如果完全依赖于外部力量对此开展监督，可能存在涉嫌侵犯公安办案保密之要求。笔者认为，也许可以借助中立角色与正当程序的理念，分析同体监督之优势与劣势，稀释同体监督之弊害，扬长避短，可作为未来改革之方案。

（二）未来改革路径：实现法治化监督

根据上述分析，笔者认为公安法制部门的全程监督有必要向法治化监督转变。所谓法治化监督，是指监督主体从程序、证据、法律等方面展开监督，促进监督的科学化与合理化，保障侦查取证的法治化。与全程化监督相比，法治化监督对监督主体、监督机制与监督对象有所要求。首先，监督主体类型化，即区分法制部门与其他部门的监督界限。全程性监督混淆了法制部门与其他部门的功能，造成监督低效甚至失灵，而法治化监督从监督主体角度明确不同的监督类型与功能，有助于分类监督，提高监督实效。其次，监督对象的层级化，即根据不同的问题施展不同的监督策略。全程性监督的“大而全”注重整体性、捆绑性，未能从具体问题出发提供有针对性的监督机制，不能突出监督重点。而法治化监督讲究问题导向，着力解决办案中的突出问题，注重监督实效。最后，监督方式的精准性，即利用现代技术进一步优化监督方式。全程性监督实行传统纸质与现代信息化技术并重的方式，网上办案质量不高，监督不精准。法治化监督强调科学化、智能化与精准化,以较短时间发现侦查取证等执法问题,突出监测、预警与处理成效。

总体观之,相比全程性监督,法治化监督在监督主体的类型化、监督对象的层级化与监督方式的优质化方面具有显著优势,能够形成专业化的监督主体、理性化的监督机制与效率化的监督方式,从整体上突出监督效能。鉴于法治化监督的比较优势,未来公安法制部门全程监督应向法治化监督转型,具体可从监督主体、监督对象与监督方式三方面突破。

1. 实现监督主体的混合型向类型化转变

实践表明,监督主体的混合型不利于明确法制部门本身及其与其他部门的职能界限,使法制部门办案与监督职能分工模糊。为进一步发挥法制部门监督成效,应当清晰化法制部门机构设置及其与其他执法部门职能的界限。首先,明确法制部门机构设置及其职能。前述研究已表明,省级、市级与县级法制部门的办案与监督分配存在较大的差异,尤其是县级法制部门在办案与监督的双层压力下,不利于发挥各自的职能,有必要对各级法制部门的职能重新定位,即赋予省级、市级法制部门为主要的执法监督部门,而让县级法制部门成为直接的办案部门。具体而言,省级、市级法制部门从事全程性网上监督,而基层法制部门主要负责案件审核的任务。其次,厘清法制部门的内部职能。法制与预审一直是公安机关执法改革的重点与难点,全国各地公安机关的运作实践差异较大。从目前的已有机构与警力看,将预审机构完全独立于法制部门——大幅调整机构与人员似乎不可行,比较妥当的方案是法制部门负责案件审核过程,对犯罪嫌疑人采取强制措施之后的侦查过程由预审人员审核与调查取证,对案件出口进行把关,主要理由是:根据《刑事诉讼法》第 115 条与第 116 条的规定,[①] 预审是侦查程序的一个阶段。这表明,公安机关侦查刑事案件的侦查程序分为两个阶段:侦查(立案到破案)与预审(破案到侦查终结)。因此,预审在刑事诉讼程序中具有承上启下的作用,上承侦查下启审查起诉,既是侦查的继续与深

① 《刑事诉讼法》第 115 条规定,“公安机关对已经立案的刑事案件,应当进行侦查”;第 116 条规定,“公安机关经过侦查,对有证据证明有犯罪事实的案件,应当进行预审”。

化，具有完善与把关的作用；又是起诉和审判的前提和基础，为其顺利进行准备条件。既然预审是侦查的继续，主要是采取讯问与调查取证相结合的方式对侦查证据进行审查与核实，有助于遵循侦查自由形成之规则与保障办案质量，这既避免了法制部门的单轨制审核形成的双重评价，又减少了整个执法管理体系的不稳定性。最后，明确法制部门与其他办案部门的职责。自我国提出执法规范化建设以来，无论是制度还是实践，法制部门都是法治公安建设的重要推手，已对各种公安业务工作形成较为全面的监督，不仅对执法权力运行进行全程监控，还承担着加强执法办案场所、涉案财物管理、执法质量考评等执法监督管理的重任。此种"全能"角色不可避免会与其他部门的职能形成一定的交叉重复，比如法制部门与案管中心关于案件入口的审核，法制部门与警务保障室关于涉案财物的管理，派出所法制员与侦查人员关于案件的审核等。未来全程监督应明确案管中心接管入口，法制部门负责案件审核，预审负责出口的工作模式。在具体业务上，法制部门的案件审核应扩大至对侦查行为实施的审批，而非侦查部门单方面审查的模式，同时明确基层法制员的地位与职责，正式从侦查部门办案的束缚中解脱出来，有助于从源头上规范侦查行为。

2. 实现监督对象的集成式向层级化转变

前文研究表明，法制部门监督对象的泛化，眉毛胡子一把抓，不仅不利于解决具体问题，甚至还会降低监督效能。司法资源的有限性决定了法制监督的边界，监督对象的集成式是一种耗费司法资源的监督，有必要对其进行改革。未来监督对象应实现层级化，即根据具体问题提出监督策略，有重点地开展监督，同时，也是为法制部门松绑，重新定位法制部门的重点工作。在案件结构变化与认罪认罚从宽制度发展的进程中，公安法制部门不应对所有刑事案件开展"一揽子监督"，而应分层次、有重点地监督。鉴于此，公安法制部门对刑事案件监督可分为认罪与不认罪案件，同时，对可能判处 3 年有期徒刑以下刑罚的认罪案件做好繁简分流工作，减少办案环节与诉讼资源投入，以此提高办案效率。对于不认罪案件以及重大、疑难案件实施全程监督，从立案、强制措施、侦查行为、证据审查、侦查终结等方面由法制部门强行加锁走完整个办案流程，强化"双统一"审核。针对不同案件类型实施不同的监督方式，既能解决法治资源有限性的问题,又能促进办案公正与达到监督成效。

3.实现监督方式的全方位到精准性转变

随着互联网、大数据等平台的迅猛发展,通过信息化、智能化推进公安改革工作变得可行,而且公安的变革与创新确实也离不开信息化、智能化的重要技术支撑。因此,这必然要求公安法制部门的监督不仅要全方位,更要做到精准化。目前,全国各地公安机关全程信息化改革发展极不均衡,各地所辖市县公安机关也不尽一致,未来监督方式需要积极探索创新,推动网上办案和监督管理提档升级,不仅应从人力型过渡到信息化或智能化监督,同时还需要进一步统筹与优化各种监督平台打好"组合拳",进一步提升执法信息化建设整体水平。公安执法信息化发展不平衡与相对滞后的地方要切实提高对执法信息化重要性的认识,结合本地实际,加大投入,下大力气补齐短板,推动执法信息化各个方面均衡发展、整体发展。

一是推进执法监督管理信息化建设。在继续抓好网上办案的同时,推动大数据、人工智能等科技创新成果同法治建设深度融合,借鉴发达省份的先进做法,在警综平台中嵌入执法问题智能发现模型、执法风险智能预警模型,以及案件证据材料人工智能解析提取、比对、提示、审核模型,使每名执法人员、每项执法活动均得到信息化的有效辅助支撑和精准监管。对接处警、现场执法、办案场所、讯问询问、涉案财物等执法活动进行全流程音视频记录,实现自动归集、智能调取、全案回溯。

二是持续深化执法监督管理机制改革。抓好以审判为中心的刑事诉讼制度改革,"推进案件网上跨部门流转和办理,积极配合省委政法委'公检法数据共享和一体化办案平台'建设,着力解决公安、检察、法院、司法等部门办理刑事案件网上互联互通和政法委网上监督的问题",[①]尤其是侦查取证中的共性问题,确保刑事诉讼依法顺利进行。

三是进一步提升网上办案和监督管理的便捷性。不断优化系统功能、解决

---

① 《法治公安的甘肃实践——我省公安机关执法规范化建设综述》,载法治甘肃网,http://www.gsfzb.com/content-153-70990-1.html,2021年1月24日访问。

系统设计不科学、使用不简便等问题,切实解决证据材料制作、扫描上传工作量大的问题,打通制约网上办案"单轨制"的梗阻,减轻民警网上办案负担,进一步提升网上办案质量。全面梳理与分析网上办案状况,针对侦查取证不规范等问题,完善办案期限自动预警、异常执法数据动态监测、执法质量智能考评等系统功能,进一步压缩程序违规空间。针对案件定性、证据、法律适用等方面存在的问题,完善证据收集审查指引、类案推送参考等办案辅助功能,为提升办案质量提供辅助支撑。针对网上办案条件下出现的新情况新问题,深入调研论证,建立健全工作机制,强化督导问责,常态化组织开展网上巡查,及时发现整改执法突出问题,不断提升网上办案质量水平。

同时,信息化、智能化的运用必然关涉人才的培养与培训。公安法制部门需要加大培训,积极鼓励民警加强学习,促使民警自觉学习,不断提升信息化水平。当然,还需对培训费、交通费、脱产等方面加强保障。

七、小结

公安法制部门全程监督是当下公安改革之热点,对促进侦查取证机制良性运作意义非凡。法制全程监督本是公安机关主导规范执法权力运行之重要的内控形式,然而,实践中法制全程监督过于宽泛、机械,尽管通过技术性的支撑强化了执法监督管理,但是其结果对于提高办案质量与办案效率却未发挥显著的作用。究其原因,这与法制部门的机构设置及其与公安其他部门之职能边界划分不清晰有关,还与公安改革所必需的警力与设施等硬件和软件投入不足密切相关。我们需要认识到公安机关法制部门监督的限度,还需要根据法治公安改革的需要,主动调整监督主体的类型化、监督对象的层级化与监督方式的精准化措施,实现法治化监督的目标。当然,更为重要的是,通过公安法制部门全程监督的改革,发现侦查取证面临的问题,以为侦查规范化、取证细致化改革提供解决方案。随着中央政法领域新一轮改革方案的出台,健全智能化全流程监督管理机制势在必行。在此背景下,公安法制部门作为深化公安执法规范化建设的重要推动者与实施者,需要在法治公安建设中继续探索办案与监督经验,分享部门智慧,不断在发挥引领与推动公安改革过程中做出自己的贡献。

第七章　公安机关刑事执法质量考评对侦查取证机制的影响研究

一、问题的提出

近年来,以解决民众反映强烈的执法突出问题为导向,全国公安机关自上而下开展执法规范化建设,从执法制度、执法行为、执法管理、执法主体能力等方面提升执法质量与水平。其中,在深化公安执法规范化建设意见中,将完善执法监督管理体系作为重点建设内容之一,公安执法管理的重要性可见一斑。作为加强公安机关执法监督管理的重要推手——执法质量考评,历来受到高度重视,相继引起了一系列重要规范和文件的出台与规范。比如,2001 年公安部发布施行《公安机关执法质量考核评议规定》(已失效),对办理刑事、治安案件和行政管理等情况进行考核评议。尽管执法质量考核评议规定实施多年来成效明显,但一些冤假错案的陆续曝光,也反映出与执法考核指标具有一定的关联。为此,中央政法委与公安部曾先后密集出台规定,多次强调取消不合理考核指标,建立科学的考核评价体系。[①] 随着党的十八届四中全会全面推进依法治国总目标的提出,公安部为深入贯彻全面依法治国战略,

① 参见饶德宏等:《五大执法司法考核指标将取消》,载《南方都市报》2015 年 1 月 22 日。

"印发了《关于贯彻党的十八届四中全会精神深化执法规范化建设全面建设法治公安的决定》,就进一步加强执法监督管理,完善执法质量考评指标体系,科学设立质量与效率并重的考评标准,在有效引导基层民警既多办案,又办好案等方面作出部署"[①]。党的十八大以来,各级公安机关积极开展执法质量考评工作,有效加强了公安机关内部执法监督和执法突出问题整治,推动了执法规范化建设深入开展。但随着执法形势的变化,执法质量考评工作呈现一些与执法实际不相适应的情况,急需对执法质量考评工作进行改革。2016 年 3 月公安部实施新的《公安机关执法质量考核评议规定》,对考核评议的内容和标准进行了细化。2016 年 8 月,"《关于深化公安执法规范化建设的意见》提出改革完善执法办案考评制度,整合考核项目,建立以执法质量考评为主要内容的绩效考核体系,增加群众与社会评价权重,树立正确的执法导向"[②],切实解决多头考评、重复考评等问题。在《公安机关执法质量考核评议规定》出台后,围绕考评主体、考评内容、考评方法与考评程序等要素,全国各地公安机关也在不断探索加强执法质量考核工作的有效做法。譬如,江苏省公安机关率先制定、实施了县级公安机关执法质量考核评议规定,取得显著成效;[③]福建省公安机关为办案民警建立执法质量档案,对民警执法的每个环节进行绩效考评,考核结果与民警奖优罚劣直接关联;[④]陕西省公安机关强化网络信息化建设,打造网上执法考评新模式,有效提升了执法质量;[⑤]湖北省公安机关建立全警办案积分考评考核体系,以办案的数量和质量进行积分评价,[⑥]等等。由此可见,公安机关不仅深刻认识到执法质量考评机制的必要性,而且在具体实践中也非常重视执法质量考

---

① 张耀宇:《认真贯彻全面依法治国方略 全面建设法治公安》,载《人民公安报》2015 年 3 月 20 日,第 1 版;刘子阳:《公安部印发全面建设法治公安决定》,载《法治日报》2015 年 3 月 20 日,第 1 版。

② 王锡章:《公安机关执法质量考评新体系之构建》,载《中国人民公安大学学报(社会科学版)》2016 年第 6 期。

③ 参见《公安部负责人就〈公安机关执法质量考核评议规定〉制定实施问题答记者问》,载 http://www.law-lib.com/fzdt/newshtml/21/20050710215617.htm,2021 年 1 月 16 日访问。

④ 参见《福建建民警执法质量档案 执法细节纳入绩效考评》,载 http://www.gov.cn/jrzg/2006-08/08/content_356896.htm,2021 年 1 月 16 日访问。

⑤ 参见郑延文:《延安市公安局打造网上执法质量考评新模式》,载《长安》2011 年第 1 期。

⑥ 参见辛闻:《高新分局积极探索多项机制稳步推进公安工作发展》,载 http://www.cpd.com.cn/n12550435/n19772165/n35876274/n35876278/c36556709/content.html,2021 年 1 月 16 日访问。

评机制运行成效。

作为执法质量的一部分——侦查取证的考评，对刑事执法质量至关重要。通过执法质量考评工作，将会对侦查取证机制产生一定的影响。一是发现侦查程序的错误。通过执法质量考评工作，上级公安机关较容易发现下级公安机关的侦查权行使问题，对办案程序、强制措施适用等问题进行梳理，从结果上发现违法侦查行为，扩大侦查监督渠道，增强侦查控制效果，以此提升民警侦查的规范化水平。二是保障证据材料的有效性。侦查部门取证程序合法，是确保证据合法性的制度前提；一旦侦查程序错误，侦查部门据此收集的证据材料的合法性就会存疑。因此，侦查程序的法定性与证据的合法性相互关联。执法质量考评具有发现侦查程序错误的功能，同时也能够对基于错误侦查获得的证据材料的合法性进行审核与评价，这对于保障侦查部门收集与制作证据材料的有效性，进而有利于起诉、审判的顺利进行具有重要意义。三是确保刑事案件办案质量。基于刑事案件建立的动态跟踪考核评价机制，以独立交叉互考的考核主体采取公正性与时效性的考核程序，"以日常考评、阶段考评、专项考评与全面考评相结合的方法对立案、侦查、强制措施、证据材料制作等考核内容进行全面、动态考核"[①]，有助于引导侦查部门规范办案程序，有效地确保侦查质量。

关于公安机关执法质量考评机制的研究较为繁荣，已涌现出一批研究成果，例如，邹志宏等的《完善执法质量考评机制，促进执法质量全面提高》，[②]李光辉的《执法环境的变迁与执法质量评价体系的创新》，[③]李书芳的《浅议公安执法质量考核评议机制的构建》，[④]冯道康的《论公安执法质量监控体系的构建》，[⑤]陈恃中、韦杰的《论刑事案件执法质量考评机制的完善——以检察院存疑

① 闫振宙、张良增、韩培润：《甘肃：靶向发力释放"法治红利"》，载《人民公安报》2021 年 8 月 4 日，第 1 版。

② 参见邹志宏等：《完善执法质量考评机制，促进执法质量全面提高》，载《浙江公安高等专科学校学报》2005 年第 5 期。

③ 参见李光辉：《执法环境的变迁与执法质量评价体系的创新》，载《公安研究》2009 年第 6 期。

④ 参见李书芳：《浅议公安执法质量考核评议机制的构建》，载《法制与经济(中旬刊)》2011 年第 2 期。

⑤ 参见冯道康：《论公安执法质量监控体系的构建》，载《湖北警官学院学报》2011 年第 5 期。

不诉案件为例》,[①]黄文清的《公安机关考核工作应从“考量”向“考质”转变》,[②]王锡章的《公安机关执法质量考评新体系之构建》,[③]贺小军的《效果与反思:公安机关刑事执法质量考评机制实证研究》,[④]等等。

通过梳理上述文献,许多学者是从公安机关执法质量及执法质量考核评价的内涵、执法质量考核评价中存在的问题、执法质量考核评价体系的构建等几个方面着手展开研究。笔者认为,总体上,既有研究关于该主题的讨论并不充分,主要体现在以下两个方面:一是研究的理论性不强。从研究范围看,既有研究基本涵盖了公安机关执法质量考评机制的所有环节,体现了研究的全面性,但对执法质量考评机制理论反思的研究则相对缺乏。二是实证研究不足。现有研究成果大多是规范研究、文本研究,的确在一定程度上发现了制度中存在的问题,对完善“法治指数”有所裨益,尽管存在实证研究,但对于当下公安机关刑事执法质量考评机制实施状况及其对侦查取证的影响则缺乏充分、深入的关注。总之,公安机关刑事执法质量考评机制作为检测我国刑事司法改革成效的重要组成部分,目前实践与理论研究尚有拓展的空间。

鉴于此,探讨当下公安机关刑事执法质量考评机制的运行状况及其对侦查取证机制的影响,在此基础上设计合理的考评机制,作为评价公安机关刑事司法工作情况的重要参考,以科学、有效地评价及促进公安机关的刑事司法工作成效,就显得尤为必要与重要。为此,笔者将“公安机关刑事执法质量考评对侦查取证机制的影响研究”作为主题。为区别于既有研究,本章将研究对象确定为近年来公安机关刑事执法质量考评工作,并对其规范侦查取证机制的情况进行考察与分析。在明确研究对象后,笔者在两个调研地区J县和G区进行了调研,调研材料包括公安机关问卷调查、档案数据、登记台账以及对部分法制、督

---

① 参见陈恃中、韦杰:《论刑事案件执法质量考评机制的完善——以检察院存疑不诉案件为例》,载《广西警官高等专科学校学报》2013年第4期。

② 参见黄文清:《公安机关考核工作应从“考量”向“考质”转变》,载《公安学刊(浙江警察学院学报)》2014年第1期。

③ 参见王锡章:《公安机关执法质量考评新体系之构建》,载《中国人民公安大学学报(社会科学版)》2016年第6期。

④ 参见贺小军:《效果与反思:公安机关刑事执法质量考评机制实证研究》,载《法学家》2017年第3期。

察、刑侦部门警察的访谈,以此作为研究公安机关刑事执法质量考评对侦查取证机制影响的基础性材料。同时,我们还收集全省、两地及所管辖地级市公安机关刑事执法质量考评的制度、省公安厅全面加强和改进执法质量考评工作试点推行情况总结以及调研地区公安机关刑事执法质量考评通报等。基于以上材料,本章的行为脉络是:首先,描述地方公安机关刑事执法质量考评的基本情况及其对侦查取证机制的影响;其次,评价成效与揭示存在的问题,剖析其原因;最后,提出完善考评机制的建议。

二、公安机关刑事执法质量考评实施的基本情况

A 省公安机关历来重视执法质量的考核工作,在 2001 年公安部出台考评规定后,A 省就制定了公安机关执法质量考核评议实施细则,随后在 2006 年进行首次修订,在 2016 年再次修订。整体来看,A 省各级公安机关能够积极组织开展执法质量考评工作,在规范民警执法行为、提高民警执法能力与解决民众反映强烈的执法突出问题等方面具有显著成效。然而,在具体的考评中,也出现了一些问题,比如一些地方只注重开展定期考评,忽视日常考评,考评结果难以反映真实执法水平;一些地方不重视网上考评,仍然采取以实地考评为主的考评方式,不但增加基层负担,而且无法排除人为因素,难以确保考评公正性。于是,"2019 年 A 省公安机关根据《A 省公安机关执法质量考核评议实施细则》,结合自身工作实际,制定了《A 省公安厅关于进一步加强和改进执法质量考评工作的实施意见》和《A 省公安机关执法质量考核评价指标体系》"[①],组织研发了网上执法质量考评系统,总结考评工作不足,改革完善考评制度,引导树立正确考评导向,激励广大民警又好又多地执法办案,取得了显著成效。

(一)考评主体的层级性与广泛性

所谓层级性,是指实行执法质量层级考评制度,省厅负责对市/州公安局的考评,市/州公安局负责对其所属县级公安机关和直属办案单位的考评,县级公

① 《甘肃公安改进执法质量考评,助推大法治建设》,载 https://m.thepaper.cn/baijiahao_7302145,2021 年 8 月 8 日访问。

安机关考评其所属执法办案单位。省厅每半年组织开展一次全省范围内的执法质量考评工作,市/州公安机关每季度组织开展一次本市/州范围内的执法质量考评工作,县级公安机关以开展个案实时考评为主,严格落实"一案一评"制度,抓好过程监督整改,每月对所属执法办案单位的执法质量进行通报分析。所谓广泛性,是指针对不同类型的考评对象,考评主体不仅有公安机关各业务部门,还包括公安机关以外办案相关的检、法部门以及民众、社会组织等社会力量,呈现多元主体特征。

(二)考评内容(指标)的统一性与动态性

所谓统一性,是指省厅制定全省统一的执法质量考评指标体系,主要包括大法治建设、办案质量、行政管理和执法监督等内容,具体分为现场执法执勤、刑事案件办理、行政案件办理、行政管理和行政许可、执法监督救济、执法管理、执法基础建设、加分项目和特别条款九大类,每一类别设定若干项目和相应分值权重。在确定考评项目与分值的同时,对每一项指标的法律依据也做了梳理,全部嵌入网上执法质量考评系统,既能满足考评工作需要,又能作为民警执法执勤、办理案件、管理服务的"教科书"。[①] 所谓动态性,是指考评内容(指标)原则上保持稳定性、可持续性,但省厅可根据执法形势变化和执法任务要求对具体指标和分值权重进行适当调整,同时整合原执法质量考评、网上执法巡查等工作,统一纳入执法质量考评体系。

(三)考评方式的多样性

所谓多样性,A 省执法质量考评采取日常考评、阶段考评、专项考评与全面考评相结合的方法(见图 7－1)。在 2019 年之前,通过问卷调查,297 人认为执法质量考评最主要的方式为查阅卷宗,占总人数的 95.5%,其余方式为网上考评、听取汇报和实地考察,人数分别为 207 人、193 人和 173 人,占比分别为 66.6%、62.1%和 55.6%。2019 年后,以网上考评为主、实地考评为辅,刑事案件考评全部

---

① 参见闫振宙、张良增、韩培润:《甘肃:靶向发力释放"法治红利"》,载《人民公安报》2021 年 8 月 4 日,第 1 版。

在警综平台进行,原则上不组织开展统一的检查考核活动。由此可见,考评时间具有可持续性,考评空间具有可覆盖性,考评对象具有广泛性。同时,上级公安机关可以组织下级公安机关之间采用“背靠背”交叉考评方法,随机派遣考评人员对被考评单位的案件实施考评,有效地杜绝人为因素介入,体现更强的公正性。

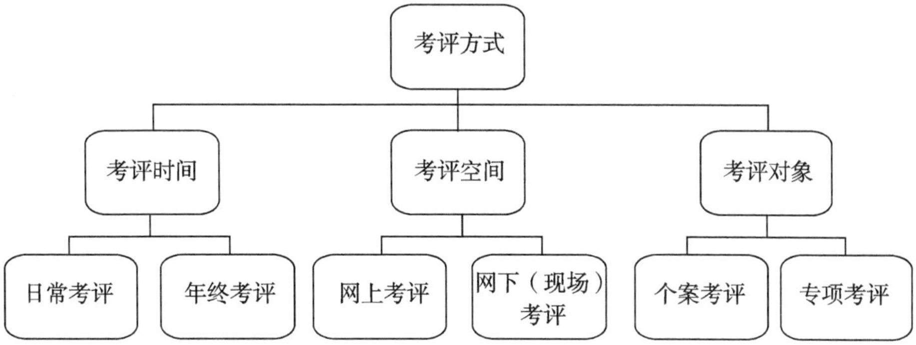

图7－1　考评方式

(四)考评程序的行政化

省厅组织研发警综平台执法质量考评功能模块,实现执法质量考评网上登记、自动赋分。考评程序分为案件考评与其他项目考评。一方面,刑事案件考评全部由各级公安机关法制部门组织在网上交叉互考,取消实地阅卷考评,①即系统自动抽取案件、分发案件,办案民警补充完善电子卷宗,考评员考评,分级审核把关,复议认定,系统自动扣分,最大限度减少人为因素,提供考评的公正性与时效性。各级公安机关逐级设立考评管理员,负责管理考评员和分发、复核被考评案件,登记网外考评项目等。每次案件考评的结果先进行网上反馈,对案件考评结果有异议的,逐级进行复议。考评管理员发现恶意扣分或明显应当扣分而不扣分的,对考评员所在单位进行相应扣分处理;发现滥用复议权对明显合理的扣分进行复议的,对被考评单位进行相应扣分处理。案件考评已形成考评管理员、考评员和办案民警参与的考评机制,对考评的案件信息严格保

① 相较于以往,刑事案件考评直接采取网上交叉互评是一个较大变化,这可凸显考评的公正性与经济性。

密,直至每次考评结束后向全省公布执法质量考评排名。另一方面,其他项目考评由纪检监察、督察、法制、信访、审计、刑侦等业务警种依照各自职责分别组织实施,由相关业务部门提供数据资料,法制部门统一录入,系统自动减分。

(五)考评结果的运用性

执法质量考评实行百分制,每次考评结束后,系统自动计算出执法质量得分,同时计算出抽考的每一起刑事案件得分。省厅根据各市/州年度执法质量考评排名先后进行奖励,排名在全省前3名的市/州公安局,省厅分别颁发奖牌。严格控制年度执法质量考评"优秀"等次的县级公安机关数量,原则上全省年度执法质量考评"优秀"等次的县级公安机关数量不超过全省县级公安机关总数的30%,具体数量根据各市/州公安局所属县级公安机关数量,并结合其上年度执法质量考评在全省排名情况,由省厅在当年考评方案中明确,市/州公安机关择优推荐。省厅对市/州公安局、市/州公安局对县级公安机关的年度执法质量考评结果在全省范围内公布并通报同级党委政府。年度执法质量考评排名后3名的市/州公安局和不达标的县级公安机关,由省厅领导约谈该局分管领导和法制部门负责人。对考评发现存在严重问题的案件,由省厅法制处约谈相关公安机关法制部门负责人、办案单位负责人和办案民警。市、县两级公安机关可参照省厅做法开展执法质量考评奖惩工作。总体上,"无论是案件考评,还是其他项目考评,考评结果都显现出优秀率高,而不达标率低的状况"①。之所以出现此种状况,与地方公安机关狠抓执法质量,提升民警履职能力有关;但更有可能的是,跟公安部与A省公安机关规定考评结果与奖惩挂钩密切相关。因此,考评结果的优先位序至关重要,直接影响甚至决定着执法部门及民警工作实绩成效,而此种奖勤罚懒的考评基本上是依赖于客观化的排名结果实现。不过,除集中化的考评之外,例行检查结果也具有相当的影响力。比如,A省在执法检查"回头看"活动中发现一些执法示范单位存在执法问题,执法质量有所下降,甚至出现明显滑坡,发生重大违法问题,轻者在全省范围内通报批评,重者被撤销示范单位称号。

---

① 贺小军:《效果与反思:公安机关刑事执法质量考评机制实证研究》,载《法学家》2017年第3期。

整体来看,省厅对市/州公安机关执法质量考评效果显著。一是考评的经济性。A 省公安机关采用以网上为主的新的考评模式,在较短时间内顺利完成考评任务,结果更加客观真实,受到基层普遍的欢迎。以前省厅执法质量考评需要抽调人员分成若干组,奔赴上千公里,耗时一个月才能完成,现在网上考评模式在一周内完成,大大缩短了考评时间,降低了人力物力财力耗费。二是考评的公正性有所提升。这主要通过以下四个方面实现(见图 7 – 2):第一,考评结果复议制度使每次案件考评结果先进行网上反馈,对考评结果(扣分项目与扣分原因等)有异议的,逐级进行复议。此种全透明的复议程序,可明确考评者与被考评者的沟通机制,力争各方"扣别人分"和"要回自己分"的正当性。第二,交叉互评方法打破考评者地域身份局限,实行考评者与被考评者交叉互派。各方都处于一种无知之幕的背后,都不知道自己将在考评组织中扮演的角色,可在较大程度上保障考评的公平性。第三,考评范围进一步扩大,提高了执法监督管理的覆盖面。相较于以往的考评,抽取案件覆盖到每个县级公安机关和常见案件类型,能够对基层公安机关执法质量进行全覆盖评价。第四,考评全程留痕。无论是考评过程还是考评结果,考评系统均会自动生成执法档案,记录整个执法流程,杜绝"暗箱操作"。

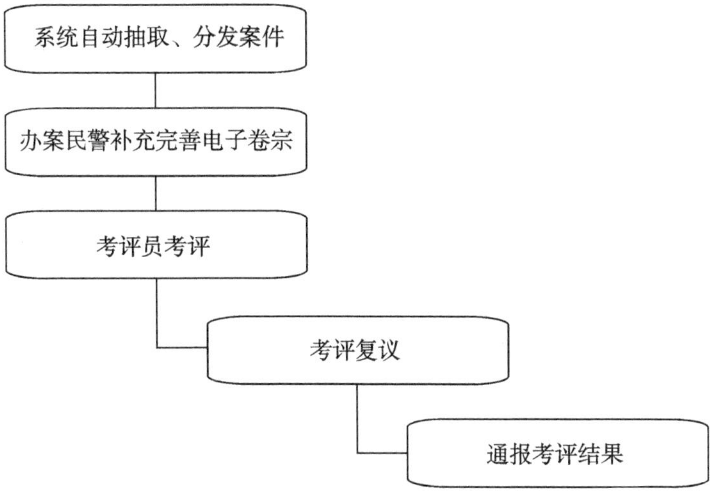

图 7 – 2　案件考评程序

三、公安机关刑事执法质量考评实施对侦查取证机制影响的表现

根据A省公安机关刑事执法质量考评工作实施整体情况以及J县与G区调研情况,当地考评对侦查取证机制影响主要表现在以下几方面。

(一)考评基本覆盖各个县级公安机关办理的常见刑事案件

根据A省公安机关执法质量考核评议实施细则的规定,市级公安机关于每年6月与10月两次对县级公安机关进行检查与考核,省厅采取网上抽取一定比例的刑事案件进行评查。对于全省而言,在2019年之前,“A省公安机关主要采取现场考评与网上考评相结合的考评方式,年均考评刑事案件52,792起,基本覆盖全省三分之二的刑事案件”①。其中,年均优秀刑事案件37,614起,年均优秀率71.51%;年均不达标刑事案件22起,年均不达标率0.05%。② J县所在市局法制支队网上检查7个县分局不予立案、撤案的情况并进行网上考评,另在警综平台随机抽取每个县10起刑事案件,共70起刑事案件,一并检查警综平台受立案回执、全要素录入、法制全程审核执行情况。J县所在市公安机关年均考评1369起,基本覆盖本市1/3的刑事案件。其中,年均优秀刑事案件795起,年均优秀率为58.07%;年均不达标刑事案件0.5起,不达标率为0.05%。为提高考评效率,2019年省厅组织研发网上执法质量考评系统,2020年试点推行以网上考评为主,实地考评为辅的执法质量考评方式。不过,作为考评的过渡类型,A省市局对所辖县局的考核仍采用现场考评方式,而省厅采取网上随机抽卷方式,抽取刑事案件覆盖86个县(市、区)公安局(A省共100个市、县公安局),约占整个刑事案件的3.8%,根据每年需要侧重了解的强制措施的适用状况突出问题等标准抽取案件类型,涵盖常见多发案件类型。③ 其中,年均优秀率为35.6%。无论是整体考评还是抽查测评,都在一定程度上关照到当下办理刑事案件的突出问题,考评结果客观性较强。

---

① 据不完全统计,A省公安机关2015年立案80,021起,考评刑事案件54,027起,考评率为67.52%。

② 参见贺小军:《效果与反思:公安机关刑事执法质量考评机制实证研究》,载《法学家》2017年第3期。

③ 据统计,省厅每年一个县抽取共15起案件,其中5起刑事案件、10起行政案件。

(二)考评能够发现侦查取证中的普遍问题

通过考评,民警办理刑事案件程序意识、证据收集能力、文书制作水平等方面有所提升,但也发现了侦查取证中存在的普遍问题,主要集中于个别案件的证据是否充分、程序是否合法,以及文书是否规范等方面。具体而言:一是办案程序不够规范。办案民警存在不依法履行通知、告知义务问题。二是材料上传不够规范。办案民警存在"无正当理由,部分案件程序或办案环节未在网上办案平台中办理,或者法律文书未从网上办案平台中开具"问题。三是证据收集不够规范。办案民警存在收集、调查的证据材料不符合法律、法规要求,导致证据失去法律效力,以及应当能够收集证据而不收集或收集不及时的情形。四是文书制作不够规范。办案民警存在法律文书制作不规范或出现错误,适用法律条文错误的问题。其中,办案程序错误位居第一位,而证据材料制作不规范次之。[①] 这些问题也应是全国性的问题,在学术界曾受到过热烈讨论而且现在仍为热议话题。[②] 对考评中发现的侦查取证问题,考评单位会采取当场指出、落实责任与完善制度三种方式进行整改。对于轻微或明显的执法错误,考评单位向被考评单位当场指出问题,剖析原因,提供解决方案;对于严重的执法错误,考评单位直接责成相关执法单位承担过错责任,对案件的部门审核人、法制审核人、审批局领导通报批评,且提供书面检讨,作为民警奖惩的重要依据;对于屡次出现执法问题且办案质量长期滞后的单位,考评单位对其在人员、设备、制度等方面进行系统性帮扶,以点促面提高办案质量和内部执法管理水平,从源头上破解执法顽疾。问卷也表明,有 139 人认为执法质量考评对提升侦查取证质量的效果非常好,占总人数的 43.6%;108 人认为比较好,占总人数的 33.9%;

---

① 参见贺小军:《效果与反思:公安机关刑事执法质量考评机制实证研究》,载《法学家》2017 年第 3 期。

② 比如,关于办案程序中的律师辩护问题的论著有熊秋红:《审前程序中的律师辩护权》,载《法律科学(西北政法大学学报)》2004 年第 5 期;张中:《论侦查阶段的有效辩护》,载《当代法学》2017 年第 6 期;等等。关于证据材料制作中辨认笔录问题的论文有宗淼、孙朝晖:《辨认笔录的证据归类》,载《人民检察》2003 年第 7 期;宋维彬:《论刑事辨认笔录的证据能力》,载《当代法学》2017 年第 2 期;等等。关于强制措施中取保候审适用问题的论文有左卫民:《侦查中的取保候审:基于实证的功能分析》,载《中外法学》2007 年第 3 期;李雅:《取保候审期满不宜变更为监视居住之理》,载《中国检察官》2016 年第 3 期;等等。关于鉴定意见审查与判断若干问题的论文有汪建成、孙远:《刑事鉴定结论研究》,载《中国刑事法杂志》2001 年第 2 期;张朝阳、王国清:《审查起诉阶段鉴定意见审查要点》,载《人民检察》2016 年第 24 期;等等。

69 人认为一般，占总人数的 21.6%；3 人认为没有效果，占总人数的 0.9%。

需要指出的是，从调研来看，A 省公安机关的考评不仅能发现侦查取证存在的问题（业务型评价），还能指出考评本身的问题（行政型评价）。尽管考评中并没有对行政型评价赋值，但此隐性评价对业务型考评结果影响却甚是明显。因为在时间短、任务重的情况下进行的走马观花式考评，本身容易出现错漏而作出较为主观的评价，一旦考评组在考评后对某考评单位组织管理、考评标准等方面作出负面评价，可能会直接影响考评者对被考评者的总体印象，而这种结果自然包括业务性考评成绩。因此，执法质量考评结果在显性业务性考评与隐性行政型考评的双重影响下，将陡增新的变数。

四、问题之揭示

尽管执法质量考评已覆盖大部分刑事案件，且具有发现与纠正侦查取证中普遍性问题的功能，但是存在的问题也很突出。笔者认为，当下的执法质量考评主要是公安机关为整体上掌握执法质量情况而设计与推行的考评机制，而并未具有鲜明的问题意识与强烈的问题导向，其结果侧重排名以及由此而来的奖惩，不能从根本上关照侦查取证中的具体症结及其破解，难以充分提高侦查取证法治化水平。具体表现在以下四个方面。

（一）考评对象过于宽泛，难以关照侦查取证问题

当下的执法质量考评是将刑事案件、行政案件、执法管理、执法监督等模块一起考评，以此把握基层公安机关执法质量的整体情况，揭示存在的问题，提出纠正方案。此种广泛撒网的考评方式固然有助于全面、准确了解某地公安机关执法的各个环节运行状况，但也正是由于考评对象面面俱到，在考评时间与空间受限的情况下，不能对一些具体的包括侦查取证在内的执法问题深入挖掘，更不能深刻剖析问题发生的原因，导致一些屡屡发生的执法问题没有得到根本性的解决。因此，问题的关键在于考评对象过于宽泛，没有对执法质量考评分门别类地实施专项考评，使考评结果无法凸显各类执法中的突出问题。在此种考评安排下，侦查取证问题自然不会受到格外关照。解决之道需要明确考评对

象类型化,将侦查取证单独分离出来考评,查找该领域的突出问题,以此开展考评工作。

(二)考评标准的不具体与不统一,难以客观化反映侦查取证问题

考评标准直接决定着考评结果的客观性与公正性。当考评标准越具体化与统一化时,实践中考评可操作性就越强。所谓不具体,是指考评标准的细分不明确,让考评过程与考评结果不具有确定性的预期。目前,各地公安机关考评是依据省厅制定的执法质量考核评议实施细则进行考评,一年开展两次现场考核,半年各一次。市级考评单位主要检查办案单位卷宗与台账,省厅往往抽取各地一定比例的案件复核。至于如何具体开展考核,并没有具体明确的文件规定。那么,考评过程与考评结果完全依赖于各考评单位的“执法”尺度,“执法”越严格,办案问题也许就越多。所谓不统一,是指考评标准的模糊性,让考评过程与考评结果因地区存在差异。尽管省厅会制定统一的执法质量考核评价指标体系,对刑事案件、行政案件办理等类型实行分类分权重考核。然而,全省制定的考核指标体系必定是原则性的,对于基层来说不具有较强的可操作性,各地公安机关往往会根据当地执法环境与执法任务进行适当调整,例如,法律文书与笔录制作、嫌疑人的查获经过、嫌疑人到案经过等需要具体细化。因此,全省原则性规定与基层多样化执法之间就会存在一定的张力。又因各地采取交叉互评,甲地会根据本地的标准来评价乙地办案质量,这就会造成考评标准在操作性上的不统一。而且,考评结果中反映的执法问题对于考评对象的办案质量可能会没有针对性,反而增加了考评对象的工作负担,导致对最终问题的整改也徒具形式。

(三)考评过程形式化,难以查找侦查实体问题

考评方式采用卷宗审查与网上评议相结合的方式。无论是何种考评方式,考评主体均是以卷宗为载体。此种书面化评查能够快速发现办理程序、文书制作、材料上传等形式上的不规范问题,在一定程度上也查找出了部分侦查行为不规范的问题,如讯问不规范,调查取证非二人办案,现场勘验、鉴定不及时等,但是对卷宗中没有反映或者反映不明显的侦查行为不规范、取证不全面与不细

致等实体问题无法提供考评结果,毕竟"案卷中没有的东西就不存在",[①]造成案件中的事实、证据、法律适用等关键性问题未引起足够重视与得到充分解决。此种形式化考评过程不能全面、准确地反映侦查取证中的问题,且在一定程度上造成了人财物的浪费,难以起到提高办案质量的作用。

(四)考评结果运用不合理,难以纠正侦查取证问题

根据考评相关制度与实践做法,各地公安机关会将考评结果通报并进行排名,实行奖优罚劣。然而,考评结果受到的重视程度不同,存在合理运用不充分的情况。这里存在两个问题:一是只注重考评排名,不重视对办案质量的系统性梳理,更不重视对办案问题进行后期改进。考评仅具有形式化意义,对一些普遍存在、群众反映突出的执法顽疾,如侦查程序、证据问题等,没有从根本上起到督促单位和民警纠正这些问题的作用。二是考评排名后对单位与民警没有实质性的影响和效果,惩戒和奖励并未严格实施,即使有奖惩,也是惩戒大于奖励,容易打击民警的积极性。执法质量考评作为一种发现与纠正执法问题的方式,关键在于考核结果是否受到重视以及合理化运用,如果运用不当会起反作用,冲击甚至否定执法质量考评的价值与功能。因此,我们需要反思执法质量考评的真正功能以及考评结果的适当运用。

五、原因之剖析

A省执法质量考评工作实践表明,我国公安机关执法质量考评工作对考评对象没有类型化,呈现一定程度上的功利性特征。究其原因,这与行政指令型组织机构、结果导向的管理、案件卷宗的审查方式、指标化的考核等因素密切相关。

(一)行政指令型组织机构

习近平总书记指出,"政法机关要完成党和人民赋予的光荣使命,必须严格

① [美]米尔伊安·R.达玛什卡:《司法和国家权力的多种面孔——比较视野中的法律程序》,郑戈译,中国政法大学出版社2004年版,第51页。

执法、公正司法”[1]。这必然要求位于执法一线的公安机关，同时作为兼具刑事司法属性的行政机关，必须严格执法，做到对党忠诚、服务人民、执法公正、纪律严明。[2] 对于公安民警的组织纪律，我国法律有明确规定。《人民警察法》第4条规定，“人民警察必须以宪法和法律为活动准则，忠于职守，清正廉洁，纪律严明，服从命令，严格执法”。其第32条亦规定：“人民警察必须执行上级的决定和命令。人民警察认为决定和命令有错误的，可以按照规定提出意见，但不得中止或者改变决定和命令的执行；提出的意见不被采纳时，必须服从决定和命令；执行决定和命令的后果由作出决定和命令的上级负责。”由此可见，每个警察的组织纪律要求就是必须服从领导与执行命令。无论是执法还是管理，都反映出我国警察管理者与警官的关系是一种行政指令型关系，即上级对下级采用单向的沟通，指示下属应该做什么、怎么做，以及何时做。作为执法管理的重要组成部分——执法质量考评，在行政指令型的组织体制下必然有助于公安机关推动严格执法与公正司法。比如，能够快速梳理公安执法存在的普遍性问题，剖析问题成因，有针对性地提出纠正与减少不规范执法行为的意见。不过，行政指令型的组织体制过于强调执法质量考评中上级对下级的命令、指示，有时会忽视甚至无视公安办案的专业性、规律性的特征，以指令、纪律、排名等行政指标考察公安执法工作的成败，这将不利于公安机关严格执法与公正司法总目标的实现。未来我们需要明确不同的组织体制、管理模式和警察动机之间的关系，让管理者尊重办案规律，强调支持、保护下属，提供条件培养下属的执法技巧和能力，可能更有助于实现执法法治化目标。[3]

（二）结果导向的管理

当下，执法质量考评是公安机关自上而下开展的提高执法质量的重要举措。而且，调研地区公安机关为确保更加科学高效地考评工作的质和量，研发

---

① 《把握严格执法公正司法新要求》，载《人民日报》2014年1月14日，第1版。

② 参见徐隽：《始终坚持人民公安为人民　做到对党忠诚服务人民执法公正纪律严明》，载《人民日报》2017年5月20日，第1版。

③ 参见[美]罗伯特·兰沃西、劳伦斯·特拉维斯：《什么是警察——美国的经验》，尤小文译，群众出版社2004年版，第232页。

执法考评系统,推行执法质量网上考评,通过现场与网上结合、交叉互评、“全透明”复议程序以及主体参与的多元化等流程的应用,扩大执法监督管理的覆盖面,既客观高效考评了各地执法质量,也使法制部门与其他办案部门民警得到了近距离的执法培训。但是,无论此种考评工作的形式如何,仍然是责任结果导向的考核评价。此种结果导向的管理具有以下两个突出特点:一是侧重执法结果的评价,而淡化执法过程的要求。二是重视执法过错责任追究,而排除其他因素的干扰。通过对执法过错问题的查纠整改,对日常检查、执法考评发现的执法过错案件,依法依规追究办案人员的责任,并倒查追究审核人、审批人的责任,倒逼办案人员依法办案,从严把关。然而,由于责任结果导向的考核重在强化结果与责任,很多时候,考评并没有针对执法考评结束后未来如何提高执法质量给出一套整体性指导性的方案,往往采取“头痛医头、脚痛医脚”的直接手段,这难以充分发挥考评的纠错与防范功能,也使执法质量考评存在滑向功利性考核的可能。

(三)案件卷宗的审查方式

公安机关执法质量考评的主要方式是现场考评与网上考评。在2019年之前,主要是以现场考评为主,网上考评为辅。2019年以后改革考评方式,以网上考评为主。考评方式的发展变化基于两方面考虑:一方面,现场考评不够经济,且耗费大量的人力、物力、财力。网上考评避免了考评单位与考评对象之间面对面的接触,减少了考评对象为迎接考评而增加的工作负担。另一方面,现场考评往往事先安排考评单位进驻的时间与地点,不容易规避人情因素。网上考评更容易屏蔽考评者与被考评者的信息,有助于促进交叉考评,保障考评的公正性。无论是现场考评还是网上考评,评价的对象主要是案件卷宗,二者仅仅是形式上有差异,只不过前者审阅的是纸质卷宗,后者评议的是电子卷宗。但是,案件卷宗经过办案机关取证范围的取舍、证据记录的选择和证据组卷过程,并非都能全面、准确地反映案件的所有事实与证据材料。此种选择性取证机制对案件事实与证据信息的过滤、剪裁、修补甚至篡改所制作的案件卷宗往往已经形成事实、法律、逻辑具有统一性的指控体系。[①] 在这种机制下，有些错误在时间紧、任务重的情形下，考评者也很难发现。即使考评者发现执法问题，通常主要是办案人员制作卷宗的水平不高而导致出现明显的漏洞与矛盾，此种情况往往又是不常见的，这从县级公安机关执法质量考评结果平均不达标率仅0.05%即可证明。毕竟，在考评者看来，“案卷中没有的东西就不存在”。[②] 因此，通过案件卷宗发现执法的实质性问题并非有效，而考评结果往往流于形式化。

（四）指标化的考核

地方各级公安机关执法质量考评的一个主要特征是制定了统一的考核指标体系，对执法项目分类并赋予相应分值，采取扣分奖惩制。指标化的考核有效性的考察，应满足两个方面的条件。一方面，指标体系的规定科学、合理，具有合法性。另一方面，指标体系考核得到严格执行，具有合法律性。然而，在实践中，上述两个条件有时难以实现。一是指标体系对侦查取证方面规定太笼统。近年来，尽管公安部多次强调取消一定数量的不科学、不合理的指标，省厅据此也制定了上百条指标体系，17 万余字，内容涵盖刑事案件办理的各个环节，但是诸如对部分重大案件的拘留数、破案率等指标，要么仍然在发挥作用，要么对侦查行为规范化、取证范围的指导细致化不够，导致地方各级执法单位考评标准有差异，尤其会出现交叉互评时执行考评标准争议，影响考评结果的权威性与公正性。问卷调查显示，有 187 人认为刑事执法质量考评的指标十分合理，占总人数的 59.94%；125 人认为不合理，占总人数的 40.06%。二是指标体系执行不太严格。尽管各地公安机关实行交叉互评，但是市级公安机关仍然可对所分管的县级公安机关进行考评，由于市、县各单位之间的熟悉程度，考核部门会考虑关系、人情因素，而不严格按照考核细则执行考核，在某种程度上影响考核公正性。问卷调查也表明，在考虑上级考评部门与被考评执法部门关系对

① 马静华：《庭审实质化：一种证据调查方式的逻辑转变——以成都地区改革试点为样本的经验总结》，载《中国刑事法杂志》2017 年第 5 期。

② ［美］米尔伊安 · R. 达玛什卡：《司法和国家权力的多种面孔——比较视野中的法律程序》，郑戈译，中国政法大学出版社 2004 年版，第 51 页。

执法考评结果影响时,94 人认为影响很大,占总人数的 29.5%;173 人认为影响一般,占总人数的 54.2%;36 人认为没有多大影响,占总人数的 11.3%;16 人认为没有影响,占总人数的 5%。由于指标化考核合法性与合法律性的问题,使执法质量考评发现执法问题与提高执法质量的功能失灵,呈现注重考评等级化的困境。

六、公安机关刑事执法质量考评改革路径

不可否认,现有考评机制确实发现了部分执法问题,对提高执法质量具有重要作用。然而,其弊端也很明显,即过于注重考评形式化与实用性,而忽略了执法问题与执法质量本身。基于以上思考,从长远发展的图景观之,基于侦查取证机制的有效与运行,本章提出一个公安机关执法质量考评的改革思路,即向专项问题型考评转变。所谓专项问题型考评,即考评主体以问题为导向,对公安机关刑事执法质量分专项考评,使考评排名成为发现各项刑事执法中真正问题的手段,进而达到提升执法单位与民警执法质量的目的。在专项问题型考评理念的指引下,原有的考评主体、考评方式以及考评对象等内容需要重塑。其一,考评主体应体现外部性与专业性。现行考评是公安机关自上而下开展的工作,考评主体基本上是公安机关执法主体,尽管也会吸纳检察院、法院及社会参与人员,但总体上数量较小,参与程度不高。而且,业务警种混杂,对执法问题评价并不专业,在某种程度上影响考评质量。相较而言,专项问题型考评以外部专业人员参与为主体,兼顾公安机关执法人员与社会力量的参与,形成专业人员与社会力量共同评价执法质量优劣的格局。显然,此种考评摒弃整体功利性考评只注重考评主体内部性与封闭性的问题,为考评注入了外部性与专业性的视角,增强了考评结果的公正性与公开性。其二,考核方式的精细化。现行考评主要依赖于一年两次的评价,上级公安机关制定文件与下达命令,下级公安机关在一定时间与空间内完成考核任务,最终给出考评结果。考评节奏快速而紧张,追求快捷与结果,但容易忽视执法问题本身。专项问题型考评是基于执法本身的普遍性问题,或者某个时期比较突出的执法问题,开展有针对性的考评,突出精细化,提升考评工作的质量和效率。其三,考评对象的精准性。

现行考评强调对执法单位与民警所有可能存在的执法问题的全面考核,缺乏对执法中突出问题的梳理与纠正,往往考评结果流于形式化。而专项问题型考评是直奔执法问题,全面且重点地查找某个专门领域的执法问题及提供应对之策。相较于前者,后者的考评更加科学、有效。

由于专项问题型考评是以问题为导向,重塑了考评主体、方式与对象,促进了考评的专业化、公开化与实体化,有助于精准发现公安刑事执法问题,对侦查取证机制运行有针对性地提供完善建议。就改革方案本身而言,以问题为导向,以群众反映的热点、难点问题开展执法质量考评符合中央的改革理念,[①]除减少甚至避免整体功利性考评带来的排名化与形式化等弊端外,还在于考评的专业性与精准性等优势。调研地区问卷表明,有 226 人认为考评指标的科学化最有助于发现侦查取证不规范问题,占总人数的 72%,考评主体应为中立的第三方和考评方式以侦查取证问题为导向,选择人数为 200 人和 199 人,占比分别为 63.7% 和 63.4%。考虑到专项问题型考评的比较优势,未来改革应转向专项问题型考评,具体可从考评主体、考评方式与考评对象等方面着手。

(一)实现考评主体由内部性向外部性与专业性转变

考评主体的独立性与专业性,是保障考评结果客观与准确之前提。由于公安机关执法质量考评一直属于内部考核,且考评主体为混杂多项业务警种的部门选派,考评结果就颇有争议。因此,由相对中立与专业的主体从事考评应较为正当。这有短期与长期两套方案。从短期考虑,由于公安机关的执法质量考评属于执法规范化的重要建设内容,完全交给独立的外部单位牵头与组织,除在短时间内在人员和设备上的配置无法到位外,也似乎有其他部门“多管闲事”之嫌,且相互独立的体制无法确定恰当的考评主体。因此,公安机关的执法质量考评可暂由法制与办案部门组成联合考评组,屏蔽考评者与被考评者的信息,实施网上交叉互评,可满足考评中立性与专业化的需要。但从长远来看,公安机关执法质量考评的目的是发现执法问题,分析问题成因,最终纠正与预防

---

① 参见贾立政:《在坚持问题导向中开创事业发展新局面》,载《人民日报》2017 年 9 月 14 日,第 7 版。

类似问题发生。从这一点来看,委托第三方评价公安机关执法质量效果也许更好。笔者认为,法治社会遵循程序公正的核心是独立性与专业性。作为与公安机关办案密切相关的主体——检察院、法院与律师——对侦查取证问题熟悉且能提出更加具体、有针对性的影响办案质量的意见。这些主体都具有独立性与专业性特征。不过,相较而言,检察院牵头组织对公安机关执法质量考评更加妥当,理由是:首先,检察院是我国的法律监督机关,对公安机关执法质量进行监督符合宪法和法律的规定;其次,检察院本身肩负着对公安机关立案、侦查、逮捕等行为实施监督的职责,再由其牵头组织执法考评,体现了侦查监督内容的全面性与深入性;最后,检察院作为控诉机关,跟公安机关打击犯罪具有同质性,对侦查不规范、取证不细致影响办案质量问题经常性地接触与分析,已累积了相当深厚的办案经验,能够有针对性地对侦查与证据问题提出考评,并提出提升侦查取证规范化水平的建议。

(二)实现考评方式由快考评到慢考评再到精考评的转变

现行考评主要依据排名结果对执法单位与民警进行评价,在一定程度上会陷入为考评而考评的“快餐式”的怪圈,部分情况下会将完成考评工作当目的,没有时间仔细查找考评工作与执法存在的问题,难以呈现考评的真正价值。所谓慢考评,是指考评主体让考评变得从容,将考评手段与目的相分离,坚持问题导向创新考评机制,促使考评者与被考评者的情感融通与智识碰撞,而不是以冷冰冰的指标去评价,使考评真正发挥考核执法质量的作用。所谓精考评,是指考评主体直接针对某一个执法问题开展专项考核,摆脱指令性、压力性的监督,真正地从过程与结果、点面结合施展精致化的考评。而要真正做到精致化考评,必须从执法管理体制机制入手。在管理体制上,上级公安机关考评应多与下级公安机关沟通,倾听他们的声音,有助于考评结果更接地气。从机制上,建立保护民警容错机制,出台相关的保护民警合法执法的规则与制度,对执法规范化建设模糊的地方设置一定程度例外或者“紧急情况”的判断标准。实践中往往会出现保障群众利益与维护民警权益相冲突的问题,尤其是一些产生舆情的案件。强调支持、保护下属,甚至根据考评情况,提供条件培养下属的执法技巧和能力,帮助解决执法问题。

(三)实现考评对象由宽泛化到专门化的转变

目前,公安机关执法质量考核主要是以执法单位与民警办理案件为考评对象,重点以(纸质或电子)案件卷宗为审查载体。由于考评对象的宽泛性,在较短的时间内完成考评已然不错,更不用说查找出专门化的执法问题。笔者认为,考评对象的宽泛化稀释了考评的作用,不利于从长远角度提升办案质量,有必要实现从考评对象的宽泛化到专门化的转变。一方面,聚焦主要执法问题实施分类考评。所谓分类考评,是指按照各种执法类型分别考评,摒弃估堆式考评,明确刑事执法考评区别于行政执法、行政管理等其他执法类型的重要性。同时,由于刑事执法中的突出问题与重点问题会对当事人的人身与财产权益造成重大损害,单独明确考评标准与细则,有助于发挥精准考评的效果。另一方面,在分类的基础上,明确分项考核。就侦查取证而言,实践中普遍且突出的侦查行为不规范、取证不细致、证据关联性不强等症结需要专门考评,下大力气不间断地强化监督,同时及时与通报公安机关侦查取证不规范情况的检察院进行沟通与协商,动态地监测侦查取证问题,克服短期排名化的考评,建立刑事执法规范化建设的长效机制。

七、小结

A省公安机关刑事执法质量考评机制运行实践表明,现有考评机制的确在一定程度上能够发现公安机关刑事执法中存在的问题,进而促进民警履职能力的提升与执法规范化建设,其在考评管理上也具有相当的经济性。然而,由于考评的科层制与内部性,很容易滑向竞赛式考评的陷阱。实现向"专项问题型"考评转型,依然有一些问题值得我们进一步思考与探索:一是行政指令型的机构属性仍在实践中对公安机关考评的形成与发展发挥重要影响,管理者强调的指令下达与纪律服从,强力影响着公安民警的工作态度与方式。此种体制如何改造有助于执法质量的考评平台,需要结合整体公安工作进行系统性考量。二是结果导向的管理在一些单位发挥着重要的引导作用,但是作为公安执法管理的理念,需要在尊重公安刑事司法规律的基础上,既注重过程又注重结果、分层考评,实现科学、有效的管理目标。三是案件卷宗仍然是当下公安机关各项工作的考核载体,如何选择新的考核载体与考核方式提高考评的质量,需要从体制机制上进行联动探索。四是指标管理的科层制导致的等级性、主观性、高效性与刑事执法的保守性、规律性、公正性之间的冲突如何协调。考评指标尽管能够检测与评价刑事执法中的问题,进而提升执法质量,然而,指标构建标准的科学化不高、合理化不够及指标功能的流动性等缺陷能否作为考评公安机关执法质量的适格手段,以及如何在指标之外建立补充性或者替代性规范公安机关执法行为的方法仍有待观察与解决。总之,我们应充分认识到,无论是整体功利性考评(强排名化)还是专项问题型考评(弱、去排名化),考评仅是公安机关执法质量考评机制实现公正与效率目标的一种途径而已,执法规范化才是根本性目标。

第八章　深入推进公安执法规范化建设的路径

近年来,特别是党的十八大以来,“各级公安机关以全面深化改革为推动力,以解决执法突出问题为导向,全力推进公安执法规范化建设,在执法主体、执法制度、执法监督体系和执法信息化管理等方面取得明显成效”①。具体言之,在执法主体建设上,进一步提高了广大民警执法能力;在执法制度建设上,进一步完善了执法规范体系;在执法机制改革上,进一步推进执法权力高效规范运行;在执法信息化建设上,全面提升执法管理信息化水平;在执法突出问题治理上,有效减少了违规执法情况。前文分析亦表明,作为公安执法规范化建设的重要组成部分,案管中心建设、现场勘查机制改革、执法办案场所建设、涉案财物管理、执法质量考评机制、法制部门全程监督等方面均已迈出改革新步伐,推动公安执法规范化建设大踏步向前迈进。公安执法规范化建设的深入推进直接决定了法治公安建设目标能否实现,而侦查取证机制改革又成为检视公安执法规范化建设有效性的重心。因此,本章以侦查取证机制为侧重点,注重公安执法规范化建设与侦查取证机制的相互适应性,

① 赵克志:《国务院关于公安机关执法规范化建设工作情况的报告——2020 年 8 月 10 日在第十三届全国人民代表大会常务委员会第二十一次会议上》,载中国人大网,http://www.npc.gov.cn/npc/c30834/202008/808335098ca74fb69de8ffe32006556c.shtml,2021 年 1 月 22 日访问。

而就公安执法规范化建设的问题，尤其是与侦查取证机制不相适应的问题与现象给出对策、建议。正因如此，这也是本项研究区别于以往单独关注公安执法规范化建设或侦查取证机制改革项目的特点所在。为此，本章将在前述实证研究的基础上，进一步凝练公安执法规范化建设的实践样态，分析其存在的问题，以及叙述公安执法规范化建设对侦查取证机制的正向与负向影响，以侦查取证机制规范化运行为目标，审视下一步深入推进公安执法规范化建设的路径，并据此前瞻未来公安执法规范化建设的发展趋势。

一、公安执法规范化建设的实践样态

据官方统计，全国公安机关通过深入开展执法规范化建设，稳步提升了执法质量，进一步增强了执法公信力。自 2016 年以来，公安执法制度体系逐步健全、执法办案场所渐成一体化，以及执法管理日益精细化，刑事立案数量连年下降，部分暴力犯罪案件数量持续明显下降、破案率逐年上升。[①] 在调研地区，“2019 年，全省刑事行政案件发案总数为近 5 年最低，八类重大刑事案件立案数比 2015 年下降 39.1%，‘两抢一盗’多发性侵财案件立案数比 2015 年下降 69.3%，命案现案首次实现全破，命案积案破案率全国第一”[②]。问卷调查亦显示，公安执法规范化建设的最主要的作用是提升执法有效性，有 265 人选择此项，占总人数的 83.1%。由此可见，无论是全国还是地方，公安执法规范化建设均取得显著成效。根据全国与地方公安机关以及调研地区公安执法规范化建设的实际情况，公安执法规范化建设呈现理念的控制性、主体的多元化、内容的双重性，以及方式的复合性等特征。

（一）建设理念的控制性：控制执法行为与执法结果

公安执法规范化建设的初衷在于通过若干有力举措，促进执法人员办案的

---

① 参见赵克志：《国务院关于公安机关执法规范化建设工作情况的报告——2020 年 8 月 10 日在第十三届全国人民代表大会常务委员会第二十一次会议上》，载中国人大网，http://www.npc.gov.cn/npc/c30834/202008/808335098ca74fb69de8ffe32006556c.shtml，2021 年 1 月 22 日访问。

② 《法治公安的甘肃实践——我省公安机关执法规范化建设综述》，载法治甘肃网，http://www.gsfzb.com/content-153-70990-1.html，2021 年 1 月 24 日访问。

规范化。这些举措的实施，不仅全程监督执法人员对案件的处理方式，并对此进行奖励与惩戒，也在及时查找执法问题与纠正案件处理结果。在这种控制理念的支配下，衍生出对执法行为与执法结果的各种评价机制。

基于对执法权力控制的理念，实践中以执法行为的控制为对象，为规范执法程序，主要依托信息化的流程控制。所谓信息化的流程控制，主要是监督者将办案人员的办案程序与实体内容在信息化系统中设置若干阶段、模块，按照一定的时间节点对办案活动进行分析与评价。不难看出，这是一种通过信息化手段对办案权力进行精准化控制的方式，在提高办案效率的同时，也对部门与个人的执法活动进行严格控制。监督者在对执法行为控制的过程中，已形成卷宗与信息化监督两种方式。前者作为层级控制的载体，反映的是上级对下级领导、审批与处理过程，是一种较为粗放的人力控制方式。对于后者，借助于案件管理的智能化手段，在每个时间节点介入、控制执法行为，是一种较为精准的电脑控制方式。尽管二者都属于科层制管理方式，[①]但是后者往往以前者存在为前提，即办案人员需要把各种办案文书、证据照片等扫描至信息化系统中，形成纸质与电子卷宗两套内容完全相同记录办案过程的载体。此时的办案人员不仅需要处理日常的案件，还要在此之外制作案卷以备监督者的审核，这都是以牺牲办案效率为代价的。

在案件处理结果上，如何防止出现执法质量问题，一直以来都是公安机关关注与重视的问题。从制度上看，为保障执法结果的公正性，公安机关内部通过建立健全制度机制控制案件处理结果。在司法改革语境下，公安机关实施主办侦查人员制度，成为公安改革的重要内容之一，即“按照一定的比例和资格条件，选拔不同层级的主办侦查员，由主办侦查员牵头组成办案团队，按照一定的程序获得案件的主办权，并承担相应责任的侦查管理模式和运行机制”[②]。该制度本是强调主办侦查员对立案到侦查的全过程负责的办案思路，完全“以责任为切入点和突破口，有助于减少、避免其他因素对侦查办案的干扰……落实办

---

① 参见左卫民：《信息化与我国司法——基于四川省各级人民法院审判管理创新的解读》，载《清华法学》2011 年第 4 期。

② 吴秋玫：《司法改革语境下主办侦查员制度的建构》，载《江西社会科学》2018 年第 3 期。

案质量终身负责制,提升侦查工作质量"①。这在一定程度上规避了行政层级对侦办案件的干扰,有利于权责利相统一。然而,与此同时,为强化侦查结果的直接控制,公安机关内部又建立重大、疑难案件集体讨论制度,"由公安机关负责人召集执法办案部门、法制部门负责人集体研究,集体研究意见以及不同意见均应记录在案"②。法律文本肯定了公安机关负责人对案件处理结果的直接控制作用,比如,《公安机关办理刑事案件程序规定》第286条规定,"侦查终结案件的处理,由县级以上公安机关负责人批准;重大、复杂、疑难的案件应当经过集体讨论"。此种既赋予主办侦查人员独立处理案件的权力,又由集体讨论案件处理结果,反映出公安机关负责人可直接或间接地决定部门与个人最终的案件处理结果。从实践来看,公安机关办案负责人(主管刑侦工作的副局长、刑警队长、派出所所长等)通过案件审批、案例研讨、文书签发等形式指导、监督案件的处理结果。基于上述分析,我们可以清晰地看到,主办侦查员制度与案件集体讨论制度之间的关系,也反映出公安机关既放权于侦查员独立办案又因审查职责而必须牢牢控制案件处理结果的矛盾心态。不过,随着公安改革法治化的继续推进,主办侦查员办案的自主性将会进一步增强,公安机关负责人聚焦于重大、疑难、复杂案件已是大势所趋,尤其是在强化执法责任体系建设,实行办案质量终身负责制和错案责任倒查问责制的背景下更是如此。③

总体上来说,基于控制性理念,公安执法规范化建设已形成过程与结果双重评价机制,从案件最初受理到结果评价均处于控制与监督之中,尤其是在信息化的驱动下,控制与监督更加广泛、深入。

(二)建设主体的多元化:执法部门与非执法部门

经过十多年的发展,公安执法规范化建设基本形成公安内部主导与外部参与的格局,参与的主体众多,按照具体类型,可清晰地分为执法部门与非执法部

---

① 魏地:《全面深化公安改革下的新思路——主办侦查员制度的法治维度》,载《中国法律评论》2016年第1期。

② 袁国礼:《公安部:重大疑难案件将建立集体讨论制度》,载《京华时报》2015年3月20日。

③ 参见高语阳:《公安部:执法活动实现全过程留痕——加强对执法活动的监督管理 全面规范受案立案工作流程》,载《北京青年报》2021年9月15日,第A6版。

门。由于两种类型主体的权责不同，再加上不同执法的范围，这就会牵扯执法部门与非执法部门分工负责、互相配合与互相制约的情形，甚至出现非执法部门控制与监督执法部门的现象，导致参与建设的多元化主体交织互动的态势。

执法部门与非执法部门相互交织与共同推进执法规范化建设，经历了一个逐步发展的过程。从制度上看，执法部门既包括行政、刑事执法单位，也包括法制、督察、纪检等执法监督主体。由于法制部门一直被认为是公安机关执法质量的内控部门，许多执法监督活动均由法制部门主导与实施。而且，在实践中，为补充执法监督力量与增大执法监督力度，全国各地公安机关设置法制监督员制度，较好地发挥了执法办案“质检员”作用。[①] 不难看出，包括公安法制部门以及法制员在内的这些执法部门已成为执法监督管理体系之重要组成部分，对加强执法过程和执法质量管控具有重要作用。然而，执法规范化建设的内容众多，而且关涉执法主体责任，除了上述执法部门外，还包括督察、纪检、政治部等非执法部门。比如，在执法质量考评机制中，就会涉及法制、督察、纪委等执法部门与非执法部门共同参与执法监督的情形。再如，在涉案财物管理中，由审计、督察、法制、警务保障室等部门联合开展执法监督。实践中，非执法部门参与到执法规范化建设当中后，使执法监督出现两种模式：一种是法制部门牵头，执法部门与其他非执法部门参与的模式。整体上，该模式仍然是专业的执法部门对执法规范化情况进行指导、测度与评价，目的是发现与纠正执法问题。另一种是非执法部门主导，法制部门、执法部门参与的模式。在此种模式下，非执法部门侧重于对于执法规范化建设的进展情况进行督查，并通报督查结果，尤其是对未完成任务的执法主体会作出不利评价。由此可知，两种模式的侧重点不同，前者着重以执法监督形式促进执法部门严格规范执法，后者强化监督后的惩戒，落实执法目标责任。

此种多元化主体的出现，虽有助于强化监督的严密性，但也会引发监督不

---

① 参见《深化执法监督管理机制改革，全国公安机关已配法制员约9万名》，载百家号，https://baijiahao.baidu.com/s?id=1718113004714274990&wfr=spider&for=pc，2022年5月4日访问。

专业且不能解决实际问题的争议。从执法规范化的角度看,应当是专业的机关干专业的事,这就需要对公安机关内部权力进行合理配置,以此明晰执法部门与非执法部门的权力边界,切实解决实践中存在的执法真问题。

(三)建设内容的双重性:人员与案件

从理论上讲,关于公安执法规范化建设的对象或内容学界存在一定争议。①尽管公安执法规范化建设的内容复杂、多样,关涉警情、案件、人员、场所、卷宗、财物等办案核心要素,但笔者认为这些办案核心要素主要跟执法人员与案件两个要素产生交集。换言之,无论是执法行为、执法信息化等过程指标还是执法责任、执法效率等结果指标,都和在执法中的人员与案件密切相关。

在全面深化公安改革工作深入推进当中,公安队伍正规化建设作为公安"四项建设"之一被单独提出来,是其他"三项建设"的基础和保障,关系着全局的部署和规划。② 只有执法人员的行为规范化,执法结果的公正性才会得以保障。实践中,以执法人员为建设内容的相关举措陆续展开,目的在于强调执法人员的管理,约束执法权力运行过程,主要包括三个方面的内容:一是完善制度建设。公安机关围绕执法人员出台了许多规范与制度,尤其是对于执法素养与执法能力不强的人员,需要组织执法资格考试、执法培训、执法实战练兵等活动,目的在于提升执法人员的办案能力与水平。二是强化流程管理。流程管理的目标强调对执法人员的权力行使的监督,并致力于消除执法不规范。为此,公安机关必须依据办案规律,设计科学、有效的执法环节,为执法管理和执法规范化的实施奠定基础。通过刑事案件"双统一"制度、法制部门全程监督机制等,对执法人员从立案到侦查终结的整个执法活动进行监督,极大缩小了执法人员自由裁量空间。三是严格责任追究。通过执法质量考评机制、过错责任追究机制等执法责任体系,对民警违纪违法行为启动责任追究程序,对违反制度规定的人员坚决严肃查处。

---

① 参见易继苍:《公安机关执法规范化建设研究述评》,载《公安学刊(浙江警察学院学报)》2011 年第 1 期。

② 参见娜日斯:《公安队伍正规化建设的逻辑演进与发展路径》,载《学术论坛》2016 年第 9 期。

在强化执法主体建设的过程中,必须依赖于实质性载体——案件——来实现管人的目的。如果说执法主体建设是宏观层面,那么案件管理则是微观层面,目的在于通过受理审查、流程监控、质量评估等方面建立监督机制,对正在办理的案件与已经办结的案件进行全面实时监控与评价。这主要包括三个方面的内容:一是案件的受理与分配。通过案件管理中心、110 报警平台对案件来源进行管理,完善受立案工作程序,防止案源流失,建立起保障执法质量的第一道防线。二是案件的流程监控。无论是案件整体要素处理还是案件节点管理,均处于办案系统闭环当中,已形成对案件的全要素监控。三是案件的质量评价。运用科学、有效的指标评价体系,对"立案、主体职权、证据收集、案件事实认定、法律适用、案件处理、执法措施、法律文书等方面进行综合评价",①以检测某一时期执法人员的办案质量,为进一步提升执法效能提供可参照的依据。

(四)建设方式的复合性:纸质化与信息化

由于公安执法规范化建设的对象是人员与案件,为更好地体现监督与控制的办案理念,必然依赖于一定的载体与手段实施具体的管理。经过多年的发展,纸质卷宗与信息化平台已成为全面透彻地了解从立案到结案的整个办案流程的重要载体与手段。这两种载体既可单独起作用,也可结合起来产生影响。按照此种组合方式,实践中呈现两种建设方式:一是纸质化建设,即传统式的管理载体,通过纸质卷宗记录的办案过程与处理结果为依据,完善案件考核、评查制度,以此规范纸质卷宗。二是信息化建设。这成为当下公安执法规范化建设的主要方式,也是建设提档升级的主要平台,包含两个层面:一方面,执法全过程信息化记录与评价。比如,法制部门对接报案登记、办案区管理、讯(询)问、涉案财物管理等执法办案环节进行全流程信息化记录,"以及对处警、当场盘问检查、现场勘验、处置群体性事件等现场执法活动使用执法记录仪进行全过程音视频同步记录,打造全面覆盖、有机衔接、闭环管理的执法全流程记录链条,

---

① 张品泽:《论公安机关刑事执法质量评价(检验)——以 2012 年〈刑事诉讼法〉实施为视角》,载《公安研究》2012 年第 12 期。

实现对执法活动的全过程留痕与可回溯管理”①。另一方面，执法办案中心的一体化建设。比如，各级公安机关积极探索打造集办案区、案件管理区、涉案财物管理区、合成作战、智能辅助等功能为一体的“一站式”办案场所。此种过程的贯通性意义较为明显，既可对案件入口标准进行把关，又可保障结案标准的统一，有助于实现执法的统一性、公正性与权威性。

不难看出，信息化建设方式是通过一定的科学技术设计案件办理流程所关涉的模块与环节紧密地把管理者与被管理者捆绑在一起，使执法规范化建设的科学性与有效性成为现实。值得注意的是，目前的信息化建设还不是完全自主性的方式，需要依赖于纸质卷宗的内容扫描转换成电子卷宗才能发挥作用。此种不完全的信息化建设方式无疑会增大执法人员的工作负担，影响执法效能。信息化建设本是一种提升办案效率的有益方式，有时反而产生了效率不高的问题，容易挫伤执法人员办案的积极性。这需要信息化建设在未来发展中紧密结合公安执法自身特点进行完善。

二、公安执法规范化建设存在的问题

尽管调研地区公安执法规范化建设取得了阶段性成果，但是暴露出的问题也较为明显。我们需要梳理与分析这些问题，为进一步开展公安执法规范化建设指明方向。

（一）建设尚不均衡

公安执法规范化建设是公安系统自上而下围绕执法规范化进行的全面性改革，在尊重执法规律的基础上，优化执法权力运行，提高执法效能，从而满足民众对执法提出的新要求。这就要求公安执法规范化建设必须做到各方面的均衡性，即将不同地区、不同区域、不同环节、不同条件等方面以恰当的方式保障建设的统一性。从实践来看，公安执法规范化建设并未处于均衡运行的状态，明显存在不均衡发展的问题，主要体现在以下几个方面：一是经济发达地区

---

① 高语阳：《公安部：执法活动实现全过程留痕——加强对执法活动的监督管理 全面规范受案立案工作流程》，载《北京青年报》2021年9月15日，第A6版。

与相对落后地区之间建设的不均衡。公安执法规范化建设是需要耗费人力、物力、财力等因素，而这些因素的供给取决于当地的经济发展状况。换言之，经济越发达的地区，公安执法规范化建设效果越好。比如，对于基层公安机关执法办案场所规范化改造、执法信息化建设、执法记录仪的配置等需要一定规模经费投入的项目，经济发达地区显然优于相对落后地区。二是城市与农村之间建设的不均衡。与上一点相似，由于经费、人员、环境等条件的差异，与城市相比，农村公安执法规范化建设进展较为缓慢与滞后。以执法办案场所为例，调研地区县局能够严格按照公安部与省公安厅要求改造办案区，办案区设置科学、合理，城市派出所基本能够达到办案区设置的要求，但是办案区存在监控设备老化、内存卡储存量不大等问题，而农村派出所的条件有限，不能达到办案区设置条件（如办案区无法安装卫生间等）。可以说，县局、城市派出所与农村派出所的建设差异分明，出现县局优于城市派出所，城市派出所好于农村派出所的现象。三是管理工作与执法工作之间不均衡。由于公安执法规范化建设的内容丰富，不仅包括管理制度与方式，还涉及执法程序与结果，这就要求管理与执法保持适度的平衡。然而，实践中执法管理过度运用，超越自身合理界限，直接以对公安执法权力运行进行规范与监督之名超常发挥管理权限，导致管理效能突出，而执法效能不彰，最终破坏了管理与执法的平衡关系。四是硬件与软件建设之间的不均衡。公安执法规范化建设关涉硬件与软件的共同发展，不能非此即彼地选择。只有这样，才能确保基层、一线公安执法条件胜任实践需求。但是，调研表明，公安执法规范化建设偏向硬件设施，执法硬件一应俱全，换装升级后已能够满足执法实际需要，而对诸如警力配置与人员的培训等软件方面没有跟进，谁来用、用得如何等影响执法效果的因素缺乏充分的关注。如何把握与平衡公安执法规范化建设中的几组关系，仍是制约公安执法规范化建设成效的关键问题。

（二）建设的封闭性较强

根据公安执法规范化建设的意见与办法，公安机关之所以提出这样系统化的改革要求，在很大程度上是因为公安执法规范化建设因应中央对法治公安建设提出的新要求与解决民众反映的突出执法问题,进而关涉当事人的权利保障以及社会大众对公安执法工作的评价。从目前的实践来看,公安执法规范化建设取得一定的成效,但是由于公安执法规范化建设的实践运行主要还是面向公安机关与执法人员,多基于公安自身利益来规范执法权力运行与提升执法质量,没有将公安机关之外的主体对公安执法工作的客观需求与主观评价纳入建设范围,致使公安执法规范化建设的效果未能受到较为中立的评价。公安执法规范化建设的封闭性主要体现在以下几方面:一是执法质量考评未能吸收外部主体参与。公安执法质量考评是上级公安机关借助自身设定的指标体系对下级公安机关的执法情况进行评价,基本属于内部评价与层级评价的范畴,没有将参与到公安执法当中的当事人、律师、检察官与法官等主体纳入决策范围,必然导致执法质量考核存在评价主体不中立、评价方式不科学、评价结果不客观等问题,产生内部评价与外部评价的差异,从而影响公安执法权威与执法公信力。二是执法信息化建设的单方性与内部性。一方面,公安执法信息化建设是公安系统自上而下设计与改造的办案平台,多基于自身利益考量来强化执法管理与执法办案监督,其中涉及案件、办案人员、当事人等多方信息,绝对排斥外部主体介入执法信息系统。另一方面,即使是公安机关行使办案、法制、纪检、督察等内部人员,其权限也会因部门、任务、系统等方面的不同而受到严格限制。换言之,只有受到完全赋权的特定的部门及其人员,才能查看、编辑与监督相关人员的执法信息情况。尽管一些有限赋权的人员也会浏览到相关人员的执法信息情况,但后台会自动记录搜索的相关情况,日后可能会因此受到不利评价。虽然公安执法信息化建设将视野局限于公安内部具有一定的道理,但也造成公安机关与外部主体以及公安内部之间的信息壁垒,无法合理对接外部主体共享数据信息以及准确研判案情,容易产生执法信息化建设成本高、效率低的难题。三是涉案财物管理标准各行其是。涉案财物管理是公、检、法三家共同面临的重要课题,也正因如此,三家各自拥有涉案财物管理系统。然而,公、检、法三家各建的涉案财物管理信息平台阻隔了涉案财物随卷宗流转的通道,造成涉案财物在流转过程中丢失或毁损,加大了检、法办案人员在登记、入库、核查等方面的工作量。目前,一些地方已经尝试打通涉案财物流转因部门梗阻的状态，并且公、检、法三部门联合出台涉案财物管理办法，共建涉案财物管理信息平台，[①]只是实践中各地公检法并未形成统一的标准与规范。这需要公、检、法不断试点探索，让涉案财物管理与处置在制度与技术上更加成熟。

（三）偏向负面约束机制

公安执法规范化建设是公安机关内部自上而下的改革，其初衷也是问题导向，以解决突出执法问题为最终目标。为保障公安执法规范化建设的顺利进行，检测自身改革成效，公安机关会采取执法质量考评、执法责任追究或者二者相互结合的方式决定单位与民警的奖惩。从考核制度来看，考核主体基本采用现场与网上相结合的方式进行考核，并对考核结果进行排名，确定考核名次进行奖励与惩戒。然而，实践中，考核结果等级化，一般以排名结果确定执法规范化的位序，并对连续排名靠后的执法单位与责任人进行教育与整顿。这是一种结果导向的考核，将执法规范化置于每（半）年考核结果当中，在一定程度上确实能快速发现与纠正执法程序等形式问题，但对全面、客观取证以及证据之间关联性等常见重点执法问题缺乏深切关注。同时，此种未能关注执法问题的考评有时也会造成排名靠前的单位执法规范化较好的错觉，不利于形成争先排名的良好氛围，反而助长为争排名而出奇招，[②]影响执法考评的严肃性。此外，此种考评结果跟队伍管理、民警表彰奖励、职务晋升等缺乏紧密结合，往往对执法质量有问题的案件予以通报或启动追责机制，而对于执法质量较高的案件却没有相应的物质奖励、职务晋升等措施。总体来看，实践中的执法质量考评与过错责任追究在很大程度上仍是一种立足于侦查权控制的“重负向约束、轻正向激励”的建设模式，多强调办案质量终身追究与错案责任倒查追究的后果。此种负面约束机制未能起到充分发挥刺激民警提高思想认识与促进执法办案质量的作用，有时反而会导致民警承受较大的办案压力，最终影响民警办案的积极性。为此，建立民警执法办案的容错纠错机制显得尤其必要。尽管在一些地

---

① 参见孙勐：《涉案财物系统管理》，载《检察日报》2020 年 4 月 8 日，第 12 版。

② 参见李长需：《什么样的“内部考评”导致交警执法造假》，载《东方今报》2017 年 3 月 21 日，第 5 版。

方公安机关已经尝试提出制定容错纠错机制的建议,但还没有形成制度化与规范化的容错纠错办法。因此,公安执法规范化建设需要转变思路,对执法质量考评与过错责任追究手段进行调整,强化结果运用,建立正向激励机制,充分调动民警办案积极性,激发民警多办案、快办案与办好案。

三、公安执法规范化建设对侦查取证机制的正向影响

应该说,公安执法规范化建设在相当程度上改变了侦查取证机制运行的制度条件与组织环境,针对侦查活动与证据问题采取的管理制度与措施已经重塑了侦查取证活动实施的硬件与软件环境。为了适应这些变化,公安机关侦查组织及其人员不得不调整自身在侦查取证机制运行中的整体行动模式与具体行为方式。质言之,公安执法规范化建设实际上构成了一种对侦查取证机制的实然约束。从实践来看,公安执法规范化建设对侦查取证机制的正向影响主要体现在以下几个方面。

(一)侦查程序控制

就侦查取证机制而言,公安执法规范化建设的重要侧面就是控制侦查程序,最大限度地减少侦查环节办案质量不高引发冤错案发生的概率。之前,媒体曝光的冤错案表明,“侦查机关违法取证,隐瞒、伪造证据,甚至阻止证人作证的现象屡屡出现”,[①]成为导致错案的直接原因。为此,自 2008 年公安机关开展执法规范化建设以来,尤其是在党的十八届四中全会提出全面推进依法治国总目标的背景下,各地公安机关积极采取一系列改革举措规范执法权力运行,全面提升执法效能。综观既有的公安执法规范化建设实践,这些改革举措已基本形成侦查程序的全程控制,主要包括以下几种方式:一是“落实受立案统一归口管理。各地公安机关普遍设立案管中心,统一接报案管理,对办案单位接处警、受立案情况进行监督”[②]。2019 年,调研地区警综平台录入的接处警信息中,规

---

① 陈永生:《论刑事错案的成因》,载《中外法学》2015 年第 3 期。

② 《法治公安的甘肃实践——我省公安机关执法规范化建设综述》,载法治甘肃网,http://www.gsfzb.com/content-153-70990-1.html,2021 年 1 月 24 日访问。

范接处警占全部警情的99.9%;依法作出受理立案、不予立案、转治安处罚等处置的刑事警情占全部刑事警情的99.7%。二是加强法制部门对侦办案件的全程监督。许多地方公安机关办理的所有刑事案件均实现在警综平台上流转,“刑事案件立案、采取强制措施、撤销案件、移送起诉等主要环节以及县级以上公安机关决定的行政处罚案件均由法制部门审核”①。调研地区公安机关已建立并实现侦办案件的“五级审核机制”,设立专、兼职法制员2700余人。三是规范执法办案场所的侦查活动。执法办案场所是侦查活动实施的主要场域,它是维护正常侦查秩序与保障民警合法取证之基础。公安部高度重视基层公安机关的办案场所侦查活动,于2010年陆续出台一系列保障办案场所侦查取证合法的标准与规范,部署开展执法办案场所规范化改造。目前,各地公安机关已全部完成执法办案场所升级改造。同时,整合执法办案场所的部分职能,对接涉案财物管理场所、合成作战中心等部门,打造执法办案管理中心,形成一体化的执法办案服务保障。在调研地区,办案场所设置了人身检查、讯问、询问、辨认等办公区,建成同步录音录像、视频监控和人员报警设备,实现监控“全覆盖、无死角”,这些硬件保障有力地防范与遏制了涉案人员刑讯逼供等非法取证现象的发生。而且,调研地区民警已经养成在办案区内与在镜头下开展侦查活动的惯习,提高了侦查取证的合法性。实践表明,调研地区执法办案场所未发生过执法安全事件,实现了零刑讯逼供案,零安全事故、事件的发生。

显而易见,案管中心系统、法制部门的全程监督以及执法办案场所的规范化建设已形成对侦查行为的节点控制,侦查人员在公正执法的过程中努力产出高质量的执法结果。相比其他部分重点控制方式,侦查程序控制显得更为日常,不仅表现在流程管理的可视化与闭环性,还指向侦查人员的具体行为。侦查人员的具体行为在客观化、可视化的指标指引下,按照程序节点与管理版块的要求完成侦查活动,这自然包括侦查取证程序。一旦侦查取证行为偏离标准化的操作,管理人员及其操作系统就会对侦查人员做出不利的评价。因此,侦

① 《法治公安的甘肃实践——我省公安机关执法规范化建设综述》,载法治甘肃网,http://www.gsfzb.com/content-153-70990-1.html,2021年1月24日访问。

查人员盲目的、随心所欲的取证行为基本没有多大存在的空间，按部就班的一体化与标准化的取证行为受到审视与评价。对侦查取证主体而言，一种受到规则指引并受到步步控制的规范化、稳定性的取证行为模式已经形成。

上述改革调整，有两个方面值得注意：一是侦查活动监控的精细化、标准化与智能化较突出。梳理公安案管中心规范化建设与执法办案场所升级改造过程，无论是硬件设置还是软件升级，管理主体及其操作系统强化侦查活动管理的目的很明显，意图通过管理平台（执法办案场所、管理系统等）达到确保侦查取证规范化的目标。可以说，公安执法规范化建设更多致力于从信息技术和指标量化上如何全面、有效地控制侦查取证权，力争达致侦查取证合法性与犯罪嫌疑人权利保障双赢的目的。在管理者与管理系统模式化监控之下，侦查取证主体按照各个程序节点的运作环境与技术要求进行取证，侦查人员既不能自由剪裁取证程序，也不能恶意制造违法证据，否则均会招致不利评价甚至问责。二是强调侦查取证与管理功能的整合。自公安执法规范化建设以来，改革的基本主线是强化执法管理模式。在这一思路支配之下，执法规范化建设在很长一段时间内服务于执法管理需要，通过精细管理达到约束执法权运行的目的。但这一改革主导策略从公安部开始推行执法办案管理中心建设时被中断，执法办案管理中心建设并非单纯服务于执法管理，而是从执法办案角度整合各个执法模块实施合成作战，提升执法效能。总体看来，上述改革在很大程度上重塑了办案（侦查）与管理的关系，执法管理制约执法（侦查）权得到较大程度的改善，朝办案与管理并肩发展的方向拓展与优化。

（二）侦查实体控制

相比侦查程序的控制，侦查实体控制就是通过侦查权运行的控制，提升侦查取证质量。为达到侦查实体控制目标，公安执法规范化建设的举措就是围绕侦查终结前的侦查措施与证据体系进行重点把握，以避免把取证质量不高的案件流向起诉与审判环节。综观既有公安执法规范化建设实践，主要通过以下两种方式进行实体控制：一是侦查措施适用的审批，即由公安（分）局长、法制科长、刑警队长审核侦查措施适用的事实条件、证据条件和刑罚条件等内容，在其认为符合条件后批准。此种逐层报批内部的审核方式,能够不断地对同一侦查措施的条件经过不同审查主体反复考量与慎重通过,在一定程度上让侦查措施的适用符合法律保留原则与比例原则,亦相对有效地把控案件的事实问题、证据标准和法律适用等实体内容。尤其是公安部在执法监督机制中已通过各种行政文件强化法制员或法制部门在侦查措施适用审查中的突出作用,以抑制侦查措施适用的各种审查形式化的问题。二是案件的集体讨论,即通过公安机关内部的集体讨论制度研究案件如何处理。此种集体讨论制度的运行体现为两个阶段:在第一阶段,又可称为一般案件的集体讨论,由公安机关主要负责人或者其指定的公安机关其他负责人担任案件的主持人,公安机关分管法制、刑侦部门的领导,刑侦部门、法制部门负责人和案件主办侦查人员等人员参加,案件承办人员报告案情,其他未参与办案的局长、副局长不仅能介入案件的实体处理,还能对最终案件的处理意见起决定性作用。在上述召集的人员参与的案件讨论会上,如果出现重大、疑难、复杂案件范围或对案件处理有重大争议需要更高层级的组织决策,那么案件集体讨论就进入第二阶段,由公安机关负责人召集刑侦部门、法制部门负责人集体研究,公安机关其他党委会全体成员也参与对重大、疑难、复杂案件的集体讨论并作出处理决定,集体研究意见以及不同意见均应记录在案。由此可知,越是重大、疑难、复杂等不易处理的、有争议的案件,越容易受到公安机关高级别负责人的关注、介入甚至干预,这在形式上是一种对案件的刑事执法质量的指导与监督,但实质上已深刻影响案件处理的意见。按照这两个阶段的集体讨论方式,公安机关党组织以及其他部门负责人成为隐而不显的案件处理者,即他们不仅介入案件处理,还需要对案件处理结果负责。

不难看出,无论是侦查措施适用的审批,还是案件的集体讨论,公安机关内部已形成常态化机制,达到了通过制约侦查权控制侦查实体的目的。一方面,承办侦查人员在面对办案难题,难以正确决策时十分欢迎指导者与监督者的介入并提出有价值、可操作性的处理意见。从这个意义上说,该机制对侦查权形成显著的制约是必要的,可防止侦查人员恣意而为,影响侦查实体质量。另一方面,责任追究又在发挥着隐性的控制,承办侦查人员不愿意承担指导者与监督者的错误决策带来的法律后果。不过,有一点可以肯定的是,公安机关十分重视侦查结果,意识到内部采取制约侦查权措施的紧迫与重要,这也直接导致侦查实体控制的必然。

(三)侦查质量考评

公安执法规范化建设对侦查权运行最强大的约束可能是侦查质量考评。所谓侦查质量考评,是指考评主体依据事先制定的体现侦查活动过程与结果的指标体系,对已经侦查终结的案件评估侦查过程与侦查结果是否符合法律规定。它不仅是公安内部监督的手段,还是侦查质量控制的重要一环。侦查质量考评的有效运行取决于考评主体是否制定可操作性的规则与标准。为此,各地公安机关先后制定改进侦查质量考评的实施细则、实施意见和评价指标体系,对考评制度与实践存在的问题进行整改,以正确的考评导向激励民警合法与有效地执法。从实践来看,这种侦查质量考评主要从考评主体、考评方式、考评内容及考评结果四个方面展开。其一,考评主体一般由公安法制部门或督察部门牵头,抽调其他办案部门(刑侦、治安等)与非办案部门(纪检、政工等)人员组成考评小组,每(半)年采取不同形式对案件侦查质量情况进行评价。值得注意的是,在一些地方公安机关已经出现委托第三方对案件侦查质量开展考评,此种考评主体的中立性、客观性,可在一定程度上防止考评主观化、人情化等因素的介入造成的考评结果不公的问题。其二,此种考评的主要形式采取日常、专项、年度考评等,不同的考评形式侧重不同的考评内容,既有对整个刑事案件侦查质量的考评,也有对某类案件的侦查质量考评。其三,考评内容主要针对侦查程序、证据、法律适用、法律文书等与刑事案件处理的相关环节,既涉及对侦查程序是否符合法律规定进行评价,也要对侦查结果是否符合实体公正进行评判。其四,考评结果一般分为优秀、合格和不合格三个等级,针对执法案卷评查发现的案件受案不及时、违反办案程序、涉案财物管理混乱等普遍性问题,上级公安机关迅速部署开展执法突出问题专项整治,同时,对存在重大执法过错的单位或个人进行通报,并启动追究过错责任。“为全面落实执法责任,各地公安机关陆续制定民警执法过错责任追究办法,实行办案质量终身负责制和错案责任倒查问责制，对督促民警规范执法发挥了积极作用。”[①]值得注意的是，除传统的现场考评方法外，依托警综平台实行网上考评，对侦查全过程与全要素进行随机考评，强化了考评的科技支撑，有力地防止了考评不公正的风险。总体而言，通过对案件问题与责任的连接，地方公安机关基本实现了对侦查主体与案件的全程监督与精细管理。

（四）侦查制度完善

“不以规矩，不能成方圆”，厘定侦查权行使的标准是公安民警侦查权规范化的基本依据和指南。在中央推进全面依法治国战略实施的背景下，立法机关制定、修订重点法律法规愈加密集，公安部在配合立法机关的同时，也是将自身制度建设作为开展侦查执法规范化建设的重要内容加以推进。自 2015 年以来，各级公安机关积极适应中央提出的各种司法制度改革方案，对侦查办案制度进行了一系列的改革，制定相应的办案规定、意见与办法，进一步健全了侦查制度体系，为基层各警种开展侦查提供及时、有力的保障。2015 年至 2019 年，为推动社会治理创新，解决社会治理难题，全国公安机关围绕反恐、网络安全等重点领域立法，制定与完善公安刑事执法标准，细化类案证据指引与法律适用，构建了完备的执法规范体系。[②] 调研地区公安机关自 2015 年以来共编写执法制度汇编 61 套，制定包括侦查制度在内的各类执法制度 1160 个，修订和废止相关执法制度 300 余个。综观公安机关侦查办案规范的制度建设，有两个方面的突出特点：一是侦查程序的法治化逐渐增强。前述分析表明，公安机关侦查行为不规范的突出问题是侦查程序不当，约占所有侦查行为不规范问题的 1/3。对此，公安部三令五申严密执法程序，曾先后出台公安执法程序、执法细则、执法活动指南等工作规范，以此纠正案件办理中突出程序性问题。2018 年公安部出台《关于建立健全公安机关执法全流程记录机制的意见》，“对接报案、现场执法、办案区使用管理、讯问、涉案财物管理等执法办案全流程、各环节进行全面

---

① 宋灵云：《五项举措提升公安工作法治化水平》，载《人民公安报》2021 年 9 月 15 日，第 1 版。

② 参见赵克志：《国务院关于公安机关执法规范化建设工作情况的报告——2020 年 8 月 10 日在第十三届全国人民代表大会常务委员会第二十一次会议上》，载中国人大网，http://www.npc.gov.cn/npc/c30834/202008/808335098ca74fb69de8ffe32006556c.shtml，2021 年 1 月 22 日访问。

记录”,[①]为进一步规范执法程序发挥重要作用。二是重点解决典型、新型案件执法问题。针对近年来影响社会治安的典型、新型案件执法问题,公安机关会同检、法部门出台了一系列制度规范,统一执法条件与证据标准,为打击此类犯罪提供执法指引。可以说,在法治公安建设的背景下,公安机关本着着力解决执法实践问题的理念,进行了十分活跃的制度改革探索。正是因为这一时期持续的制度建设,执法规范的制度体系快速成型,已然形成提供执法办案指引与强化侦查权力监管为逻辑的两种公安立法制度范式。

四、公安执法规范化建设对侦查取证机制的影响

从某种意义上讲,公安执法规范化建设对侦查取证机制的影响是公安系统为回应突出的侦查取证不规范问题,着眼于侦查合法性与证据运用合理性而采取的一项控制策略。就效果的角度而言,公安执法规范化建设确实在规范侦查取证程序、提供侦查取证成效方面发挥了积极作用,为社会层面提供了较高的治理效能。然而,正如前文所言,公安执法规范化建设对侦查取证机制产生正向影响的同时,也在很多方面表现出与侦查取证机制不协调的地方。这主要体现在公安执法规范化建设强调侦查取证活动的技术化监督,难以对侦查取证问题进行实质审查,并严重影响侦查取证成效。

(一)重于控制侦查程序,疏于规范侦查实体

公安执法规范化建设主要是上层组织采取科层制的行政命令,依赖卷宗与技术作为基础支撑,旨在推进侦查权力运行规范化与管理科学化、系统化。此种工作方法的使用成效取决于合理的组织结构与充足的人员规模,其特点主要强化上令下从,保障政策的执行力。然而,无论是卷宗管理还是技术审查,都没有深刻触及侦查取证自身存在的问题,可能与侦查取证规范化目标产生龃龉,尤其是在组织结构不合理与人员不充足的情况下,导致侦查取证规范与侦查效率的双重失灵。这主要表现在以下两个方面。

① 《如何推进执法规范化? 公安部:开展执法全流程记录工作》,载光明网,https://m.gmw.cn/2021-09/14/content_1302577830.htm,2021 年 9 月 15 日访问。

一是书面化审查突出，缺乏实质审查。在全程监督、执法质量考评等诸多的改革举措中，管理主体均以案件卷宗作为审查与考评对象，在时间短、任务重的审查过程中，多对案件卷宗反映的侦查程序问题进行审查或评价，而对取证方向、证据关联性等侦查实体问题关注不够。

二是技术性审查盛行，缺乏实体关注。以技术展开管理的前提是管理者事先在技术平台围绕管理对象设计科学的指标体系，因此，指标体系的科学、合理对技术管理发挥监督作用至关重要。借助大数据、信息化、智能化等技术，公安系统确实形成了管理人员对侦查人员与案件的全面、深入的监督格局，令执法管理如虎添翼，受到执法管理人员的普遍欢迎，而且此种技术性管理也在一定程度上能够发现与纠正常见的侦查程序问题。然而，就侦查取证活动而言，其核心问题体现为侦查取证的全面性、细致性，公安机关提供升级换代的设备与技术在侦查取证活动的核心领域方面并没有给予充分关注，甚至呈现侦查取证活动与信息化建设各行其是的现象，这非但不能解决侦查取证不规范等执法痼疾，还给办案民警适应信息化建设增添负担，亟待重视与改革。

（二）全方位介入侦查，挤压侦查权行使空间

公安执法规范化建设的范围具有大而全的显著特征，强调对执法业务的全面监督，体现对执法人员与案件展开全方位控制。这集中体现在案管中心归口管理、法制部门全程监督以及执法质量考评机制的运用上。对于侦查活动而言，本是促进侦查效能的提升，但有时也会导致侦查权行使空间受到挤压。

一是侦查权受到考评与监督的影响。公安执法规范化建设采取的改革举措介入侦查活动的方方面面，侦查主体会花费大量的时间与精力应付考评与监督，而难以集中关注侦查取证规范化问题。比如，公安各类信息化系统对办案、保管与监督之间的权限关系界定清晰，使程序运行快捷，有利于各部门各司其职，提高工作效率。但是，也正因为此种程序模块的运用，导致侦查活动被强制分割为多个重复的环节，影响侦查效果，降低工作效率。以侦查取得的物证为例，一般要求侦查人员必须把取得的物证在一定的时限内交由保管部门保存。这在理论上具有可操作性，但实际上侦查人员需要长时间占有与使用物证才能

有效地分析物证,不可能做到对物证的反复申请和调取。于是,侦查人员通常会把取得的物证留存较长的时间,以减少保管手续上的麻烦。此种做法必然导致侦查活动在考评与监督上遭受不利评价,影响考核排名。如果侦查主体严格执行公安信息化系统程序,又会影响侦查活动的顺利开展。这成为饱受基层民警诟病的重要原因,也是公安执法规范化建设需要深化改革的现实理由。

二是侦查办案系统缺乏整合。为了强化网上执法办案与执法监督,公安系统根据办案功能、目的、方式等方面设计各个操作平台。以办理电信诈骗案件为例,侦查人员首先应在警综系统登记立案信息,然后在反电信诈骗平台紧急止付,接着在反电信诈骗平台录取案件信息,最后在现场勘查系统填写现场信息(实践中根本没有必要,因为电诈案件没有现场)。由此可见,侦查人员在不同的办案系统重复操作着同样的案件信息,尽管办案实现了信息化,而且也可接受不同平台的监督,但是办案平台的有些模块设计并不科学,且要求录入案件信息的工作量过大。此种改革非但对于侦查人员提高侦查质量帮助不大,还会在执法规范化"逼迫下"催生侦查人员耗费时间应付考核的现象。未来,公安系统应整合各自为政的办案系统,为侦查人员减负,将提高侦查效能作为下一步改革的重点。

三是侦查程序固化。根据公安执法规范化建设的要求,细化执法标准与指引成为完善执法机制的重要内容。从实践来看,公安执法规范化建设通过案件全程监督、执法质量考评等管理手段的运用,对侦查程序、证据等各个环节施加各种形式的监督与控制,已实现侦查行为与侦查结果的双重控制。但公安执法规范化建设内含的标准化,使办案人员侦查程序的选择受到了一定程度的影响。然而,"侦查程序的自由形成规则认为,侦查活动的开展应遵循侦查规律,即侦查主体在何时、何地采取侦查措施具有一定的选择裁量权"[①]。依据此规则,侦查活动必然排斥外界的干预而遵循自身办案要求自由适用侦查程序与采取侦查措施。公安执法规范化建设对执法标准的细化甚至固化必然与侦查程

① 林钰雄:《干预保留与门槛理论——司法警察(官)一般调查权限之理论检讨》,载《政大法学评论》2007年第96期。

序自由形成规则产生冲突，可能导致违反侦查程序的基本规律或者破坏侦查权运行的基本秩序的情况发生。

（三）凸显侦查场域权益之争，影响侦查权力制衡之有效性

公安执法规范化建设是一种动态调整机制，其对侦查取证机制的影响亦具有动态性。然而，此种动态影响对侦查组织、侦查人员以及犯罪嫌疑人而言并非完全相同，甚至在侦查场域各主体间隐含着利益之争。对侦查组织而言，由于它代表着一个团队行使侦查管理与办案业务职责，追求着管理与办案的双重价值，即通过办案系统与相关规则管理人员与案件，从整体上提高办案效率与办案质量。就侦查人员而言，着力于完成侦查组织赋予的办案任务，同时在考评中受到有利评价。对犯罪嫌疑人而言，希望参与涉及自身的案件，并能得到公正的处理。不难看出，侦查组织、侦查人员以及犯罪嫌疑人之间均在显性或隐性地追求各自利益的最大化，而且在自我利益与他者利益之争中，各方利益需求并非完全相同，甚至相悖，这不可避免让各方利益追求中存在一定的紧张关系。总体来看，公安执法规范化建设过于看重侦查组织的利益，缺少对侦查人员、犯罪嫌疑人权益的关照，导致权力行使有效而权利保障有限的格局。

一是公安执法规范化建设忽视了对侦查人员利益的保障。在侦办案件过程中，侦查组织与侦查人员共同朝打击犯罪与取得侦查效能的目标努力，从根本上讲，二者利益是一致的。然而，正如前文所言，公安执法规范化建设依赖的各项举措，均是从管理者与监督者的角度考虑，为了制约与监督侦查人员权力的运行，形成权责清晰与滥权追责的监督机制。实践中，侦查人员会采取趋利避害的手段，使自身的行为符合制度预期，但这有可能会造成对当事人利益的损害与执法公正的侵犯，比如为了追求破案率，出现有案不立、不破不立、一案多立的现象；再如，为了保障移送起诉的成功率，故意延长取保候审、监视居住的期限，以争取侦查取证时限；等等。

二是公安执法规范化建设缺少对犯罪嫌疑人权益的关照。通过公安执法规范化建设的实践，我们可以发现公安系统已建立了权力制约的机制，规范干警执法权力运行，全面提升执法公信力。此种权力制约权力的模式是从防范侦

查权力的不当行使角度展开,没有涉及犯罪嫌疑人权利保障。这在公安执法办案场所规范化建设中尤其突出。“执法场所规范化建设通过建立专门化的审讯场所,对审讯场所实施集中统一管理,对侦查人员的审讯行为进行全程监控,初步形成对拘留前审讯的立体化控制,弥补了现行立法偏重控制羁押性审讯的结构性缺陷,为侦讯制度的进一步改革奠定了基础。”[①]然而,由于全国各地经济发展水平以及观念的差异,执法场所规范化建设规格不一,使用、管理程度不均衡,造成执法场所规范化建设制约侦查人员的审讯权力出现难题。此种单一的内部权力制衡权力的机制,尽管具有规制权力的作用,但也可能构成对犯罪嫌疑人权利的不当限制。正如马静华教授所言,缺少程序性权利保障的同步录音录像,在记录侦查人员审讯中的言行、监视审讯权力的同时,也会全面反映犯罪嫌疑人的认识与情感状况,在其保持沉默、拒绝认罪或翻供的情况下,就可能成为对其不利的指控证据。换言之,公安执法规范化建设在强化一种内部权力制衡机制,而缺乏从权利保障角度规制权力,造成对犯罪嫌疑人权利的关照不充分,最终影响侦查取证权力的制约效果。

五、从侦查取证机制视角重塑公安执法规范化建设之路径

如前文所述,根据监督主体的不同,公安机关侦查取证的监督可分为内部监督与外部监督。前者主要是公安机关内部采取一定的举措监督侦查取证机制运行情况,后者主要是检察院和法院的监督。尽管公安执法规范化建设能够发现侦查取证机制运行问题,具有一定的裨益,但是由于公安机关内部监督的不中立,侦查取证机制监督效果也饱受争议,使诸多侦查取证机制问题尚未有效解决。依照法律规定,检察机关对公安机关移送的案件在侦查、逮捕、起诉等方面有权实施法律监督,法院对检察机关移送的案件事实与证据进行审查与裁判。因此,检、法都可以对公安机关侦查取证情况进行制约与监督。同时,从检、法对公安机关侦查取证的监督情况看,可在一定程度上反映出公安机关侦查取证存在的问题。与法院相比,检察院跟公安机关打交道更加日常与直接,

---

① 马静华:《供述自愿性的权力保障模式》,载《法学研究》2013 年第 3 期。

监督更加全面而深入，检察机关对公安机关侦查取证机制的监督可成为检验公安执法规范化建设开展以来的侦查取证机制运行状况的外部视角，有助于更全面、客观、公正地展示侦查取证机制问题，亦可弥补公安执法规范化建设基于内部视角影响侦查取证机制的局限，进一步提升公安执法规范化建设成效。

为客观把握公安机关侦查取证机制运行现状，笔者对G区检察院与J县检察院进行调研，主要采用访谈、问卷与文书档案分析等形式。G区检察院共有70余人，其中员额检察官编制48人，目前员额检察官15人，刑事检察官7人，聘用制书记员20名左右。G区检察院一年办理刑事案件1400～1500件，占G区所在市所有刑事案件的50%以上，每年每人办理200件以上的刑事案件。一年批捕与公诉1000余件，批捕300余件，公诉700余件。访谈的人数共6人，主要是从事侦监业务和公诉业务的员额检察官。相比G区检察院，J县检察院共有40余人，其中刑检业务（由未检、侦监、公诉合并）员额检察官5人，检察官助理2人，聘用制书记员20余名。J县检察院一年办理刑事案件600～700件，占J县所在市所有刑事案件的20%以上，每年每人办理上百件刑事案件。一年批捕与公诉400余件，批捕100余件，公诉300余件。访谈的人数共5人，主要是从事侦监业务和公诉业务的员额检察官。[①] 总体来看，G区检察院办理刑事案件基本上是J县检察院的一倍多，相应地，批捕与公诉的案件也有两倍多。由于G区刑事案件数量的充分性，下文重点以G区检察院作为主要的数据来源展开论证。

（一）现阶段公安机关侦查取证不规范的现状考察——基于检察监督的外部视角

实践中，检察机关主要通过审查逮捕、侦查监督与审查起诉活动开展侦查取证监督。然而，审查逮捕与审查起诉主要是确定侦查取证存在的问题，但不能据此认为这些问题均由公安机关侦查取证不规范所引起，部分案件的侦查取

---

① 此外，笔者针对两地检察院发放问卷10份，所有被调查者从事的检察业务集中在侦监业务和公诉业务，人数分别为8人和9人，占比分别为80%和90%。其中绝大多数为女性，占比为90%，男性1人，占比为10%。被调查者中年龄为30～39岁居多，共7人，占比为70%，其次是40～49岁，共3人，占比为30%。被调查者中文化程度均为本科、研究生及以上，人数分别为6人和4人，占比分别为60%和40%。在被调查者中，职务为科员及以下的有2人，占比为20%；副科6人，占比为60%；正科有2人，占比为20%。

证本身有难度,或公、检对此存在认识分歧。尽管如此,探讨公安机关侦查取证不规范的状况仍可通过检察机关审查逮捕与审查起诉中侦查监督数据指标进行较为直接的测算。通过梳理调研地区检察机关存疑不捕案件、存疑不诉案件以及二者中的侦查监督情况,结合问卷、访谈与不批准逮捕理由通知书、纠正违法通知书、不起诉理由说明书,可管窥公安机关侦查取证不规范情况。

1. 侦查行为不规范

笔者对 2017 年至 2019 年上半年 G 区检察院审查逮捕与审查起诉环节侦查监督情况进行梳理,2017 年向公安机关发出纠正违法通知书 11 份,已纠正 11 份;2018 年向公安机关发出纠正违法通知书 16 份,已纠正 16 份;2019 年上半年向公安机关发出纠正违法通知书 14 份,已纠正 14 份。随机抽取 38 份纠正违法通知书进行分析,其中 2017 年 10 份,2018 年 16 份,2019 年上半年 12 份,共 38 件 41 人(见表 8-1)。一名检察官表示,纠正违法通知书一年能发 10~15 件,这几年略有上升,这与办理的案件类型有关,每年的情况有所差别。纠正违法通知书主要体现办案程序的问题,有关程序主要是侦查行为不规范、办案场所的问题多,而证据方面的问题少。纠正违法通知书通常是针对比较严重的侦查取证行为,轻微的问题仅通过口头纠正。

表 8-1 2017 年至 2019 年上半年 G 区检察院侦查监督案件中 38 件纠正违法通知案件类型分布情况

单位:件

项目	2017 年	2018 年	2019 年上半年
危害公共安全罪	2	1	4
破坏社会主义市场经济秩序罪	0	1	0
侵犯公民人身权利、民主权利罪	1	6	1
侵犯财产罪	4	4	1
妨害社会管理秩序罪	3	4	5
贪污贿赂罪	0	0	1
合计	10	16	12

从案件罪名分布看，主要聚焦于妨害社会管理秩序罪、侵犯人身权利犯罪、侵犯公共安全犯罪、侵财类犯罪与破坏社会主义市场经济秩序罪等类罪名。其中，贩卖毒品案 7 件 8 人，故意伤害案 7 件 7 人，危险驾驶案 5 件 5 人，盗窃案 4 件 5 人，诈骗案 4 件 4 人，妨害公务案 3 件 3 人，交通肇事案 2 件 2 人，拐骗儿童案 1 件 2 人，合同诈骗案、敲诈勒索案、滥伐林木案、非法采矿案、受贿案各 1 件 1 人。贩卖毒品案与故意伤害案共占 36.84%，这在一定程度上说明两类犯罪的侦查行为不规范问题较多。从 38 份纠正违法通知书提及的内容观察，共有 57 个侦查行为不规范问题。其中，办案程序违法问题 54 个，占比 94.74%；只有 1 个侦查取证不全面问题与 2 个法律适用错误问题，共占 5.26%（见表 8－2）。在办案程序违法问题中，讯问程序问题 13 个（包括 6 个未立案先讯问的情形），占比 24.07%；扣押程序问题 7 个，占比 12.96%；现场勘验程序问题 6 个，占比 11.11%。这三个问题占全部办案程序违法问题的将近一半（48.14%）。从每份纠正违法通知书描述的问题数量来看，最多的是贩卖毒品案件中的 5 个违法问题，故意伤害案件中的 3 个问题次之。

表 8－2　2017 年至 2019 年上半年 G 区检察院侦查监督案件中侦查取证不规范类型分布情况

单位：件

类型	2017 年	2018 年	2019 年上半年	合计
办案程序违法	10	29	15	54
侦查取证不全面	0	0	1	1
法律适用错误	0	1	1	2
合计	10	30	17	57

从访谈资料可知，讯问程序中受案之后到立案之前被调查人表述不规范，有些侦查人员给对方告知的是犯罪嫌疑人须知，但是只有立案之后才能称为犯罪嫌疑人。经济诈骗案中侦查人员适用扣押程序不规范，对往来账目审查不重视，在当事人陈述不可靠或者被害人有时夸大渲染的情况下，往往难以分辨诈骗和民事欺诈，最后对于案件难以定性。现场勘验程序和方法简单、粗糙，导致

客观证据的缺失;故意伤害、危险驾驶等案件重复鉴定突出,不同诉讼阶段委托不同的鉴定部门,导致鉴定结果不一致,如何采信有困难。问卷调查亦表明,检察官普遍认为侦查行为不规范问题突出,其中,侦查程序不合法占比较大。比如,在侦查行为不规范情况调查中,8 人认为是侦查取证程序不合法,占比为 67% ;4 人认为侦查取证主体不适格,占比为 33% 。

以上分析表明,公安办案中仍存在较大比例的侦查行为不规范的问题。这主要集中于办案程序违法问题,其中讯问、扣押、现场勘验、鉴定等程序问题较为突出。一是讯问不规范,存在指供、诱供情形,讯问人员不符合法定二人数量,不如实记录讯问内容,讯问笔录复制粘贴情形明显等;二是物证、书证等证据提取笔录记载不规范,缺乏对提取人、时间、来源、清单等方面的说明;三是询问证人不规范,存在询问笔录未交证人核对,将不在案发现场的人员作为现场证人进行取证、同一时间段出现两份不同的对同一证人的询问笔录等情形;四是现场勘查不规范,存在勘查笔录和提取笔录矛盾,勘验笔录无见证人签字或安排辅警作见证人,现场勘查笔录格式欠完整等情形;五是鉴定不规范,存在无鉴定委托书、鉴定人和鉴定人资质,对被害人身份及现场提取的物证只让相关人员辨认,未做科学鉴定等情形;六是运用技术侦查措施不规范,有的侦查人员过分依赖技术侦查措施结案,而且据此获取的技术侦查证据材料常常以“绝密”为由,既不提供视频资料、电子数据等材料,也未转换成书面材料,致使能够证明犯罪过程重要环节、核心事实、关键内容等方面的证据材料无法提供给法庭。尤其是在大宗毒品案件中,不提供技侦转换证据,经常答复“正在协商解决”,导致毒品案件退查率居高不下。

2. 证据问题

通过对全省检察院办理的存疑不捕案件、存疑不诉案件进行系统分析,我们发现公安机关在办案中存在一些侦查取证不全面、不细致而影响案件质量的问题。现对各环节侦查取证具体情况分述如下:

(1)存疑不捕的证据问题

依据 2012 年至 2018 年 11 月全省普通刑事案件审查逮捕情况(见表 8 - 3),2016 年存疑不捕率处于最低水平。然而,2016 年以后,随着公安机关提请批准逮捕案件数量的大幅增加，全省检察机关作不批准逮捕，特别是因事实不清、证据不足不捕的人数有所上升。如表8－3所示，2016年全省检察机关共审查刑事案件11,040件18,467人，2017年全省检察机关共审查刑事案件9420件17,154人，2018年1月至11月，全省检察机关共审查刑事案件7912件15,714人，合计36,639件51,335人；2016年至2018年11月，不批准逮捕13,435人，不捕率26.37%，其中，存疑不捕5296人，占不捕人数的39.42%。

表8－3　2012年至2018年11月全省普通刑事案件审查逮捕情况

年度	受案人数/人	审查逮捕情况		审查不捕情况				总不捕率/%	存疑不捕率/%
		案件数/人	人数/人	绝对不捕人数/人	相对不捕人数/人	存疑不捕人数/人	合计/人		
2012年	13,182	8091	12,151	151	405	447	1003	7.63	44.57
2013年	14,382	8679	12,676	214	766	651	1631	11.4	39.91
2014年	15,437	9321	13,015	272	1001	1010	2283	14.92	44.24
2015年	16,003	10,011	13,012	304	1353	1171	2828	17.85	41.41
2016年	18,467	11,040	14,275	330	2231	1492	4053	22.11	36.81
2017年	17,154	9420	12,141	276	2658	1970	4904	28.77	40.17
2018年1月至11月	15,714	7912	11,106	285	2359	1834	4478	28.73	40.96
合计	110,339	64,474	88,376	1832	10,773	8575	21,180	19.33	40.49

2017年至2019年上半年G区检察院办理审查刑事案件741件976人，不批准逮捕194件287人，不捕率29.41%。其中，因事实不清、证据不足不捕（以下简称存疑不捕）87人，占不捕人数的30.31%（见表8－4）。2016年至2018年11月G区所在市全部检察院审查刑事案件审结人数2190人，不批准逮捕592人，不捕率27.03%。其中，存疑不捕212人，占不捕人数的35.81%。总体来看，G区证据不足不捕人数的比例低于全省、全市平均水平。

表 8－4　2017 年至 2019 年上半年 G 区检察院审查逮捕情况

年度	审查案件情况		审查不捕情况		不捕率/%	存疑不捕人数/人	存疑不捕率/%
	案件数/件	人数/人	案件数/件	人数/人			
2017 年	307	378	85	115	30.42	28	24.35
2018 年	301	421	74	127	30.19	48	37.79
2019 年 1 月至 6 月	133	177	35	45	25.42	11	24.44
合计	741	976	194	287	29.41	87	30.31

笔者对 2017 年至 2019 年上半年 G 区检察院存疑不捕案件随机抽取 27 件不批准逮捕理由说明书进行分析，其中 2017 年 10 件，2018 年 10 件，2019 年 7 件，共 27 件 45 人（见表 8－5）。对存疑不捕案件梳理后发现，侦查取证问题主要表现为不全面、不细致，共有 28 件。其中，缺乏其他证据印证 24 件，占比 85.72%；证据之间存在矛盾 2 件，缺乏关键证据 2 件，分别各占 7.14%。在缺乏其他证据印证问题中，缺乏非法占有财物的主观故意的证据就有 10 件，占比 58.33%。这主要体现在诈骗罪、合同诈骗罪与职务侵占罪的认定中。由此看来，侦查取证数量不够，缺乏其他证据的相互印证，成为存疑不捕的重要原因。

表 8－5　2017 年至 2019 年上半年 G 区检察院 27 件存疑不捕案件类型分布情况

单位：件

项目	2017 年	2018 年	2019 年上半年
危害公共安全罪	0	1	0
破坏社会主义市场经济秩序罪	2	1	0
侵犯公民人身权利、民主权利罪	1	1	1
侵犯财产罪	3	2	5
妨害社会管理秩序罪	4	5	1
合计	10	10	7

(2)存疑不诉的证据问题

依据全省2013年至2018年11月全省普通刑事案件审查起诉情况(见表8-6),2015年存疑不诉率涨幅明显,2017年次之,2018年迅速回落。随着公安机关移送起诉案件数量的增加,检察机关在审查起诉阶段的退查率、不起诉率也逐年增加,法院判决无罪案件数量也呈增长趋势。

表8-6　2013年至2018年11月全省普通刑事案件审查起诉情况

时间	受案人数/人	审查起诉情况		审查不诉情况				总不诉率/%	存疑不诉率/%
		案件数/件	人数/人	绝对不诉人数/人	相对不诉人数/人	存疑不诉人数/人	合计/人		
2013年	22,937	13,928	20,094	44	181	63	288	1.41	21.88
2014年	25,806	16,481	22,945	88	291	109	488	2.08	22.34
2015年	25,092	18,086	23,883	202	437	302	941	3.79	32.09
2016年	32,459	22,988	29,880	190	695	317	1202	3.87	26.37
2017年	32,642	24,025	31,107	387	1190	695	2272	6.81	30.59
2018年1月至11月	31,553	21,324	27,730	188	2376	647	3211	10.38	20.15
合计	96,654	68,337	88,717	765	4261	1659	6685	7.01	24.82

2017年至2019年6月G区检察院审查起诉刑事案件1637件2043人,不起诉案件265件362人,不起诉率17.72%。其中,存疑不诉107人,占不诉人数的29.56%(见表8-7)。2016年至2018年11月G区所在市全部检察院审查刑事案件审结人数5346人,不起诉人数692人,不起诉率12.94%。其中,存疑不诉142人,占不诉人数的20.52%。总体来看,G区证据不足不起诉人数的比例高于全市平均水平。

表 8－7　2017 年至 2019 年 6 月 G 区检察院审查起诉情况

年度	审查案件情况		审查不诉情况		不诉率/%	存疑不诉人数/人	存疑不诉率/%
	案件数/件	人数/人	案件数/件	人数/人			
2017 年	631	779	68	98	12.58	34	34.69
2018 年	720	891	131	172	19.3	48	27.91
2019 年 1 月至 6 月	286	373	66	92	24.66	25	27.17
合计	1637	2043	265	362	17.72	107	29.56

笔者对 2017 年至 2019 年 6 月 G 区检察院不起诉案件随机抽取 15 件不起诉理由说明书进行分析，其中 2017 年 11 件，2018 年 2 件，2019 年 2 件，共 15 件 17 人（见表 8－8）。

表 8－8　2017 年至 2019 年 6 月 G 区检察院 15 件存疑不诉案件类型分布情况

单位：件

项目	2017 年	2018 年	2019 年上半年
危害公共安全罪	1	0	0
破坏社会主义市场经济秩序罪	3	1	0
侵犯公民人身权利、民主权利罪	2	0	1
侵犯财产罪	4	1	0
妨害社会管理秩序罪	1	0	1
合计	11	2	2

存疑不起诉案件侦查取证问题具有以下特点：从案件罪名分布看，主要是侵财类犯罪、破坏社会主义市场经济秩序罪。其中，诈骗案 4 件 4 人，合同诈骗案 2 件 2 人，故意毁坏财物案 1 件 3 人，贩卖毒品案、抢劫案、故意伤害案、非法吸收公众存款案、强奸案、投放危险物质案、信用卡诈骗案、非法占有农地案各 1 件 1 人。诈骗案与合同诈骗案共占 40%，这在一定程度上说明经济犯罪的侦查取证问题较多。经济案件中的账目往来审查不重视，当事人说不清楚，最后对于案件的定性产生重要影响。被害人有时夸大渲染，办案人员分不清诈骗犯罪

和民事欺诈之间的界限。对存疑不诉案件梳理后发现，侦查取证问题主要表现为不全面、不细致，尽管只有15起案件，但却有44个证据问题，平均每起案件约3个问题。其中，缺乏其他证据印证30个，占比68.19%；证据之间存在矛盾9个，占比20.45%；缺乏关键证据5个，占比11.36%。由此来看，侦查取证中缺乏其他证据的调取、印证，成为存疑不诉的主因。

通过检察机关对存疑不捕与存疑不诉案件的分析，我们可以发现，公安机关侦查取证存在的主要问题是证据提取不全面、缺乏其他证据的相互印证，由此导致案件存疑不捕、不诉。公安机关侦查取证不全面、不细致也在访谈与问卷中有所体现。访谈中检察官表示，侦查机关的取证意识单一化，所有访谈的检察官都认为存在重有罪证据、轻无罪证据的倾向。问卷调查亦表明，80%的检察官认为存在重定罪证据、轻量刑证据。即使是有罪证据，侦查机关取证也会不全面、不及时。90%的检察官认为公安机关的侦查取证重视的证据依次是被害人的陈述、口供、鉴定意见、物证和书证、证人证言、现场勘查资料、辨认笔录和侦查实验笔录、视听资料、电子数据，存在重言词证据、轻实物证据的倾向。概括而言，公安机关侦查取证的问题主要有以下几个特点：一是取证方向单一。"部分侦查人员不注重按照犯罪构成要件和因果关系全面收集证据，缺乏对证据之间关联性的正确把握。"[①]二是证据指向缺乏唯一性。侦查人员无法排除证据之间存在的矛盾，不能形成完整证据链，特别是言词证据方面缺乏针对性和系统性。三是关键性证据缺失。部分侦查人员未对影响案件事实的关键性证据进行细致调取，导致关键性问题情况不明；有些案件公安机关未能第一时间在案发现场提取关键性证据，导致关键性证据灭失或存在严重瑕疵，对案件事实判断造成实质性影响，甚至无法定性。四是证据不全面。部分侦查人员对涉及经济犯罪的证据调查时，往往只是收集被告人供述或证人证言等言词证据，却未收集物证、书证等客观性证据，导致事实无法查清。

整体而言，基于检察监督的视角，我们发现公安机关侦查取证机制主要存在办案程序违法与侦查取证不全面、不细致的问题。归根结底，源于办案人员

---

① 刘倩：《存疑不捕案件的证据情况分析及建议》，载《民主与法制报》2017年8月17日，第7版。

严格依法取证的理念不强。具体而言：一是未完全树立以审判为中心的刑事诉讼理念。部分侦查人员仍存在有罪推定的陈旧思想认识，在侦查工作中不同程度地反映出“重实体、轻程序”“重有罪供述、轻无罪辩解”的倾向。二是重视有罪证据，忽视犯罪嫌疑人辩解和矛盾证据的排除。部分侦查人员片面理解“有证据证明”规定的含义，认为“有证据证明”是指只要有证据能证明犯罪就可以提请批准逮捕，而不考虑诸如犯罪嫌疑人辩解等无罪证据，对不同证据之间是否存在矛盾，能否相互印证缺乏考量，以致部分案件在仅有孤证的情况下提请批准逮捕。三是存有“以捕代侦”的观念。为了打击刑事犯罪的需要，部分侦查人员在证据收集尚不充分，不符合逮捕条件的情况下，报请检察机关批捕，形成先逮捕后取证的工作方式。这种做法未能正确认识逮捕作为保证侦查顺利进行的强制措施的价值，不注重落实宽严相济刑事政策，弱化了办案机关在化解社会矛盾、修复社会关系方面的作用。四是陷入“移诉了之”的认识误区。部分侦查人员在案件移送审查起诉后，普遍认为案件已经侦查终结，后续环节主要是检、法两家的事情，存在能否诉得出、判得了无关自己的错误看法。

尽管公安机关侦查取证存在上述问题，但是检察官在办案中普遍认为，新时代公安民警的整体素质都在提高，侦查取证相对规范化了。这既有公务员招录人员文化层次较高的限制，使所有公安司法人员招录素质均有提升，也有公安执法规范建设的影响，以信息化、全程化、专业化的建设来提高侦查执法的规范化水平。具体而言，检察阶段适用非法证据排除的案件比较少，主要是职务犯罪的案件，每年一两起，多数案件属于瑕疵证据。检察官认为，公安执法办案场所规范化建设对于减少刑讯逼供的现象起到了很大的作用。公安执法办案场所规定侦查人员抓捕犯罪嫌疑人后一律将人移送到办案中心，有些是必须立即送往派出所。只有当讯问笔录与讯问录音录像中内容不一致时，检察机关才会将该内容排除而不采用，但不影响讯问笔录其他内容的使用。检察官认为公安机关开展执法规范化建设后，刑讯逼供、诱供、指供等行为明显下降。

从总体来看，检察机关认为公安执法规范化建设对侦查取证机制有一定的成效，同时，检察官也指出，公安机关侦查取证不规范引起办案质量不高的现象依然突出。这在一定程度上反映出检察官对待公安执法规范化建设与侦查取证质量的态度,亦表明公安执法规范化建设对侦查取证影响的限度。

(二)公安机关侦查取证不规范原因剖析

无论是从公安执法规范化建设情况及其效果分析,还是以检察机关视角考察公安机关侦查取证不规范情况,公安机关侦查取证不规范问题依然突出。缘何如此?实际上,公安机关侦查取证不规范是受到主观与客观方面的共同影响。主观上,公安机关以侦查为中心的办案理念根深蒂固,侦查取证仍然存在“重实体、轻程序”“重有罪证据、轻无罪证据”“重言词证据、轻实物证据”的认识误区。客观上,随着刑事案件数量的增多,公安机关办案压力增大,在短时期内无法完成高质量的侦查取证工作,使一些关键证据没有及时收集,导致出现全案证据不足而无法批准逮捕、起诉的局面。鉴于此,探究公安机关侦查取证不规范顽疾存在的原因,应围绕影响公安机关侦查取证规范化建设的内部因素与外部环境进行全面分析。具体而言,内因是公安执法规范化建设本身之不足,外因与我国检察机关工作机制改革和案件结构的变化密切相关。

1. 内因

通过梳理发现,尽管公安执法规范化建设在硬件与软件方面有很大的改善,但是侦查取证不规范仍占有一定的比重,这与公安执法规范化建设的本身以及产生的负面效应不无关系。具体言之:

一是公安执法规范化建设对侦查取证理念的塑造尚未彻底完成,造成侦查取证不规范问题仍然存在。自公安机关开展执法规范化建设以来,公安执法理念转变较快,已经认识到侦查取证规范化有利于增强侦查取证效能和保障侦查人员权益。然而,在侦查取证理念上,公安机关和检察院的分歧比较大,前者具有打击犯罪的职业倾向;后者审查案件较为中立,凸显无罪推定与疑罪从无。在一定程度上的“有罪推定”思维的主导下,收集有罪证据、罪重证据,过滤无罪证据、罪轻证据,形成统一、有效的有罪证据体系就成为公安机关侦查取证的主要目标。而且,侦查机关存在起诉后过分依赖检察机关的认识误区。尤其是随着经济的快速发展,新型经济犯罪案件高发且明显高于普通刑事案件的增幅,而公安机关侦查人员数量普遍不足且专业化不够,案多人少矛盾愈加突出,一旦侦查人员将案件送到检察院,就认为“万事大吉”。此外,警种协同不够。电子证据的调取、网络证据的固定关涉侦查部门内部不同警种之间的配合,高效的协同机制未能建立,严重制约着办案质量的提高。面对上述问题,反观公安执法规范化建设,主要是从硬件与软件展开,对于“人”侦查取证理念如何破解并未提出具有明显成效的举措,未来应在如何打破有罪推定思维,建立中立化的侦查取证理念上下功夫。

二是公安执法规范化建设在某些方面非但没有减少甚至替代警力,反而增加了警力负担。公安机关已经认识到基层警力在办案应对上的不足,试图通过科技信息化手段实现网上办案、审批等执法管理与“一站式办案、合成化作战、智能化管理、全流程监督”等办案模式,既便捷民警办案,也有效保障了嫌疑人的合法权益。[①] 然而,无论是全程信息化,还是集成化的执法办案管理中心,都在一定程度上以增加警力为代价。基层民警普遍反映,公安改革如果能够减少或代替警力,就将是一个优秀的改革。目前基层公安机关警力不足,侦查主体不适格已成为十分突出的问题。比如,G区公安分局有800人,正式民警有300人(包括交警),其他全是辅警文职。26名侦查人员,10名辅警,32名正式民警(包含6名技术人员)。然而,G区拥有全市50%以上的案件,每年发案1700余件,破案1000余件,起诉的案件700余件。由于正式警力的稀缺,大量辅警参与到办案当中,比如在采取讯(询)问与制作各种笔录的过程中,辅警直接记录与签署自己名字较为普遍。如果律师发现笔录制作人员与办案过程中全程录音录像的侦查人员不一致,就会认为侦查主体不适格而主张将有关证据作为非法证据排除。在案多人少矛盾愈演愈烈且难以消除的情况下,办案民警疲于应付过量案件就成为一种常态,完成办案任务已然不错,更不用说改变侦查取证理念与提高办案质量。问卷调查亦表明警力对侦查取证的影响处于第一位。比如,关于引发侦查取证实践中弊病的原因中,有9人认为是侦查力量薄弱,缺乏培训,占比为90%;7人认为是侦查机关的观念偏差,占比为70%;5人认为是缺乏有效的控制力量,占比为50%。由此可见,尽管公安执法规范化建设有

① 参见唐娜:《北京:“一站式办案”推进执法规范化》,载《人民公安报》2021年7月15日,第1版。

良好的节约警力的初衷,但是在执法管理与执法办案场所建设等方面仍然造成警力使用的过度分散。实际上,并非所有公安部门都存在警力不足的问题,只是面对事务性复杂、多样的基层警力稀缺,这必然影响侦查取证措施的合法与有效地运用。未来大力推行大部门、大警种制改革,释放基层警力,可能是一种突破与创新思路。

三是公安执法规范化建设中对于一些案件侦查取证问题关注不够。当前,我国正处在体制深刻转换、结构深刻调整和社会深刻变革的历史交汇期,各种社会矛盾交织叠加,大量敏感性、复杂性、关联性的社会问题以案件形式进入司法领域,致使刑事案件数量连续多年高位运行。从罪名分布来看,侵财类犯罪、妨害社会管理秩序罪和侵犯人身权利犯罪相对集中。据统计,2016 年以来,全省检察机关办理存疑不捕案件中排于前六位的罪名依次为:诈骗罪(737 人)、盗窃罪(626 人)、毒品犯罪(465 人)、故意伤害罪(454 人)、寻衅滋事罪(366 人)、合同诈骗罪(282 人)。存疑不捕率较高罪名依次为:合同诈骗罪(31.1%)、诈骗罪(16%)、寻衅滋事罪(10.5%)、故意伤害罪(10%)、毒品犯罪(6.1%)与盗窃罪(5.1%)。同时,各种新型经济犯罪案件大量增加,退回补充侦查的案件、存疑不起诉案件也随之上升。前述分析表明,这些案件侦查取证的不全面、不细致成为当下公安机关的主要执法问题。所谓不全面,是指侦查人员重视收集有罪证据,忽视无罪证据;重视侦查取证某一方面,忽视证据之间的关联性;过分倚重口供、被害人陈述等主观证据,且言词证据制作缺乏针对性和系统性,忽视对案发现场进行勘验检查,对搜查过程进行拍照、录像以及相关文字记录,忽视对指纹、包装物上 DNA 的鉴定,不及时收集电讯网络通讯记录、通信记录、酒店入住登记记录以及视频监控录像等客观证据表现。所谓不细致,是指侦查人员未能认真、及时提取与规定证明案件事实的关键证据,导致关键证据缺乏取证条件,最终因证据不足而无法批准逮捕、起诉。针对上述案件的侦查取证问题,当下的公安执法规范化建设关注不够,也未能提出有效举措。为此,未来公安执法规范化建设应该根据当下案件的突出侦查取证问题,有针对性地调整建设内容,提高侦查取证规范化水平。

2. 外因

上述论析从内部视角勾勒出我国公安执法规范建设存在的问题，虽有助于推进侦查取证规范化，但也衍生出造成侦查取证不规范的因素。然而，事物的发展是内因和外因共同作用下的结果，从外部视角审视侦查取证不规范问题，可能会更为客观地发现影响因素及其互动。基于这样的思路，笔者认为，当下的公安机关侦查取证不规范案件的变化跟检察机关工作机制改革与案件结构的变化密切相关。

一是检察机关绩效考核指标发生变化，要求提高不捕率、不诉率，以此体现侦查监督效能。从检察机关的考核看，不捕与不诉的要求发生了由低到高的变化。从 2017 年开始，调研地区不捕率的要求开始有了重大反转，之前的不捕、不诉率不能高于 10%，现在不捕、不诉率不能低于 40%。调研地区一些检察官普遍表示，现在检察院实行责任倒追机制，一旦出现应当不捕而批捕、不诉而起诉的案件，最终法院给出无罪判决就当作检察院办错案，尽管检察院可以抗诉，但是成功率很低。这在一定程度上也解释了调研地区法院非法证据排除的案件极少的原因。当下，以审判为中心的诉讼制度改革，促使法院实施庭审实质化，以结果倒逼公安机关侦查取证规范化。但是，审前程序中检察院已将公安机关侦查取证不规范的案件过滤掉了。比如现在存疑不捕率达 40%，疑罪不诉的比例高达 30%。一旦出现瑕疵证据或非法证据而“硬捕”或“硬诉”问题，法院会给出无罪判决或建议撤诉，均会对员额检察官的办案质量作出不利评价而影响考核。在此种责任倒查的功利评价机制的影响下，检察院会以提升不捕率（提高社会危险性审查比重）或不诉率要求公安机关补侦，但一些存疑不诉的案件已经失去补侦的机会和条件，造成公安机关再次移送率较低而撤诉。检察机关对不捕率与不诉率提升的要求，表面上显示对侦查取证不规范化的容忍度在降低，实质上在通过过滤侦查取证不合格案件以追求对自身办案的有利评价。

二是案件结构的变化，对侦查取证规范化提出更高的要求。从案件结构上观察，如前所述，随着大数据、人工智能等科技的迅猛发展，传统暴力犯罪比重下降，而一些新型、非接触式犯罪高发。相对于传统犯罪类型，网络犯罪所产生的电子证据往往数据量庞大，具有难以收集、固定、提取与分析的特点，更不易在庞大数据量中筛选出有效证据。实践中，在办案人员与技术人员偏少，且二者之间合作缺乏制度规范的情况下，极易导致技术性电子证据抓取与分析不到位，最终影响电子证据信息价值有效性的判断。除新型网络犯罪类型外，诈骗犯罪、盗抢犯罪、毒品犯罪等传统犯罪类型在侦查取证中也面临着不规范的难题。由于侦查人员在办理这些案件时的专业化程度不高，往往出现对行为人的主观目的查证、关联性证据调取、关键性证据印证等问题，导致无法对案件进行定性。

从总体来看，公安机关侦查取证的规范化程度既反映了公安执法规范化建设对侦查取证机制影响的局限，也表明检察机关对公安机关侦查取证质量的审查要求进一步提高，当然，案件结构变化也在一定程度上对公安机关的侦查取证能力提出新的挑战。这是受到内因与外因共同作用的结果。我们需要区分内因与外因的作用形式，有侧重地分类给出提高侦查取证规范化的建议。

（三）侦查取证机制法治化视野下有效推进公安执法规范化建设的路径

前述研究表明，公安执法规范化建设对侦查取证机制虽有一定的影响，但是实践中的侦查取证机制仍存在侦查行为不规范、取证方向单一、证据指向缺乏唯一性、关键性证据缺失、证据不全面等问题。面对侦查取证机制存在的问题，未来公安执法规范化建设需要在查找自身建设问题的基础上，结合检、法发现的侦查取证问题继续改革与完善。

1. 基本原则

（1）问题导向原则

任何改革若要取得成效，都应坚持问题导向。当下公安执法规范化改革措施中硬件与软件并非完全有助于规范侦查取证机制与提高办案质量，甚至异化为强化管理和监督的手段。由此可见，公安机关并非从侦查取证机制存在的真正问题入手进行改革。未来，公安机关应当理性地认识到侦查取证机制存在的问题，并以此问题为突破口，有效改进公安执法规范化建设的举措，使公安执法规范化建设与侦查取证机制运行相适应。

(2)突出重点原则

公安执法规范化建设必须坚持重点性原则,是指在公安执法规范化建设过程中,由于范围广、环节多与任务重,且各个建设内容性质、特征、标准等因素各不相同,因此应当有所侧重地建设以增强针对性,追求实效性,而非平均使用力量建设。对于公安机关而言,执法业务与非执法业务是两种不同的类型,在公安执法规范化建设过程中,如果“眉毛胡子一把抓”地系统性改革,且对二者建设平均使用资源与力量,那么就会抹杀二者之间的差异,浪费建设资源与降低建设效率。笔者认为,公安执法规范化建设的根本出发点和落脚点是执法业务,强调非执法业务建设应服务于执法业务建设的目标。因此,公安执法规范化建设必须坚持重点性的建设原则,在推行整体、系统性建设的同时,有选择地将执法业务作为建设重点,有侧重地投入资源与力量,以追求高质量的建设成效。

(3)科学建设原则

公安执法规范化建设对侦查取证机制的影响之所以有限,往往是其专注于硬件与软件自身建设,而没有将硬件与软件围绕执法(侦查取证)质量展开建设,导致建设的针对性不强,实效性不高。同时,公安执法规范化建设是一种内部闭门造车式的建设,没有针对已有突出的执法(侦查取证)问题开门纳谏,对于检、法基于外部监督与制约所发现的执法问题尤其是侦查取证问题缺乏关照。显然,公安执法规范化建设完全遵循内部改革与发展的原则不利于提升执法质量。为此,公安执法化建设应从专业视角出发,遵从科学建设原则提出完善对策。这可从内部科学建设与外部科学建设两方面展开,前者围绕侦查取证问题,完善相关的硬件与软件建设;后者以内部为主,同时积极争取检察院、法院对侦查取证问题的意见与建议,必要时,在某项类型的改革过程中直接由外部机关引导公安机关进行执法规范化建设,最大限度地把改革的效用发挥出来。

(4)均衡发展原则

调研地区实践表明,发达与欠发达地区公安执法规范化建设的不均衡是亟待解决的一个重要问题,表现在执法人员、经费投入、基础设施配置不均衡等方面。近年来,东部与西部地区开展公安执法规范化建设在经费投入与基础设施建设方面存在很大的差异,导致依赖于大数据、信息化与智能化等技术支撑的建设项目发展水平差距逐渐拉大,影响全国公安执法规范化建设的整体水平。相比经费投入和基础设施建设不均衡问题,执法人员不足显得更难解决。毕竟,前者并非完全影响工作进程,而且也可以通过政策和各部门的支持缓慢解决,但执法人员短缺可能导致工作直接无法开展。针对发展中的不均衡,欠发达地区需要加大财政投入或技术支持,以此改善执法基础设施,同时,对执法人员加强教育培训,掌握技术手段执法方法与技巧。

2. 具体路径

(1)从全面控制到全面控制与重点控制相结合

公安执法规范化建设是一种公安机关面对自身认识以及民众反映出执法突出问题而采取的刀刃向内的改革,此种改革实质上是内部主导的执法控制机制,是由公安机关执法机关管理层与全体执法人员共同对话与互动的过程。为了促进公安执法规范化建设的有效实施,保障执法安全、执法效能以及执法质量,公安机关会采取厘定一系列制度规范各项执法活动,形成对执法人员与执法对象全方位、广覆盖控制与监督,在此基础上设定各项执法标准对执法过程与执法结果进行评价,查找执法空白、漏洞以及错误。然而,公安执法规范化建设的内容特别广泛,不可能针对全部执法问题都以成文的制度形式进行规范,而且要求公安机关从整体上制定执法规范化的所有规定也不现实。这就需要针对执法突出、普遍与迫切问题有重点地展开建设。侦查取证工作是公安机关办理刑事案件的核心,需要公安机关围绕实践中侦查取证存在的问题有重点地进行规范。在这里,公安执法规范化建设需要处理全方位控制与重点控制的关系。对侦查取证机制的全方位控制,要求公安机关从侦查取证各个执法环节入手进行规范,在公安部、最高人民检察院和最高人民法院等部门联合出台的关于侦查行为、刑事证据等规定的基础上,还可通过公安机关内部制度、办法与细则等形式来实现规范化,以此形成可操作性的侦查取证的硬件与软件标准,便于民警办案。与此相对,之所以对侦查取证机制进行重点控制,主要是考虑全方位控制涉及的侦查取证规则可能过于原则而引发执法机械化的弊端。面对不同且复杂的执法形势,我们必须在法律这个框架里对许多不可预测的执法细节问题用动态的"眼光"关注,应在全面控制的基础上针对侦查取证核心事项,比如侦查行为规范化、取证方向、证据的全面性等高风险领域环节,采取更为细化的规制措施确保不存在重大执法质量缺陷。由于侦查取证工作关乎立案与侦查终结的连续环节,故而案管中心、法制部门、预审部门等就成为控制的关键。结合实证调研情况,案管中心职能应由混合式回归受立案功能,法制部门不再全程监督而是侧重案件审核,预审部门将对取证方向、证据的全面性、关键性证据等方面进行审查。总之,公安执法规范化建设要在全面控制的基础上,突出侦查取证问题的重点审查,同时,在问题的导引下强调侦查取证领域的指引,以此凸显全面控制与重点控制的相结合。

由于检察机关在审查批捕、审查起诉中对公安机关侦查监督的全面性与针对性,面对侦查取证机制问题,公安机关需要发现并解决检察机关侦查监督中暴露的问题,以此改进和完善公安机关的侦查取证机制。具体而言:

一是转变侦查取证理念。尽管公安机关侦查取证基于职业要求,纠缠于有罪证据与无罪证据之间双重压力,摇摆于打击犯罪与保障人权之间的双重挑战,但是,随着以审判为中心的诉讼制度改革的推进与法治公安建设的需要,公安机关侦查取证的法治化必须受到强调与重视。未来公安机关应树立以审判为中心的侦查取证理念,坚持惩罚犯罪与保障人权相结合,改变重实体、轻程序地打击犯罪的单一职业倾向,实现从有罪推定向无罪推定转变,从重视有罪证据向全面收集证据转变,从重视言词证据向重视言词证据与实物证据并重转变。在侦查取证中,不仅要保障被害人的合法权利,还要保障被追诉人的合法权利。

二是完善各类证据的取证规程和要求。首先,强化全面依法取证。前文分析表明,公安机关侦查取证或者不全面,难以提供证据之间的印证;或者不合法,无法提供有价值的信息与线索。面对此种困境,侦查机关应及时开展受案后的初查工作,注重对勘验、检查、鉴定以及言词证据收集工作,注重使用先进的科技侦查手段固定、保全证据,尤其是微信、短信、QQ 留言、手机通话记录等新类型证据,防止客观证据被破坏、言词证据收集不能或不真实;注重全面取证,克服单向取证思维,注重关联证据尤其是客观证据的印证,补强言词证据;严格依法取证,即严禁逼供、指供、诱供,保证物证、书证等客观证据来源清楚、记录准确、不被污染或改变。其次,重视捕后证据完善。针对捕后不侦以及侦查证据不完善与错失补证要求与条件的案件,公安机关应严格按照逮捕案件继续侦查取证,以补充完善侦查证据。对因犯罪涉及面广取证困难的案件,加强高科技手段在取证中的运用,尤其是面临管辖权异议的一些跨境的网络犯罪案件,公安机关应强化跨地区取证协作,对重大案件关键证据收集困难的,及时向上级公安机关反映,在上级部门指导和统筹协调下完善证据。最后,准确把握起诉证据条件。公安机关对于移送审查起诉的案件,应做到犯罪事实清楚,证据确实、充分,取证程序合法,影响定罪的证据矛盾得到合理排除,有罪证据能够形成完整的证明体系,防止出现把起诉标准降为批捕标准,或者只收集定罪证据,忽视量刑证据等问题。

(2)从质效评比等级化走向问题指向评估

公安执法质量考核始于2001年,并在全国范围内推行“等级化考核”。此种考核的逻辑是由各省公安厅专门成立领导小组,法制部门下设考核办,负责牵头公安执法质量考评工作。历经20余年,全国各地公安机关逐步打造了效率较高、可操作性强的考评机制,形成了各单位争先创优的良好氛围,对于提高公安执法规范化建设成效具有重要的推动作用。以调研地区为例,每年省公安厅会下达两次考评任务,由各地级公安局根据制定的考评指标,采取现场与网络相结合的考评方式,对各市、县级公安工作的整体水平进行精细化考核,考核结果作为评价各单位与个人执法评价的重要依据。此种考评主体层级化、考评形式多样化以及考评结果等级化、动态化的特点,成为公安执法规范化建设的“指挥棒”,能够较为准确地反映单位与民警工作质效。层级化、等级化动态考评机制固然重要,成为单位与个人组织评优评先的基本标准,同时还与民警提拔调整密切相关。然而,此种等级化动态考评机制形成的考核数据、过程和结果并非依据职能、职责不同等级进行分类,而且也没有关照城市与农村在执法人员、执法环境、执法硬件等方面的差异,致使考评结果缺乏科学性、公正性。基于考评结果的奖惩罚懒,也就失去了公信力。这需要明确公安执法质效评比的本来含义,即是为了发现执法问题,并通过正当程序纠正问题的举措。如果仅仅是为了排名以及由此形成的争先评优,那就违背了执法质量考评的初衷。

因此,未来公安执法质量考评应从质效评比等级化走向问题指向评估。对于侦查取证机制建设,公安执法质量考评应该是为了发现侦查取证问题,据此提出完善侦查取证机制的方案或指南,促进基层民警提高侦查取证质量。这就需要在执法质量考评中针对侦查取证中的核心问题设计科学、合理化的指标内容,甚至在警综平台中提供专门模块,如证据类型、常见案件类型取证指引等强化侦查取证的评估。同时,考评主体应将侦查取证评估结果尤其是存在的具体问题提供给办案部门与民警,作为下一步纠正侦查取证问题的重要依据,形成发现问题—分析原因—提出建议的常态化评估机制,从而引导侦查取证,严把证据标准,从源头上提高案件控诉证据质量。

此外,公安机关不仅通过考评发现侦查取证问题,更重要的是针对问题加强侦查人员取证能力培训,以有效防止和减少问题的发生。首先,针对多发性普通刑事案件和新类型案件,对侦查人员取证开展分类培训,重点提升围绕犯罪构成要件寻找、发现证据的能力,提升规范化、细致化取证的能力。其次,开展公、检、法相互派员培训,选派办案经验丰富、理论水平较高的一线办案人员,就常见类型案件的侦查思路、取证难点、审查重点等问题进行充分交流讨论,力促达成共识。再次,组织侦查人员对典型案例观摩庭审,让侦查人员了解如何从公诉的角度看待证据,还可通过庭审控辩的焦点明确案件中的关键证据,为今后办案确定调查取证方向、证据类型、证明标准提供参考。最后,公、检、法在办理重大、疑难、复杂和新型案件中开展联合培训,通过共同商讨案件、研究取证方向、方法,共同提高办案水平。

(3)从同体监督走向同异体监督

正如前文所述,公安执法规范化建设的重要内容是内部质检部门对办案部门的执法监督。同体监督的正当性一直备受质疑,尤其是监督不中立,容易造成因是"局内人"而影响监督成效。目前,公安机关内部的监督主体主要是案管、法制、预审、督察、纪检等部门,实践中开展监督工作既有业务部门或非业务部门独立进行,也有二者共同负责。无论是独立还是合作开展监督工作,都在一定程度上起着发现与纠正执法问题的作用。然而,调研中我们也发现,内部监督所发现的程序问题较多,实体问题却较少。此种重程序、轻实体的监督不利于公安执法部门仔细梳理真正的执法问题，更不利于纠错。因为对一些执法问题尤其是侦查取证，更多的是取证单一、关键性证据缺失、证据之间存在矛盾等实体问题。关于这些实体问题如果监督主体不给予明示与指导，办案部门难以查找出自身问题，更不用说提出改进方案了。对于侦查取证机制，我们在肯定内部监督对侦查取证规范化发挥积极作用的同时，也必须清醒地认识到内部监督在侦查取证规范化方面的限度，尤其是证据标准与证据质量方面的局限。在对检察院与法院的调研中，我们发现经过内部监督后移送给检察院与法院的案件的侦查取证质量仍然不高，甚至在一些侵财类案件、妨害社会管理秩序案件与破坏社会主义经济秩序案件中侦查取证问题更加突出。在惩罚犯罪与保障人权的刑事诉讼双重目的推动下，侦诉工作的连续性、诉讼责任的承担具有一定的同质性，而以审判为中心的诉讼制度改革必然要求完善审前程序与强调侦查取证规范化，这需要检察机关强化侦查监督，构建一个检察机关主导的“大控诉”格局。[①] 为此，公安机关在强化内部监督时，需要常态化地跟检察院、法院加强沟通与配合，尤其是发挥检察机关对公安机关侦查取证机制的监督作用。这可从两方面进行完善：

一是完善检察机关引导侦查取证机制。检察机关提前介入引导侦查取证规范化是近年来理论界与实务界广泛关注与热烈探讨的话题，对于创新检察工作机制与推进以审判为中心的诉讼制度改革均具有较强的必要性。在既往侦查取证中，公、检常常出现办案认识分歧，这主要是由侦查取证工作制度与机制不完善所造成。针对此问题，应强化公、检的沟通与合作，制定完善检察机关引导侦查取证机制办法，用制度保证引导侦查活动的有效性。实践中，公、检需就区域内阶段性办案质量、处理结果、存在的问题等相互通报情况与交换意见，尤其是通过刑事案件信息通报、联席会议、案情会商等形式保障经常性地沟通，共同解决案件取证中存在的难题。具体而言：一方面，公安机关在办案过程中应主动邀请检察机关提前介入引导侦查，听取检察机关意见和建议。调研地区司

---

① 参见杨宇冠、高德友：《以审判为中心改革背景下如何强化侦查监督》，载《检察日报》2017 年 8 月 20 日，第 3 版。

法实践也表明，由于公安机关侦查取证缺乏检察机关的指引，产生了不少侦查程序与证据问题，影响了案件办理质量。因此，公安机关应破除一切制约侦查取证的思想障碍和体制樊篱，主动邀请检察院介入案件侦查，尤其是公安机关侦查、法制与预审部门应邀请检察机关提前介入引导侦查取证，在介入案件类型、程序与时间等方面跟检察机关进行沟通，可通过典型案例剖析座谈会，对如何完善侦查取证机制达成共识，并将可复制可推广的经验做法制度化，不断提升侦查取证规范化水平。另一方面，完善公诉环节提前介入引导侦查机制。检察机关应适度把握重大、疑难、复杂案件的主动引导权，上下两级院加强与公安机关的配合，对重特大案件第一时间抽调公诉办案人员提前介入案件，通过深入案发现场、召开联席会议、案情分析会等形式，协调、引导侦查，减少补查次数。对确需退查的案件，检察机关应进一步细化补充侦查的条件和标准，把具有说理性、引导性、可操作性作为退查提纲的基本要件，在退查前通过沟通形成统一的办案思路，建立相互协作配合的补充侦查工作机制。

二是公安执法质量考评工作应邀请检察机关参与，创新侦查取证考评与评查机制。公安执法质量考评工作是从结果上评价公安机关执法质量，查找问题，纠正错误，防止类似问题再次发生。考核主体主要是上级公安业务部门与非业务部门，然而就具体案件侦查取证而言，他们并不熟悉下级公安机关侦查取证情况，仅仅是对办案程序的审查，很少发现具体的证据问题。检察机关在审查逮捕与审查起诉过程中，直接审查与评价公安机关侦查取证情况，对侦查程序与证据更为熟悉，由此提出的侦查取证问题也更为精准，尤其本级检察机关更是如此。由本级检察机关作为考核公安机关执法质量的主体，对公安机关侦查取证工作进行指导较为妥当。此外，根据有关法律规定，检察机关本身具有开展侦查监督的职责，但没有规定侦查机关不接受监督应承担何种法律后果。尽管公安机关会通过执法质量考核对侦查取证情况进行评价，但主要针对立案到侦查终结办案过程的全程评价，并不涉及案件起诉与判决结果。此种考评机制容易造成司法实践中公安机关捕后懈怠侦查或退而不查，致使案件存疑不诉和存疑无罪。为有效破解这一难题，确保案件得以最终有效处理，建议将案件起诉和判决结果纳入公安机关执法质量绩效考核体系，建立考评指标与司法责任追究制度,强化对补充侦查活动的制约与监督,以此提高侦查人员对捕后或退查案件取证的积极性。同时,建立检察机关与公安机关案件联合评查制度,定期筛选“问题案件”评查。评查主体为公、检联合商定,将检察机关提前介入引导侦查、退而不查等指标纳入评查内容,采取交叉评查方式,并将评查结果向全省公检系统通报。

六、结语:我国公安执法规范化建设的未来——从合规性迈向法治化

根据调研地区实践情况,从每一年刑事案件的数据来看,案件办理质量整体有所提高。当然,由于案件之间的差别较大,公安机关对部分案件(诈骗案件、经济案件、毒品案件等)的办理还需要进一步规范化。总体而言,公安执法规范化建设取得的成效值得肯定。然而,从合规性与法治化两个维度检视,当下的公安执法规范化建设情况实质属于合规性。所谓合规性,是指一个组织或个人从事一定行为的依据、规矩或者文化,贯穿于该组织所有人员的行为当中,成为一种自觉和必然的行为准则。这属于内部生成和自发调整的规范或准则,凝结了有关特定部门和环境特征等信息,是在组织或个人反复试炼后形成的工作定式。因此,合规性建设侧重某个部门或单位自上而下的政策、规则下达与统一执行,以测定各部门的执行状况是否达标及其相应的奖惩机制。换言之,合规就是遵守或服从既定的规则。[①] 那么,这与严格公正文明执法的法治化要求是一致的,二者均是以既定的规则作为前提,无论是部门或单位自身制定的规则,还是专门机关制定的法律、司法解释或司法文件等。然而,二者的区别也很明显。一般规则显然比法律规则宽泛,前者包含后者。[②] 可以说,合乎规则不一定符合乎法治的要求。目前,公安机关制定的各种执法制度和相关规定是约束与指引执法主体正当执法的重要规则,属于合规性建设内容。但是,合规性建设的内容不一定都符合法治化。因此,公安执法规范化建设应该实现法治化,也需要迫切地走向法治化。展望公安执法规范化建设之未来,我们需要寻

---

① 参见张志铭、陈雪:《合规概念的新颖性何在》,载《法治日报》2022 年 3 月 2 日,第 11 版。

② 参见张志铭、陈雪:《合规概念的新颖性何在》,载《法治日报》2022 年 3 月 2 日,第 11 版。

找一种公安执法规范化建设的法治化模式,为公安执法规范化建设提供正当性论证。为此,笔者在此提出一个名为公安执法法治化建设的总体方案。所谓法治化建设,即公安机关以法治理念与正当程序标准对执法主体、执法程序与执法方式进行改进,改变偏向执法管理效能而忽视执法问题的观念与做法,让各项改革机制真正起到发现与纠正当下执法问题的作用,从根本上促进执法的法治化。在执法法治化目标的牵引下,原有的建设目标、建设内容与建设方式等方面需要重构。

首先,建设目标的法治化。可见,合规性建设目标主要在于公安执法遵守既定的改革方案以及对其改革是否达至预期进行评价,但是对于此改革方案及其评价体系是否符合法治要求在所不问。那么,这就会造成某项公安改革无法主动适应执法实践的变化需求。比如,法制部门全程监督机制要求对所有刑事案件进行监督,不区分案件结构与类型。而法治化建设目标主要是在遵守办案规律的基础上,从执法办案的角度,不断建构与办案实践相适应的制度,弥合既定的执法制度与执法规则和办案实践之间差异,最终达到提升执法质量的目的。

其次,建设内容的法治化。合规性建设的主要特点在于建设内容的多样化,庞杂且重点不突出,容易出现成本高且效率低的问题。正是因为合规性建设的事无巨细的特点,导致建设内容可能仅仅符合管理部门的需要,而忽视符合办案部门与办案人员的要求。比如长期以来办案部门将破案率作为办案水平的硬性评价指标。相比而言,法治化建设以提升执法质量为目标,主要围绕影响执法质量的执法主体、执法程序与执法方式等因素进行重点建设,去除了合规性建设名目繁多、内容重复的情况,有助于解决实际操作过程中重点不突出、针对性不强的问题。

最后,建设方式的法治化。合规性建设会根据执法实践的突出问题提出整治方案,往往使用专项行动、集中整治等运动式治理方式对各类改革所涉及的执法情况进行评价,容易呈现即时性与短期性的改革成效,但可能治标不治本。而法治化建设是常态化治理,往往依赖于稳定且具体的制度和技术,强调执法工作日常性与系统性的完善。相对于集中和短期的建设方式,常态化的建设方式更加妥当与有效。

由于法治化建设是以法治理念与正当程序对执法情况进行定位与评价，在建设目标、内容与方式等方面产生了重大变化，体现了建设的科学性与有效性，对发现公安刑事执法存在的问题有所裨益。当下公安执法规范化建设的实质是合规性，内在要求并不高于法律的原则性，但规范性比法律规定更细化，对公安执法的约束力更强，更有针对性。比如"一长四必"现场勘查工作机制、办案场所"四个一律"工作机制、法制部门全程监督机制等。然而，正是因为合规性建设比法治化建设更为宽泛，也更加细致与灵活，会出现急于解决当下紧迫的执法问题而采取有违法治的方式方法，从长远来看，这并不利于公安执法的法治化。目前，实践中的公安执法规范化建设是通过合规性手段，把一些建设中的成熟经验做法固定下来，逐步实现法治化。从这一点来看，公安执法法治化建设是大势所趋。考虑到法治化建设的比较优势，未来从合规性建设迈向法治化建设还需要考虑以下几个特殊的问题。

一是根据建设环境动态调整公安执法规范化建设的目标。公安执法规范化建设是一个动态的概念，始终受到人员、设施、资金等因素的影响。毕竟，公安各类执法业务对组织机构、人员规模与设施条件等资源的要求存在很大的不同。由于正式民警与辅警的数量与执法职能边界，城市与农村警力配置与经费投入差异以及刑警队与派出所办理案件类型与办案能力的区别，很多建设无法做到完全同步规范化，最终影响建设效果。面对多样化的建设制度与技术环境，公安执法规范化建设就需要根据地区、人员、设施与经费等方面的差异，调整建设思路与目标，施展不同的改革策略。在法治公安建设全覆盖且总体资源不充分、不均衡的情况下，公安机关需要聚焦优势资源，有重点地建设各类执法业务。侦查执法规范化关涉从立案到侦查各个环节业务建设情况，其建设情况受到媒体与民众的高度关注。其中，侦查取证规范化一直是刑事执法业务的核心工作，其内容包含侦查程序、证据关联性等问题，关乎刑事执法质量与执法公信力，公安执法规范化建设应当将此作为公安刑事执法质量的核心要素。目前，侦查程序、证据问题仍是实践中的突出问题，未来公安执法规范化建设应围绕这些问题重点突破，区分核心业务与非核心业务建设的差异性，体现分类分层次推进建设的目的。

二是根据执法突出问题调整公安执法规范化建设的内容。当前,从侦查取证不规范关涉的罪名分布来看,侵财类犯罪、妨害社会管理秩序罪和侵犯人身权利犯罪相对集中。其中,合同诈骗罪、诈骗罪、寻衅滋事罪、故意伤害罪、毒品犯罪与盗窃罪等侦查取证不规范问题较为常见。具体而言,合同诈骗、诈骗案件侦查取证不规范源于该类案件多属于刑民交叉案件,对定性为经济纠纷还是经济犯罪,司法实践中一直争议颇多,难于区隔;毒品犯罪中证据收集、固定、审查、认定属于司法实践难点;故意伤害罪的因果关系,特别是多因一果证明标准要求较高;寻衅滋事罪因证据问题不捕案件数增多,既与该类犯罪证据标准要求较宽有关,也与当前开展扫黑除恶专项斗争形势密切相关。在上述背景下,公安执法规范化建设有必要根据当下包括侦查取证问题在内的执法突出问题调整建设内容,而这些执法突出问题的确定需要根据当地公安执法情况建立精准识别机制,毕竟不同地区、不同层级、不同部门、同一部门不同案件情况也不一样,适用标准亦不同。尽管公安机关每年会自上而下下达重点建设内容,但是每年都会有新的情况,需根据上一年的情况进行调整,用一个标准适用所有情况以及适应新变化既不现实,也不恰当。比如省厅下发某类案件的执法细则,尽管该细则已较为细致,但是从市局到县区分局在执行时会根据自身面临的具体问题对细则进行调整与完善,甚至还会提出一套具有可操作性的量化指标。究其原因,主要在于政策制定者与任务执行者之间的信息不对称,前者根据工作的任务指标来考核且下达任务,但有些任务指标是“双刃剑”,科学下达任务能极大提高工作效率,而盲目下达任务则会出现执行者为达目标弄虚作假的负面现象。针对实践中的复杂变化,公安机关需要建立一套有效识别机制,即一方面,政策制定者通过对各地区公安执法规范化建设情况的充分调研与研判,获得关于各地公安执法情况的一手资料,为科学、合理决策提供可靠依据。另一方面,各地根据执法实际,也应及时上报当地执法突出问题,确保政策制定者与任务执行者的信息共享,并将执法对象、执法过程和执法效果都予以数字技术量化,以便实现对执法问题的精准识别。

三是根据常态化建设要求完善公安执法规范化建设方式。选择恰当的建设方式,对推进公安执法规范化建设科学化的意义重大。法治公安的建设要求公安执法规范化建设是常态化而非运动式,需要借助稳定的、可预期的、高效率的人员、制度与技术启动与运转。目前,公安执法规范化建设采用常态化方式与运动式治理两种形式。这符合周雪光区分的常规机制与动员机制的特征,“常规机制建筑在分工明确、各司其职的组织结构之上,体现在稳定重复的官僚体制过程以及依常规程序进行的各种例行活动中。而动员机制恰恰通过超越常规的紧急动员过程、突破已有组织结构得以启动和运转”[①]。“但是由于运动式治理本身突破常规、集中资源和注意力的特点,常常为不同群体借此追求利益和诉求提供了契机,导致失控的危险和高昂的交易成本”。[②] 为此,动员机制不应成为公安执法规范化建设的主要方式。然而,常规机制在面对当下突出的执法问题时会存在回应不及时、不充分的问题。未来公安机关需要完善常规机制,将执法规范化建设的思路、举措与目标紧密结合当下突出的执法问题进行变革,同时应加强与检、法的协调与沟通,商请检察机关针对公安机关日常执法办案中存在的侦查取证、强制措施适用、涉案财物处理等亟待解决的问题提出意见与建议,帮助与推动公安执法规范化建设中一些突出问题的解决。

① 周雪光:《中国国家治理的制度逻辑——一个组织学研究》,生活·读书·新知三联书店 2017 年版,第 129 页。

② 周雪光:《中国国家治理的制度逻辑——一个组织学研究》,生活·读书·新知三联书店 2017 年版,第 150 页。